Warum ließ ich es zu?

Zur Autorin

Monika Dahlhoff wurde 1940 in Königsberg geboren und als Vierjährige nach Russland verschleppt. Nach dem Krieg kam sie zunächst in ein Kinderheim in der DDR, danach zu Pflegeeltern, bis sie wieder zu ihrer Mutter in Westdeutschland fand. Aber auch hier hörte ihr Martyrium durch den Missbrauch ihres Stiefvaters nicht auf.

Mit 18 Jahren verließ sie ihre Familie, nahm harte und zum Teil auch zwielichtige Jobs an. Um ihre beiden Töchter zu versorgen, ging sie in ihrer zweiten Ehe durch die Hölle. Sie eröffnete eigene Restaurants und gründete Firmen, in ihrer dritten Ehe endlich wurde sie glücklich. Heute pendelt sie zwischen Hamm/Westfalen und Málaga/Andalusien hin und her.

Ihr erstes Buch »*Eine Handvoll Leben – Meine Kindheit im Gulag*«, erschienen 2012 bei Bastei Lübbe, erregte großes Aufsehen und Resonanz in der Bücherwelt. Auch ihr zweites Buch, die Fortsetzung sozusagen, ist aufwühlend, zeigt ihre Entwicklung vom Opfer zur eigenständigen Frau. Mit diesem Buch schreibt sie sich frei von den Gespenstern ihrer Vergangenheit.

Ihre Homepage: *www.eine-handvoll-leben.info*

MONIKA DAHLHOFF

Warum ließ ich es zu?

Ein Leben wie aus einem Film

Bibliografische Information der Deutschen Nationalbibliothek:
Die Deutsche Nationalbibliothek verzeichnet diese Publikation in der
Deutschen Nationalbibliografie;
detaillierte bibliografische Daten sind im Internet über http://dnb.dnb.de
abrufbar.

© 2016 Monika Dahlhoff
Lektorat: Andrea Linhart
Satz, Umschlaggestaltung, Herstellung und Verlag:
BoD – Books on Demand
ISBN: 978-3-7412-1720-3

Inhalt

Vorwort	7
1958: Endlich 18!	10
Düsseldorf – Stadt der Freiheit?	23
Die ersten Arbeitsstellen	28
Erich	42
Mein Leben sollte sich mal wieder ändern	56
Bekanntschaften	60
Hassans Geschenke	71
Milano	79
Es sollte ein neues Leben beginnen	85
Verliebt, verlobt, verheiratet	90
1967 meine Tochter wird geboren	102
Die Kämpferin	106
Eine Autofahrt mit Folgen	113
Gerüchte über Gerüchte	120
Das Ende einer Ehe	125
Im Bierstübchen	127
Mein wilder Seemann	135
Ein Bodyguard ist gefragt	140

Etwas bahnt sich an	151
Die richtige Entscheidung?	165
Die ersten Ehejahre	171
Die Ehe-Hölle beginnt	182
Unternehmerin in einer Männerwelt	196
Ich muss für mein Kind kämpfen	202
Ich arbeite wie wild	204
Ein neues Domizil	211
Unser Schweinchen Boris	217
»Schicksal, nimm deinen Lauf«	223
Wieder Gerüchte	239
Missbrauch auch in der nächsten Generation	245
Das Ende?	250
Wieder ein neuer Anfang	257
Ein neues Leben	270

Vorwort

Eigentlich wollte ich dieses Buch nicht schreiben, doch auf Bitten meiner Leser von »*Eine Handvoll Leben – Meine Kindheit im Gulag*« ließ ich es dann doch zu und schrieb.

Nein, es sollte eigentlich kein Buch über die Zeit nach meinem 18. Lebensjahr geben, denn die Scham, einzugestehen, was mir angetan wurde, was ich mit mir machen ließ, war zu groß. Doch können Sie, liebe Leser, fühlen, wie es einem Menschen geht, der aufgrund seiner Erlebnisse im Zweiten Weltkrieg an Körper und Seele krank ist, der nie auf einer Schulbank gesessen hat, nie einen Beruf erlernen konnte? Ich hatte bis zu meinem 18. Lebensjahr nie eine große Stadt gesehen und mein einziges Kapital waren 50 DM und ein unbändiger Lebenswille.

Doch mit der Kraft einer Kämpferin hatte ich mein Ziel stets vor Augen: Nicht untergehen! Aber es tauchten immer wieder Steine und Dornen auf, die mir den Weg versperrten. Dann waren da noch Männer, die mit ihren großen Händen nach mir griffen. Männer, die darauf aus waren, eine Frau zu quälen, sie zu demütigen, seelisch zu vergewaltigen, sie finanziell abhängig zu machen, um sie sich zu unterwerfen, bis an die Grenze ihrer Kraft.

Doch schaffte ich es bis hierher. Nun, mit 75 Jahren, habe ich endlich einen Beruf, zu dem Sie, liebe Leser, mich geführt haben. Ich darf heute »Autorin« zu mir sagen. Ja, im Schreiben und Lesen war ich selbst mein eigener Lehrer. Wenn ich auch nicht vollkommen im Schreiben bin, gibt es doch immer irgendwo Hilfe, denn ich habe eine große Kiste in mir gefüllt mit Worten, Buchstaben und Gefühlen, in der krame ich so lange herum, bis ich meine, das Richtige gefunden zu haben. Doch leider befindet sich in dieser Kiste auch die Schlaflosigkeit, die mich zum Schlafwandler werden lässt, wenn mir wieder etwas einfällt, was ich Ihnen noch erzählen wollte.

Einführung – kurzer Rückblick

Für eine kurze Zeit werden Sie mit mir in meine Vergangenheit zurückgehen, damit Sie wissen, was ich Ihnen in diesem Buch erzählen möchte.

Königsberg, Ostpreußen. 1940 im November: An einem winterlich verschneiten Sonntag bin ich, Monika Charlotte, geboren. Meine Mutter war erst 18 Jahre jung, von Geburt adlig und sehr schön. Mein Vater war 24 Jahre jung, von Beruf Goldschmied, doch im Zweiten Weltkrieg bei der Luftwaffe. Er war für mich der liebste Papa der Welt. Ich bekam sogar noch ein Brüderchen geschenkt, damit hatte ich jemanden zum Spielen. Doch so schön sollte es nicht lange bleiben. Papa wurde mit seinem Flugzeug abgeschossen und für uns begann eine sehr traurige Zeit. Aber da waren noch meine Großeltern, die auf dem Land ein Gut hatten, wo wir sie, so oft es ging, besuchten.

Königsberg brannte, Mama flüchtete mit Peter und mir zu unseren Großeltern. Mama ließ uns bei ihren Eltern auf dem Land, weil sie noch einmal weg musste, hatte sie gesagt. Doch der Frieden hielt hier nicht lange an. Alle Menschen, die auf unserem Gut arbeiteten, auch meine Großeltern, wurden von den Russen erschossen und unser Hof stand in Flammen. Nur die Kinder, wie ich, wurden von den Soldaten in ein russisches Gefangenenlager verschleppt.

Nach vier langen Jahren kamen wir Kinder, die es überlebt hatten, in der DDR in ein Krankenhaus, dann in ein Kinderheim, wo mich schließlich Pflegeeltern fanden. Nach acht Jahren spürte mich ein Bruder meiner Mutter über den

Hamburger Suchdienst auf - doch leider, die Liebe zu meiner Mutter, nach der ich mich so lange gesehnt hatte, fand ich nicht. Von meinem neuen Papa wurde ich drei lange Jahre missbraucht. Dann endlich, mit 18 Jahren verließ ich mein Elternhaus wieder. Noch immer unerfahren, - noch nie hatte ich eine große Stadt gesehen,- zog ich hinaus in die weite Welt. Wie sich eine Schulbank anfühlt, hatte ich nie erleben können. Zwar hatte ich in der Gastwirtschaft meiner Eltern gearbeitet, unseren Haushalt geführt und auf meine neuen Geschwister aufgepasst, doch nie einen Beruf erlernt.

Nun, meine Leser, machen Sie sich auf eine fast unendlich schreckliche Geschichte gefasst.

Ich weiß, dass Sie es oft nicht verstehen werden, was ich Ihnen erzähle. Mir ist auch bewusst, dass so manches an meiner Schreibweise Ihnen nicht gefallen wird. Doch mein Leben im Gulag prägte mein weiteres Leben. Liebe Leser, vergessen Sie beim Lesen nicht, in welcher Zeit das alles geschah. Noch jung und dumm, aber nicht schlecht denkend, lief ich oft in mein Unglück, während sich all mein Denken und Handeln nur um meine beiden Mädchen drehte. Es sollte ihnen niemals so ergehen wie mir. Ich wollte ihnen eine gute und liebende Mutter sein.

Auch suchte ich nur nach Liebe, Liebe, die ich im Gulag verloren hatte.

Mein Streben war, nicht unterzugehen, und das um jeden Preis. Der Preis war hoch, oft viel zu hoch. Sogar meinen Stolz verlor ich nicht nur einmal.

Aber ich fand einen Mann, dem ich mein ganzes schlechtes Leben erzählte. Schon viele Jahre schenkt er mir nun die Liebe, nach der ich so lange gesucht hatte.

1958: Endlich 18!

Heute war mein 18. Geburtstag, auf den ich so lange gewartet hatte. Endlich. Tante Marile, die in unserem Restaurant die Kegelbahn führte, hatte mir versprochen, ich dürfte von allen Schnapsflaschen in ihrer Bar einen Schluck zu trinken bekommen, wenn ich 18 Jahre alt sei. Als sie das damals sagte, lachte sie. Nun weiß ich auch, warum.

Nur wenig von einigen Schnäpsen schüttete sie mir zu meinem Geburtstag in ein kleines Gläschen. Nein, kein roter Apfel, wie der, den Oma mir früher auf meinen Geburtstagstisch gelegt hatte, war heute mein Geschenk: Es war Alkohol, den ich so hasste. Denn bis zu diesem Tag hatte ich noch keinen Alkohol getrunken. Als ich es jetzt tat, setzte die Wirkung schon nach ein paar kleinen Schlucken ein. Tante Marile brachte mich nach oben in unsere Restaurantküche, damit mich die Gäste der Kegelbahn in diesem Zustand nicht sahen.

Sie setzte mich an den Küchentisch unseres Restaurants, an dem jetzt Mama und Papa saßen, wo sonst immer im kleinen Kreis mit der Familie und unseren Angestellten gefeiert wurde. Plötzlich sah ich, wie beide über mich lachten, in meinem Kopf drehte sich alles, doch da hörte ich Worte, die ich nicht mehr einordnen konnte. Auch wie ich hier in die Küche gekommen war, wusste ich nicht mehr. Nur eins weiß ich heute noch: dass ich viel geweint hatte und ein Küchenhandtuch vor mein Gesicht hielt. Das tat ich sicher aus Angst, etwas zu erzählen, was immer ein Geheimnis bleiben sollte.

Als ich am nächsten Morgen erwachte, war mein Kopf schwerer als mein Körper. Als ich dann an mir heruntersah, stellte ich mit Schrecken fest, dass ich nackt war. Ich schämte mich und zog die Bettdecke schnell wieder über mich, doch es half nichts, ich musste zur Arbeit.

Später, als ich in die Restaurantküche ging, begegnete mir als Erster Papa, der mich aber mit einem Grinsen begrüßte. »Wer hat mich in mein Bett gebracht?«, fragte ich vorsichtig. »Ich«, antwortete er, »habe dich nach oben getragen, ausgezogen und in dein Bett gelegt.« Fast flüsternd fragte ich: »Sonst habe ich nichts gemacht?« »Doch«, sagte er, »ich bin noch eine Weile bei dir geblieben.« Als ich bei diesen Worten in sein Gesicht sah, wusste ich, was passiert war. Sofort drehte ich mich um, ging in unser Restaurant, um zu arbeiten. Jedoch stellte ich schnell fest, wie schwer mir heute die Arbeit fiel. Meine Beine gehorchten mir nicht, mein Kopf tat mir weh.

Am späten Nachmittag bekam ich von Mama doch noch ein paar Stunden früher frei und konnte schlafen gehen. Nun hatte ich endlich verstanden, was es bedeutete, wenn von den Gästen jemand sagte: »Ich hatte einen Filmriss.« Mir fehlten einige Stunden der Nacht, die ich jetzt nachholen musste. Aber auf keinen Fall wollte ich vergessen, was ich mir vorgenommen hatte.

Als ich erwachte, war es draußen schon dunkel. Sehnsüchtig wartete ich in meinem Zimmer, bis das Licht und die Musikbox in unserem Restaurant ausgingen. Nur in meinem Kopf, da konnte natürlich nichts ausgeschaltet werden. Mir ging es immer noch nicht gut, aber eines wusste ich genau: Hier musste ich weg. Weg von meinem Stiefvater, weit, weit weg. Dies alles hier musste ein Ende haben. Wenn ich jetzt nicht ginge, würde alles so bleiben, aber das konnte und wollte ich nicht ertragen.

Langsam zog ich mich an, suchte nach meinem kleinen Koffer, den ich unter meinem Bett versteckt hatte, und packte einige meiner Sachen hinein. Es war nicht sehr viel, aber mehr brauchte ich auch nicht. Schnell schob ich den Koffer wieder unter mein Bett, es hätte noch jemand kommen können. Das heißt, Papa hätte noch in mein Zimmer kommen können, so wie er es oft tat, wenn er Mama in ihr Bett brachte, dann aber wieder in die Küche ging, sich an den Küchentisch setzte und ein Bier oder Ähnliches trank. Oft, wenn dann alles ruhig im Haus war, kam er noch zu mir in mein Zimmer. Sollte ich aber die Tür einmal abgeschlossen haben, brachte er es fertig, sie einfach aufzubrechen. Und mich zu nehmen. Und mich danach mit einem Lachen, das mich frieren ließ, zu verlassen.

In solchen Nächten fand ich keinen Schlaf, rollte mich wie ein Igel in meinem Bett zusammen und lauschte zitternd auf alle Geräusche, bis er tatsächlich noch einmal aus der Küche zurückkam: »Lass dir was einfallen, was du morgen wegen der kaputten Tür zu deiner Mutter sagst!« Wann auch immer er diese Sachen mit mir tat, ich stand mit meiner Erklärung vor meiner Mama alleine da, ich verschwieg aus Angst jedes Mal, was passiert war. Ja, er wusste genau, dass Mama immer Schlaftabletten nahm, damit sie den Krach aus dem Restaurant nicht hörte. Und das nutzte er ständig aus. Wie oft es nun schon passiert war, wusste ich nicht mehr, aber es war zu oft. Die Angst, die ich jedes Mal hatte, jemand könnte hören, was er mit mir tat, ließ mich zittern.

Ein seltsames Gefühl schlich sich plötzlich bei mir ein: In den vielen langen Jahren im Gulag hatte ich oft auf meinem Strohlager gelegen und nach Mama geweint, gerufen, gehofft und darum gebetet, sie wiederzusehen. Nun aber würde ich sie verlassen, so wie sie mich jeden Tag verließ, indem sie nicht bemerkte, was mir geschah. Sie hatte mich verlassen: Sie gab mir keine Liebe, auch wenn ich sie in langen, mit Tränen erfüllten Nächten von ihr ersehnt hatte. Sie war nicht die Mama, nach der ich mich gesehnt hatte. Sie hatte ihre Kinder nicht einmal gesucht. Es war ihr Bruder, der die Ungewissheit nicht mehr ertragen konnte und wissen wollte, wo sich ihre Kinder befanden, ob sie noch lebten.

Nun aber würde ich Mama verlassen, verlassen für immer,

das hatte ich mir lange genug überlegt und war der Überzeugung, es richtig zu machen. Ich wollte von Papa nicht mehr missbraucht werden, mir fehlte die Kraft, das weiter zu ertragen. Auf meinem Nachttisch brannte eine kleine Kerze. Damit der Schein nicht durch meine Tür zu sehen war, hatte ich einen Schuhkarton davorgestellt. Angespannt, aber schon angezogen saß ich auf meinem Bett, das Radio spielte leise ein Lied, welches mir einen kalten Schauer über den Rücken laufen ließ. Die Worte waren französisch gesungen, aber ich kannte sie, denn dieses Lied hatte ich schon einmal gehört, damals jedoch nicht mit diesen Gedanken und Gefühlen wie heute: »Rien ne va plus« – »Nichts geht mehr« – heißt dieses Lied, und die sanfte Stimme der Sängerin ließ mich plötzlich frieren.

Endlich hörte ich die Schritte meiner Eltern die Treppe heraufkommen, sie gingen geradewegs ins Schlafzimmer. Zitternd hoffte ich, dass Papa nicht wieder aus dem Schlafzimmer zu mir käme. Aber nach den Schritten, die ich auf der Treppe gehört hatte, musste er wohl sehr betrunken sein. Leise, aber sehr schnell zog ich meinen kleinen gepackten Koffer unter dem Bett hervor und nahm alles Geld, das ich hatte. Es waren genau 50 Mark.

So schnell ich konnte, lief ich den Berg hinunter zum Bahnhof unseres kleinen Dorfes. Da saß ein älterer Mann, der gewöhnlich die Fahrkarten verkaufte, hinter einer Glasscheibe. Erstaunt schaute er mich an, denn um diese Zeit hatte er wohl selten Menschen in seinem Bahnhof gesehen. »Was willst du denn schon so früh hier?«, fragte er mich. In meinem Kopf war plötzlich alles durcheinander. Ich wusste so schnell auf seine Frage keine Antwort, hatte ich mir doch auch vorher keine Gedanken darüber gemacht, wo ich eigentlich hinwollte. Der Mann aber lächelte mich an und sagte: »Na, hast du vergessen, was du hier wolltest, oder hast du vergessen, wo du hinwillst?« »Nein«, sagte ich vorsichtig, »ich soll mit dem nächsten Zug fahren.« Da hörte ich ihn sagen: »Na, dann willst du sicher nach Düsseldorf.« Schnell sagte ich: »Ja!« Mir fiel ein Stein vom Herzen, da alles gut gegangen war. Und ich nahm den erstbesten Zug, wohin, war mir egal. Nur weg, weg von zu Hause, das doch kein Zuhause war.

Völlig außer Atem vom schnellen Laufen und vor Angst, doch noch aufgehalten oder erwischt zu werden, ließ ich mich schnell in einen bequemen Sitz im Zug fallen. Mein Herz wollte sich nicht beruhigen, so aufgeregt war ich, es schlug, als wollte es aus mir herausspringen. Da bemerkte ich, dass ich ganz allein in einem Abteil saß. Als der Zug anfuhr, langsam, ganz langsam, beruhigte ich mich dann doch. Schaute aus dem Fenster meines Abteils und sah, wie die Häuser, die Bäume, die Felder an mir vorbeirasten. Hin und wieder hielt der Zug, Menschen sah ich ein- und aussteigen. Doch ein Schild mit dem Namen der Stadt, für die ich eine Fahrkarte in meiner Jackentasche hatte, war noch nicht zu sehen. Da merkte ich, wie müde ich doch war. Das Licht in dem Abteil war nicht sehr hell. Ich musste aufpassen, dass mir die Augen nicht zufielen. Meinen kleinen Koffer hatte ich vor meinen Sitz gestellt, meine Füße darauf, so konnte ihn mir niemand wegnehmen. Immer noch war die Angst in mir, dass mir etwas weggenommen würde, wenn ich nicht gut aufpasste. Ja, der Gulag ließ mich einfach nicht los, er hatte Spuren hinterlassen, er hielt an mir fest wie ein Gespenst. Diese Jahre konnte ich einfach nicht vergessen, sie verfolgten mich. Zu oft fühlte ich noch die Schmerzen, die Qualen, die ich ertragen hatte.

Als ich so in der Ecke des Abteils saß, schloss ich schließlich doch meine Augen. Aber nicht schlafen, nur nicht einschlafen! Diese Gedanken hielten mich wach. Plötzlich merkte ich, wie warm es mir war, ein kleines Lächeln schlich sich in mein Gesicht. Hatte ich doch mein Leibchen, das mir meine Pflegemutti gestrickt hatte, retten können, als Mama mir damals, als

ich von meinen Pflegeeltern kam, alle Kleidung weggenommen hatte. Sie waren ihr nicht schick genug.»So etwas trägt man hier nicht mehr«, hatte sie gesagt. Damals weinte ich, aber es half nichts, denn Mama meinte:
»Diese alten, hässlichen Sachen brauchst du nicht mehr.« Sie schenkte mir dafür schreckliche - neue Dinge: wie Nylonwäsche, Seidenunterhöschen mit Spitze und vieles mehr, sogar rote Schuhe mit Absatz. Die hatte ich jetzt aber zu Hause stehen gelassen. Sie würden mich immer an eine traurige Zeit erinnern, und ich wollte doch nun alles hinter mir lassen. Heute trug ich meine Sportschuhe, die ich sehr gerne mochte, nur ausgerechnet bekam ich sie von meinem Stiefvater geschenkt als wir einmal in die Berge gingen. Das gefiel mir nicht, denn nun würde ich immer an ihn erinnert werden. Erinnert an Vergewaltigungen meines Körpers und meiner Seele. Doch hatte ich das gestrickte Leibchen von damals was mir meine Pflegemutti geschenkt hatte retten können. Die Knöpfe ein wenig versetzt, passte es jetzt noch, denn ich war wie damals sehr schlank. Ich stellte fest, wie mich das Leibchen auch heute noch warmhielt und mir dabei das wunderbare Gefühl gab, die Zeit sei stehengeblieben.

Während ich mit geschlossenen Augen, den Kopf angelehnt an eine Fensterecke saß, hatte ich Zeit, über vieles, was geschehen war, nachzudenken. Über meinen Geburtstag, der ständig von allen vergessen wurde. Über die Geschenke, die ich nie bekam. Doch ich tröstete mich damit, dass es wohl an der vielen Arbeit lag die alle hatten. Dass das nicht stimmte, was ich mir da zurechtlegte, wusste ich genau, aber so war es etwas leichter für mich und tat nicht so weh. Selbst die roten Äpfel, die ich als Kind zum Geburtstag immer von Oma, Opa, auch von Mama bekommen hatte wurden vergessen. Wie schön sie doch ausgesehen hatten als sie in einer Schüssel lagen. Oma hatte sie immer rot poliert. Wie groß war meine Freude jedes

Mal. Ja, das konnte, - auch wollte ich es nie vergessen. Und wenn mich später, als ich aus dem Gulag kam, jemand fragte, wann ich Geburtstag hätte, sagte ich immer: »Dann, wenn es rote, polierte Äpfel gibt!« Doch leider verstand mich niemand. Tränen liefen über mein Gesicht wenn ich daran dachte. Ja, für alle war ich immer da, zu jeder Zeit. Wenn meine Geschwister krank waren, sie etwa Keuchhusten hatten, trug ich sie auf meinen Schultern hinauf in die Berge. Wenn Mama etwas brauchte, war ich für sie da und für meinen Stiefvater, war ich zu jeder Zeit griffbereit. Es sollte Liebe sein, aber was er mit mir tat, war für mich die Hölle. Ich suchte so sehr die Liebe und die Hilfe meiner Mama, doch sie schien es nicht einmal zu bemerken.

Aber nun sollte das alles ein Ende haben. Ich wollte mein eigenes Leben beginnen, mein Glück suchen und die Liebe, die ich noch nie erfahren hatte, nun endlich doch noch finden. Jetzt wollte ich allem entfliehen, was mir so wehgetan hatte. Mein Leben sollte nur noch schön werden, jetzt wollte ich selbst bestimmen und entscheiden.

Doch meine Reise war noch nicht zu Ende und die Gedanken ließen mich nicht zur Ruhe kommen. Sie gingen wieder zurück in die Zeit, die ich am liebsten vergessen hätte, in eine Zeit, in der mir sehr wehgetan wurde. Damals, als ich 14 Jahre alt war, war ich fest entschlossen, Nonne zu werden – nach der strengen, christlichen Erziehung durch meine Pflegeeltern. Ich wollte Kindern in Heimen helfen, die ihre Eltern verloren hatten, so wie ich. Sie sollten durch meine Hilfe bald wieder Kinder werden und nicht kleine wilde Tiere oder Monster bleiben, die man in ein unbekanntes Leben zurückwarf. Dann müssten sie auch ihr Essen nicht mehr durch Stehlen besorgen. Ich wollte ihnen Liebe schenken, die wir leider alle nicht mehr kannten. Liebe, die auch ich nicht bekommen hatte. Die Sehnsucht, einmal über den Kopf gestreichelt zu werden, einmal lieben Worten zu lauschen, wollte ich ihnen erfüllen. Etwa so, wie ich es erlebt hatte, wenn ich »mein Engelchen« genannt wurde, von Papa, als ich klein war, bevor er im Himmel beim lieben Gott blieb. Und sein Flugzeug zur Erde fiel. So erzählten es mir immer meine Großeltern. Doch eines vergaß ich nie: Immer, wenn ich nachts aus einem Fenster am Himmel die Sterne leuchten sah, war der hellste Stern mein Papa.

Wenn der Wind oben am Himmel die Wolken verschob, hatte ich das Gefühl, dass Papa mit mir sprach, mir wieder Mut gab weiterzuleben. Damals, als ich noch klein war und Papa im Gulag so vermisste, sah ich ihn mit meinen Kinderaugen und fühlte ihn mir ganz nah, wenn sich dann die Wolken am Himmel bewegten, glaubte ich, dass er mich hörte. Später schenkte mir Mama die einzigen Fotos, die sie noch hatte. Es waren Babybilder von mir und zwei Bilder von meinem Papa, wie er im Krieg Briefe an Mama und mich schrieb. Wie er mich als Baby auf seinem Arm hielt mich an sich drückte und küsste. »Ich gebe sie dir, ich kann sie nicht mehr gebrauchen, aber sicher willst du sie haben«, das waren die Worte von Mama. Und ob ich sie haben wollte! Denn nun bekam mein Stern am Himmel ein Gesicht, es war Papas Gesicht, mir schien als hätte ich ihn immer so gesehen wie auf diesen Bildern.

Noch etwas hatte ich damals, als Mama mir meine Kleider wegnahm, sie durch neue ersetzte retten können, ein kleines Taschentuchtäschchen das meine Pflegemutti selbst gehäkelt hatte. Ich hatte es damals immer um meinen Hals getragen, mit einer langen gehäkelten Schnur; so konnte ich mein Taschentuch nicht verlieren. Jetzt hatte ich es um meine Schultern gelegt, es hing vor meiner Brust, ganz versteckt, damit es niemand sehen konnte. In diesem Täschchen befand sich mein größter Schatz: Es waren die vier Bilder von meinem Papa und mir. Eins wusste ich genau: »Die kann mir hier keiner stehlen!«

Jedoch, wie lange war ich jetzt schon in meinen Gedanken

versunken? Ich sah aus dem Fenster, sah Menschen ein- und aussteigen, dann las ich auf einem Schild den Namen einer Stadt, schaute schließlich auf meinen Zettel mit den Namen der Stationen, den mir der Mann am Fahrkartenschalter gegeben hatte. Nun, einige Haltestellen hatte ich noch vor mir, stellte ich fest. Ich lehnte mich wieder zurück an mein Fenster und durch das gleichmäßige Geräusch des Zuges verfiel ich wieder in meine Gedanken.

Damals, als ich 14 Jahre alt war, fand mich endlich ein Onkel Hans. Er war der Bruder meiner Mama er hatte mich und meinen Bruder gesucht. Onkel Hans nahm mich mit nach Nürnberg. Da hörte ich ihn eines Tages mit Mama telefonieren: »Ja, das ist dein Kind«, Mama muss das angezweifelt haben, denn sie sagte: »Wenn dieses Mädchen einen Leberfleck oben zwischen ihren Schamhaaren hat, nur dann ist es mein Kind.« Das war nun eine sehr schwierige Aufgabe für Onkel Hans das festzustellen. Also schickte er die Tante Maria, seine Frau zu mir, sie solle doch einmal nachsehen ob es diesen Leberfleck bei mir wirklich gibt.

Ich wehrte mich unter Tränen, durfte mich doch niemand da anfassen oder mein Höschen runterziehen, wie hätte mein Pflegevater mich dafür geschlagen. Die Tante sah dann aber doch meinen Leberfleck und Onkel Hans war glücklich, er hatte das richtige Kind gefunden. Er erzählte mir, dass meine Mama lebt, dass sie wieder geheiratet hatte, einen bekannten Wintersportler. Aber damit konnte ich jetzt noch nichts anfangen, denn meine Gedanken drehten sich nur um Mama. Auch zwei Halbgeschwister hätte ich, hörte ich ihn noch sagen.

Nun konnte ich mir denken, warum Mama mich und meinen kleinen Bruder nie gesucht hatte. Durch die neue Familie brauchte sie uns beide nicht mehr. Doch ein Gedanke ließ mich nie los: Wollten denn alle, Mama, ihr Bruder auch ihre anderen Geschwister, nicht wissen, was mit ihren Eltern passiert war? Dass man sie neben mir auf unserem Gut erschossen hatte?

Als Mama damals ein kleines Bündel von einem Soldaten überreicht bekam, der ihr mitteilte, Papa sei vom Himmel geschossen worden, brach sie unter Tränen zusammen und bekam mein Brüderchen zu früh. Er wäre durch ihren Sturz fürs ganze Leben behindert geblieben. Was Mama aber nicht wusste, weil sie uns ja nie gesucht hatte, war, dass mein kleiner Bruder auf dem Transport nach Russland in ein Gefangenenlager gestorben war. Ob er krank oder erfroren war, wusste ich nicht, denn ich war viel zu klein, um das selbst festzustellen.

Ob ich mich gefreut hatte, meine Mama damals endlich wiederzusehen? Ja, das kann man sich doch denken, ich war glücklich und sehr, sehr aufgeregt. Die ganzen Jahre im Gulag hatte ich auf Mama gewartet. Es war einer der wichtigsten Gedanken, der mich am Leben hielt, die schweren Hungerwinter, die Jahre bei meinen Pflegeeltern, in denen ich so sehr geschlagen wurde, weil sie wieder einen Menschen aus mir machen wollten. Und nun, wo ich sie wiederhatte, sollte mich endlich meine Mama in ihre Arme nehmen, mir über meinen Kopf streicheln »mein Engelchen« sagen. Die Liebe, auf die ich so viele Jahre gewartet hatte, sollte ich jetzt von ihr nun endlich bekommen. Doch nein. Leider kam alles anders, als ich es mir gewünscht hatte.

Als ich damals nach langer Fahrt in einem kleinen Dorf in Bayern mit meinem Onkel aus dem Zug stieg, sah ich nicht meine Mama auf mich warten, sondern einen fremden Mann, den ich im gelblich schimmernden Licht einer Bahnhofslaterne kaum erkennen konnte. Plötzlich nahm mich der Mann in seine Arme, und mit feuchten Lippen küsste er mich auf den Mund. Ich erschrak, ein Mann, den ich nicht kannte, küsste mich auf meinen Mund! Auf den Mund, der bis jetzt nur mir gehört hatte, den niemand küssen durfte, und schon überhaupt kein Mann. Denn Männer machten mir Angst. Das hatte ich im Gulag gelernt, mit eigenen Augen gesehen: Die Soldaten kamen nachts, holten die Mädchen aus unseren Baracken und vergewaltigten sie; am nächsten Tag lagen sie nackt und tot auf dem Hof. Wenn ich von Männern immer noch keine Berührung ertrug, so fuhr mir jetzt ein eiskalter Schauer durch meinen Körper. Da hörte ich die Worte meines Onkels: »Er ist dein neuer Papa.« Ein gelbes, schwaches Licht aus der Bahnhofslaterne fiel auf das Gesicht meines neuen Papas. Zu gerne hätte ich ihn mir einmal angesehen, doch ich traute mich nicht, denn dieses Gefühl, dass ein Mann mich berührt hatte, steckte noch in mir. Der Fußweg, den wir nun gemeinsam gingen, schien mir nie zu enden. Endlich hatten wir ein Haus erreicht. Als wir die Haustür öffneten sah ich eine lange Treppe, die nach oben führte. Hier sollte ich meine Mama sehen!

Oben angekommen, schob mich Onkel Hans in ein Zimmer. Schnell stellte ich fest, es war ein Schlafzimmer. Da sah ich die blonden Haare, die ich nie vergessen hatte. Mama stand von ihrem Bett auf. Ich konnte sehen, dass sie geweint hatte. Ihre Augen waren rot umrandet, ihre Wangen feucht von ihren Tränen, ihre blauen, großen Augen waren klein geworden vom Weinen.

Ich stand da, als wäre ich festgewachsen, konnte nicht glauben, dass ich nun bei meiner Mama sein sollte. Die Gedanken stürmten durch meinen Kopf, es dröhnte darin, als hörte ich die russischen Schneestürme, wenn sie um unsere Baracken wehten. Mama nahm mich endlich in ihre Arme, nun weinte auch ich. Lange unterhielten wir uns allein in ihrem Schlafzimmer, aber gefragt hat sie mich nicht, was mit mir, Peter und ihren Eltern passiert war. Jetzt war es mir aber auch nicht so wichtig. Ich war überglücklich, sie endlich gefunden zu haben, wartete nur noch auf die Zärtlichkeiten, die ich so sehr vermisst hatte, nach denen ich mich immer noch sehnte.

Die Nacht wurde lang, denn nach einer Weile waren wir in ein Wohnzimmer gegangen, in dem Onkel Hans und Papa saßen und sich angeregt unterhielten. Doch schon am nächsten Morgen geschahen Dinge, mit denen ich nicht gerechnet hatte. Mama kaufte mir neue Kleidung, sie überschüttete mich geradezu mit Sachen, mit denen ich noch nichts anfangen konnte und auch nicht wollte. Ich war stolz auf die Kleidung, die ich trug. Auch stolz war ich auf meine langen Zöpfe, denn als ich aus Russland kam, hatte ich eine Glatze und den Kopf voller Läuse. Meine Pflegeeltern freuten sich damals, wie schön mein neues Haar wuchs, es sollte nie abgeschnitten werden. Einmal, als gerade niemand im Haus war, schnitt ich mir heimlich ein paar Stirnhaare ab. Es waren nicht mehr als fünf, denn ich hatte Angst, mein Pflegevati würde mich hauen. Ich wollte einmal aussehen wie die anderen Mädchen. Ja, ich bekam Schläge, wurde schrecklich beschimpft, wie ich denn jetzt aussähe. Ich musste diese kurz geschnittenen Haare mit einer Klemme wieder zu den anderen stecken.

So sah ich nun aus, als ich vor meiner Mama stand, mit langen, schönen Zöpfen. Aber das mit den Haaren sollte sich ab sofort ändern. Mama wollte sie einfach abschneiden lassen. Wenn mein Pflegevater das gewusst hätte, hätte er mich mit dem Siebenzagel totgeschlagen. Ich fühlte mich schrecklich. Wie gerne hätte ich die neuen Sachen gegen die schwarz-weiße Kleidung, die damals schon für mich bereit lag, um katholische Schwester im Kinderheim zu werden getauscht. Eine Welt war für mich zusammengebrochen. Eine andere hatte mich aufgenommen, in der ich nicht sein wollte. Alles, was ich bis jetzt erfahren und erlebt hatte, erschien wie ein Traum; nun stand ich in der Wirklichkeit. Doch wenn das die Wirklichkeit, mein neues Leben sein sollte, wusste ich nicht, wie ich mich hier zurechtfinden sollte.

Ich konnte mich nicht wehren und weinte. Kaum hatte ich

Mama wiedergefunden, brachte sie mich zu einem Friseur mit dem Auftrag: »Die Zöpfe kommen ab, das trägt man nicht mehr. Und ich habe auch keine Lust«, bei diesen Worten schaute sie mich plötzlich ernst an, »dich jeden Morgen zu kämmen.« Ich erschrak über ihre Worte. Ich sah, wie leid ich der Friseurin tat, aber auch sie war machtlos gegen Mamas Worte. Sie schnitt meine Zöpfe ab. Die abgeschnittenen Zöpfe aber durfte ich mitnehmen. Ich versteckte sie in dem Karton von meinen roten Schuhen.

Damals war für mich eine Welt zusammengebrochen. Aus einem kleinen Wesen, das aus einem Gulag entkommen war, war durch strenge Erziehung ein Mensch gemacht worden – und dann?

Die Gedanken ließen mich nicht zur Ruhe kommen. Die Geräusche des Zuges, die Schatten von Wäldern und Feldern sah ich immer noch vorbeirauschen. Würde ich denn nun Liebe finden? Aber was war denn die Liebe? Hatte ich sie vergessen oder sogar verlernt? Als mich mein Pflegevater nachts oft in die Mitte seines Ehebettes legte, damit er Mutti nicht berühren musste: War das Liebe? Doch da spürte ich jedes Mal die Angst, dass ich im Schlaf zu nah an Vati rutschen könnte oder ihn berühren würde. Mein Zittern, die Angst neben ihm zu liegen ließen mich nicht schlafen. Wie war ich froh, wenn die Nacht zu Ende war und Vati sehr früh aufstand um die Tiere zu füttern. Erst dann schlief ich ein. Ja, Vati hatte mich auch gelehrt, vor Männern Angst zu haben, denn Männer schlagen Kinder und misshandeln sie.

Später, nach all den schweren und traurigen Jahren, bekam ich dann einen neuen Papa, aber der war kein Papa, er benutzte meinen Körper, wann immer er wollte. Er tat mir oft sehr weh, doch ich lernte, dass mein Körper wichtig für ihn war. Aber wo sollte ich die Liebe kennenlernen? Nein, Liebe kannte ich schon lange nicht mehr, nur Gehorchen.

Düsseldorf – Stadt der Freiheit?

Nun habe ich ja mein eigenes Leben, sagte ich mir, als ich aus meinen Gedanken erwachte. Jetzt kann ich selbst bestimmen, was mit mir passiert. Der Gedanke, endlich frei zu sein, brachte mich wieder in mein neues Leben, das nun auf mich wartete. Ich schaute aus dem Fenster des Zuges und erschrak, als ich auf einem näher kommenden Schild das Wort »Düsseldorf« lesen konnte. Ich hatte die Stadt erreicht, in der ich das finden wollte, wonach ich mich immer gesehnt hatte:

Freiheit und Liebe.

Düsseldorf, von dieser Stadt hatte ich schon viel gehört, durch die Gäste, die zu uns ins Lokal kamen. Und in dieser Stadt wollte ich nun mein Glück finden. Doch jetzt beunruhigten mich erst einmal die vielen Menschen, die alle hin und herliefen, aber doch wussten, wohin sie wollten, ganz anders als ich. Mutig nahm ich meinen kleinen Koffer und ging staunend durch eine riesige Bahnhofshalle. Ja, hier war alles viel größer als bei uns auf dem Dorf. Da fühlte ich, wie mich ein leichtes Zittern durchfuhr. Dann ging ich mutig mit meinem kleinen Koffer zu einem Schließfach, denn ich hatte zugesehen, wie es andere Menschen machten. Ich prüfte, ob ich den Koffer gut abgeschlossen hatte, war er doch alles, was ich besaß.

Leider war nicht mehr sehr viel von meinen 50 Mark übrig geblieben. Plötzlich merkte ich deutlich, wie sich mein Magen meldete, ich hatte Hunger. Doch mit meinem wenigen Geld musste ich sparsam umgehen. So ging ich ziellos durch die Straßen dieser großen Stadt. Alles hier war fremd für mich. Noch nie hatte ich eine so große Stadt mit hell erleuchteten Straßen gesehen, aber die vielen fremden Menschen machten mir plötzlich Angst. Bei meinen Pflegeeltern hatte ich auf einem großen Gut hinter hohen Zäunen und Mauern gelebt, war nur selten einmal ins Dorf gekommen. Ich hatte Angst vor fremden Menschen, Angst, sie könnten mich wieder mitnehmen und einsperren. Als ich noch bei meiner Mama wohnte, war ich immer nur in unserem Restaurant, in dem ich arbeiten musste und kam nur selten nach draußen.

Da stand ich nun an einer Straßenecke, eine Seite hell beleuchtet, die andere etwas dunkler. Auf einem Straßenschild las ich »Königsallee«. Die lange Straße mit den hell erleuchteten Schaufenstern versetzte mich in eine andere, nie gesehene Welt. Ich ging von Schaufenster zu Schaufenster und blieb immer öfter stehen. Manchmal drückte ich mein Gesicht so dicht an ein Fenster, dass ich beim Anblick der schönen Sachen die dicke Schaufensterscheibe total übersah und mir den Kopf daran stieß. Es war wie in einem Märchen. Ich vergaß sogar was ich hier eigentlich wollte. Auch meinen knurrenden Magen nahm ich kaum mehr wahr.

Plötzlich, als ich meinen Blick von einem Schaufenster abwandte und nach vorne richtete, sah ich einen gut gekleideten Mann, der aus einem schönen, großen Auto stieg. Ich erschrak. Der Fremde blieb vor einer Haustür stehen, als ob er auf mich wartete. Mit klopfendem Herzen näherte ich mich ihm, weglaufen wollte ich nicht. Dieser Mann sollte nicht gleich wissen, dass ich Angst hatte. Als ich näher kam, sah ich in seiner Hand eine große Tafel Schokolade, die er mir lächelnd entgegenhielt. In der anderen Hand hielt er eine Zigarettenspitze, in der noch eine Zigarette glühte. Da hörte ich plötzlich doch wieder meinen Magen knurren und hoffte, dass der Fremde es nicht hörte. Die Schokolade wäre jetzt genau das Richtige für mich, dachte ich und sah bei diesem Gedanken in ein lächelndes Männergesicht. »Nun nimm schon ein Stück«, sagte er. Als er mein zweifelndes Gesicht bemerkte, fügte er schnell hinzu:

»Sie ist nicht vergiftet. Ich bekam sie von einer guten Freundin geschenkt, die will mich auf keinen Fall vergiften.« Ich wusste, man soll von Fremden nichts annehmen, aber ich tat es doch und bedankte mich höflich. Schon wollte ich weitergehen, da kam eine Frage, mit der ich nicht gerechnet hatte: »Wo willst du denn mitten in der Nacht hin?« Er fragte, als wäre ich ein kleines Kind, das nicht weiß, wo es hinwill, aber schon hörte ich ihn sagen: »Oder bist du von zu Hause weggelaufen?« Vor lauter Schreck antwortete ich nicht. »Darf ich dich denn ein Stückchen begleiten auf deinem Weg?«, fragte er weiter. Ich nickte mit dem Kopf, doch wäre ich viel lieber allein gegangen und hätte von der Schokolade gern noch ein bisschen abgebissen. Nun konnte ich mir leider die Schaufenster nur noch vorsichtig ansehen, denn wie hätte es ausgesehen, wenn ich mir immer den Kopf an den Schaufenstern stieß. Dann hätte er auch noch recht gehabt mit dem Gedanken, dass ich ein kleines Mädchen sei.

Mit verstohlenen Blicken schaute ich mir nicht nur die Schaufenster an, sondern auch meinen Begleiter. Ich stellte dabei fest, dass er vom Alter her mein Vater sein könnte, aber trotzdem sehr gut aussah. Ich hörte noch, wie er sagte: »Ich heiße Erich«, sofort kam auch die Frage nach meinem Namen. Kurz ging es mir durch den Kopf, ob man Fremden seinen Namen sagen darf, da kam es schon aus mir heraus: »Monika!« Ich erschrak im selben Moment. Es musste seine ruhige Stimme gewesen sein, die bewirkte, dass ich alle guten Vorsätze vergaß. Bevor er noch etwas sagen konnte, drehte ich mich abrupt zu ihm. »Jetzt muss ich aber gehen«, sagte ich schnell. »Sagst du mir jetzt, wo du hinwillst?«, fragte er hartnäckig. »Ach, das ist eine lange Geschichte«, antwortete ich. »Ich habe viel Zeit«, sagte er schnell, nahm meine Hand und führte mich auf die andere Straßenseite. Warum ließ ich es geschehen, hatte ich so viel Vertrauen zu ihm? Er war doch ein Fremder. Ich fühlte, wie meine Hand in der seinen zitterte. »Hab keine Angst, wir werden uns da drüben auf eine Bank setzen, dann kannst du mir alles erzählen.« Wie kam er nur darauf, dass ich das tun würde? Aber brav trottete ich neben ihm her. Die Bank stand genau unter einer großen Straßenlaterne. »Setz dich aber niemals allein hier auf eine Bank«, sagte Erich, »dann holt dich die Polizei hier weg. Denn hier gehen oft nachts Frauen spazieren, die auf Männer warten.« Ich verstand nicht, was er damit sagen wollte, aber ich hatte Angst bekommen. Erich schien meine Furcht zu spüren, nahm wieder meine Hand und sagte: »Hab doch keine Angst, ich bin bei dir.« Wir unterhielten uns über viele Dinge, doch sagte ich nicht, dass ich von zu Hause weggelaufen war. Auch sonst erzählte ich nicht viel von mir. Ich tat, als wollte ich von ihm nur die Auskunft, wo das Amt für Arbeit sei. Es war nun schon langsam hell geworden und Erich sagte: »Ja, ich weiß, wo das Amt ist.« Er stellte zum Glück auch keine weiteren Fragen. »Komm, lass uns zur Straßenbahn gehen, sonst musst du zu lange alleine stehen und auf die nächste Bahn warten.«

Nun ging alles sehr schnell. Ich sah die Bahn schon kommen. Wie ein Blitz fuhr es durch meinen Kopf: Werde ich das alles schaffen, mit der Bahn zu fahren, zum Amt zu gehen? Ich kam mir verloren vor. Erich sagte mir noch schnell den Straßennamen des Amtes, schon war die Bahn da, wir hatten kaum Zeit, uns noch zu verabschieden.

Ich war so aufgeregt, denn es war das erste Mal in meinem Leben, dass ich Straßenbahn fuhr. Nun hatte ich ein bisschen Zeit, um über das Geschehene nachzudenken. Ich suchte nach einem Taschentuch in meiner Jackentasche. Doch was war das, was ich da in meiner Tasche fühlte? Es musste ein Zettel oder etwas Ähnliches sein. Ich schob es in meiner Hand hin und her, bis ich es dann endlich herausnahm. Es war eine Visitenkarte mit Adresse und Telefonnummer von Erich.

Schnell steckte ich sie wieder in meine Tasche, da hörte ich auch den Namen der Straße, an der ich aussteigen musste. Schon von weitem sah ich das Gebäude, das mir Erich beschrieben hatte.

Die ersten Arbeitsstellen

Tatsächlich, ich bekam eine Anstellung bei einer Zahnarztfamilie als Haushaltshilfe. Bei meiner Ausbildung konnte mir der Mann vom Amt keine andere Arbeit geben. Da fühlte ich zum ersten Mal, wie es ist, wenn man nichts gelernt hat. Ich hatte keine Schulausbildung, denn bei Mama durfte ich nur meine Geschwister versorgen, in ihrem Restaurant Tag und Nacht arbeiten und mich um den Haushalt kümmern. Ich war sehr traurig, als ich das Amt verließ, und bedauerte es sehr, dass ich nichts hatte lernen können. Denn die Kriegsjahre hatte ich in einem russischen Kinderlager verbracht. Als ich wieder nach Deutschland kam und bei Pflegeeltern lebte, war ich so krank, dass ich nur selten eine Schule besuchen und somit auch keinen Beruf erlernen konnte. Traurig kehrte ich zur Straßenbahn zurück, schaute mich nach allen Seiten um, damit die Menschen denen ich begegnete meine Tränen nicht sahen.

Doch nun fuhr ich mit der Adresse der Zahnarztfamilie zum Hauptbahnhof, um meinen kleinen Koffer aus dem Schließfach zu holen. Das Haus der Familie wo ich nun arbeiten sollte fand ich indem ich die Menschen die mir begegneten nach der Straße fragte. Das Arbeiten war ich ja gewohnt, aber was ich hier antraf, gefiel mir nicht besonders. Die Hausherrin ließ sich mit »Frau Doktor« ansprechen, weil ihr Mann Zahnarzt war. Na ja, dachte ich, wenn sie es so möchte, werde ich sie auch so ansprechen. Mir blieb nichts anderes übrig, als brav und dankbar zu sein, denn ich hatte eine Arbeit gefunden. Sie bestand darin, morgens um fünf Uhr aufzustehen, vom Vorabend alles aufzuräumen, das Esszimmer zu putzen, die Küche sauber zu machen und für alle aus der Familie das Frühstück zubereiten. Es gab auch noch zwei große Söhne die morgens pünktlich aus dem Haus mussten. Jeden Morgen nahmen sie Brote mit, die ich Ihnen auch machte. Das Frühstück, das Mittag und auch das Abendessen wurden immer im Esszimmer eingenommen, nur ich musste alleine in der Küche essen.

So ist es wohl bei feinen Leuten, dachte ich. Es machte mir nichts aus, alleine zu essen, da schaute mir jedenfalls niemand zu. Ich hatte nun für eine Weile Ruhe. Aber kaum hatten alle gegessen, hörte ich schon die Stimme der Frau Doktor: »Monika, Sie können alles wegräumen!« Das hörte ich von nun an jeden Tag und konnte fast die Uhr danach stellen. Der Herr Doktor war ein ruhiger, netter Mann, er hatte immer einen freundlichen Gruß parat. Doch bald stellte ich fest, wer hier das Sagen hatte. Es war natürlich die kleine, freche Frau Doktor, sie beherrschte die ganze Familie mit ihrem Kommandoton. Und mich konnte sie nun nach ihren Wünschen herumkommandieren, ich musste tun, was sie sagte, sonst würde sie mich hinauswerfen. Aber was sollte ich dann tun? Sie ließ mir ein kleines Zimmer in ihrem Haus. Es war so groß wie eine Besenkammer, mit nicht mehr als einem Bett und einem kleinen Schrank. Dass in den Schrank nur wenig hineinpasste, störte mich nicht, denn in meinem kleinen Koffer war nicht viel, ich hätte sogar noch Platz gehabt. Aber dass das Fenster nur eine Dachluke war, stimmte mich immer traurig: Um nun mit meinem Papa im Himmel zu sprechen, musste ich auf das Bett steigen, welches sehr wackelig war. Dabei hatte ich das Gefühl, eines Tages würde ich vom Bett herunterfallen.

Um fünf Uhr morgens war die Nacht für mich zu Ende und meine Aufgaben fingen an. Einen Schrubber zum Wischen gab es für mich nicht, ich musste alles auf meinen Knien putzen, auch das schien bei feinen Leuten so zu sein. Ich werde mich daran gewöhnen müssen, sagte ich mir. Auf Knien kroch ich durch die ganze erste Etage.

Wenn es manchmal abends spät geworden war, weil meine Herrschaft noch Besuch hatte und ich helfen musste, war ich am nächsten Morgen noch sehr müde. Doch mein Wecker war erbarmungslos pünktlich, er machte Krach. Damit ich mit dem Klingeln meines Weckers nicht alle aufweckte, sprang ich gleich aus dem Bett, um ihn abzustellen.

Das Wohnzimmer putzte ich immer zuletzt. Wenn ich nämlich meine Müdigkeit nicht mehr beherrschen konnte, setzte ich mich hinter einen der großen Sessel und schlief ein. Irgendwann kippte ich dann um, was mich wieder aufweckte, und ich ging erneut an meine Arbeit. Beim Mittagessen auch beim Abendessen war es immer dasselbe: Ich aß alleine in der Küche, die Herrschaft im Wohnzimmer. Den ganzen Tag war ich beschäftigt, musste die Herrschaften bedienen.

Es war ein älteres Haus, in dem ich nun lebte, hier gab es auch einen Ofen, den man mit Briketts heizen musste damit das Feuer in der Nacht nicht ausging. Die Briketts musste ich immer aus dem Keller holen. Mit aller Kraft kämpfte ich gegen meine Angst vor Kellern an, hatte mich doch mein Pflegevater oft in einen dunklen Keller zwischen Kohlen, Kartoffeln, Spinnen und Mäusen eingeschlossen und mich darin oft vergessen. Nur wenn ich abends beim Abendessen nicht da war, fiel es ihm wieder ein.

Eines Tages ergab es sich, dass einer der Söhne mir helfen wollte die Kohlen nach oben zu bringen. Plötzlich ertönte eine laute Stimme auf der Treppe, es war Frau Doktor: »Stell sofort die Kohlen wieder ab, Hans, das ist die Aufgabe vom Personal!« Sofort stellte ihr Sohn die Briketts auf die Stufe, auf der wir uns gerade befanden. Die Söhne durften mir nicht dabei helfen, sie durften noch nicht einmal mit mir sprechen, außer wenn sie einen Wunsch hatten. Na ja, dachte ich, das ist wohl bei feinen Leuten so, und trug brav meine schweren Briketts wie immer nach oben.

Ich weinte viel in dieser Zeit wenn ich alleine in meinem kleinen Zimmer war. Nachts sprach ich wieder mit meinem

Papa, der seinen Stern für mich hell erleuchten ließ, ich bat ihn mir doch zu helfen. Oft dachte ich darüber nach dass ich nichts gelernt hatte. Das machte mich jedes Mal traurig. Von wem hätte ich auch etwas lernen können? Aber ich wusste, dass es etwas geben musste, was ich noch lernen könnte, ich war doch noch so jung. Es vergingen Tage und Nächte, ich wusste nicht wie lange ich hier noch Magd bleiben sollte.

Dann kam der Tag, an dem sich alles änderte. Ich war wieder einmal in meine Gedanken versunken, das war ich sehr oft, denn mit mir sprach keiner ein privates Wort auch Fragen wurden nicht gestellt. Aber plötzlich wurde ich durch laute Stimmen aus meinen Gedanken gerissen. »Monika! Komm mal herunter«, hörte ich Frau Doktor rufen, »hier ist die Polizei!« Sehr langsam und ängstlich ging ich die lange Treppe nach unten, stellte mich neben Frau Doktor die schroff zu mir sagte: »Hole deine Sachen deine Eltern lassen dich von der Polizei suchen, du sollst sofort nach Hause kommen.«

Mit 50 Mark Lohn und meinem kleinen Koffer begab ich mich wieder einmal zum Bahnhof und fuhr zurück nach Hause. Es blieb mir nichts anderes übrig. Mit großer Freude wurde ich nicht empfangen, aber ich wurde wie immer gebraucht.

Im Restaurant meiner Eltern gab es viel zu tun, und meine kleinen Geschwister brauchten mich sehr. Sie hatten mich sehr lieb, hielten mich fest und fragten: »Du gehst doch nicht wieder weg und bleibst jetzt immer bei uns?« Als ich dann aber auf Papa traf, strafte er mich nicht nur mit Blicken, sondern auch mit Worten. Plötzlich, ich konnte es nicht glauben, hörte ich Folgendes von ihm: »Du gehörst mir, du darfst mich nie wieder verlassen.« Dabei drückte er meine Hand sehr fest, sodass ich nicht wagte ihm zu widersprechen. Mamas Begrüßung war nicht wirklich eine Begrüßung, stattdessen teilte sie mir sofort Arbeiten zu. Ich dachte: Na ja, es ist immer noch besser hier als bei Frau Doktor, hier bin ich zu Hause. Aber war ich denn wirklich zu Hause?

Ich musste nicht lange bleiben. Mama hatte mir schon eine neue Arbeitsstelle in Düsseldorf besorgt. Es war bei Freunden unserer Familie, die ein großes Restaurant hatten, dort sollte ich Kaltmamsell lernen. Darüber freute ich mich, endlich durfte ich etwas lernen. Ich durfte sogar auch weiterhin »Tante Gerda« und »Onkel Hans« zu den Freunden meiner Eltern sagen, auch wenn ich bei ihnen im Restaurant arbeitete.

Dann kam endlich die Fahrt mit Tante Gerda und Onkel Hans Schäfers nach Düsseldorf. Unterwegs gab es viel zu besprechen, etwa, dass es Schichtdienst gab, dass es manchmal sehr spät würde, weil das Restaurant 24 Stunden geöffnet war. Das war mir nur recht, denn das Arbeiten war ich ja gewohnt. Ich freute mich wirklich auf meine neue Arbeit, weil ich nun endlich etwas lernen durfte. Und mit der Nachtarbeit hatte ich keine Probleme. Bei meinen Eltern im Restaurant arbeitete ich oft, zu oft, Tag und Nacht.

Während der langen Fahrt erinnerte ich mich an die für mich schwere Zeit, als meine Eltern auf dem Berg im Sauerland ein Restaurant gepachtet hatten. Ja, wir mussten damals unser Zuhause in Bayern verlassen. Mama und Papa hatten ihr Modegeschäft in den Konkurs gebracht. Papa und ich sollten schon mal vorfahren, sagte Mama, obwohl ich versuchte, mit Bitten und Betteln bei ihr zu bleiben. Da Mama schwanger war, konnte sie Papa bei der Arbeit im neuen Restaurant im Sauerland nicht helfen. Auch das Wohnhaus auf dem Berg musste noch gebaut werden. Und wenn alles fertig sei, würde er Mama zu uns holen. Bis aber das Wohnhaus fertig sein würde, sollten Papa und ich in einer Pension im Dorf bei Freunden wohnen. Der Weg von unserem neuen Restaurant bis hinunter ins Dorf war oft sehr beschwerlich, besonders wenn im Winter der Schnee sehr hoch lag. Leider gab es damals noch keine Möglichkeit, mit einem Fahrzeug unsere Waren für das Restaurant, aus dem Dorf nach oben zu transportieren, denn Papa hatte keinen Führerschein. So zogen wir alles mit einem Holzschlitten und in Rucksäcken tragend nach oben. Es war eine schwere Arbeit.

Papa hatte keinen Führerschein, weil er nur auf einem Auge die volle Sehkraft hatte. Das andere Auge wurde ihm als Kind von seiner Schwester verletzt. Das war so passiert: In Bayern gab es in der Weihnachtszeit einen Nikolaus und einen Krampus. Der Krampus kam aber nur zu den bösen Kindern. An einem Nikolaustag saßen Papa und alle seine sieben Geschwister in der Bauernstube an einem großen Tisch. Es gab Bratkartoffeln. Neben Papa saß seine kleine Schwester. Plötzlich hörten sie draußen die Ketten des Krampus. Papas Schwester hatte sich so sehr erschreckt, dass sie mit der Hand, in der sie ihre Gabel hielt, eine ruckartige Bewegung machte und aus Versehen ihrem Bruder damit in das Auge stach. Doch mit der Sehkraft seines gesunden Auges schaffte er es später doch zu einem bekannten Wintersportler.

Wenn wir also wegen des vielen Schnees nicht den Berg hinunterkamen, blieben wir oben in der Berghütte unseres neuen Restaurants. Dann schob ich ein paar Bierkästen in unserer Restaurantküche zusammen und legte alte Decken darüber, um ein bisschen zu schlafen. Papa sagte immer: »Ich wecke dich nach einer Stunde, dann möchte auch ich eine Stunde schlafen.«

Und wenn ich dann manchmal in dem kleinen Gästeklo des Restaurants war, um mich ein bisschen zu waschen, konnte ich damit rechnen, dass Papa hinterherkam, mich über die Toilette beugte und gebrauchte. Danach war der Tag für ihn gerettet. Den ganzen Tag war er dann sehr lieb zu mir und lobte mich oft vor den Gästen, wie fleißig ich sei.

Zurück zu Onkel Hans, Tante Gerda und ihrem Restaurant

in Düsseldorf. Dort angekommen, zeigte mir Tante Gerda sofort meine neue Arbeitsstätte, stellte mich dem Personal vor, die mich alle sehr nett begrüßten. Es waren so viele, dass ich mir ihre Namen nicht gleich alle merken konnte.

In der Küche machten sie sofort einen Scherz, als sie mich sahen: »Ach, ein Hühnchen kriegen wir jetzt. Na ja, wir werden ihr schon helfen.« »So, Monika«, sagte Tante Gerda, »komm, ich werde dir jetzt zeigen, wo du die nächste Zeit erst einmal wohnen wirst.« Sie nahm mich an der Hand und führte mich mit meinem kleinen Köfferchen auf die andere Straßenseite. Gut, dass ich ihre Hand festhalten konnte, niemals hätte ich es geschafft, allein durch den dichten Verkehr zu kommen. Nun standen wir auch schon vor einer großen hellen Haustür. Mir wurde ganz schwindelig auf den vielen Treppen, die nach oben führten, sie schienen kein Ende zu nehmen. Endlich oben angekommen war ich ganz atemlos, doch Tante Gerda schien diese Treppen schon öfter hinaufgegangen zu sein, ihr schien es nicht so viel auszumachen.

Vielleicht war ich auch zu aufgeregt, wie meine neue Wohnung wohl aussehen mochte. Aber ach, was war das? Als die Tante endlich anhielt, stellte ich fest, dass wir vor einer Tür auf dem Dachboden standen, die Tante Gerda mit ihrem Schlüssel öffnete. Entsetzt schaute ich in ein winziges Zimmer mit einer Dachluke, einem kleinen Schrank, Bett, Nachttisch und Holzstuhl. Ich stand wie angewurzelt in der Tür. Hier sollte ich nun wohnen? Ich konnte es nicht fassen. Ich hörte noch, wie Tante Gerda sagte: »Neben deinem Zimmer ist noch ein Bad, aber ich muss gehen, ich werde drüben gebraucht. Du kannst dir in Ruhe alles ansehen.« Im Weggehen meinte sie noch: »Du wirst dich erst einmal einrichten wollen. Komm dann aber zum Essen nach drüben, und morgen um fünf Uhr beginnt dein erster Dienst. Melde dich in der Küche.« Kaum hatte sie das zu Ende gesprochen, war sie auch schon weg.

Ganz langsam ging ich durch die Tür in mein neues Zuhause, stellte meinen kleinen Koffer auf den einzigen Stuhl und ließ mich auf das Bett fallen. Mit einem lauten Knall lag ich auf dem Boden, das Bett war durchgebrochen. Jetzt konnte ich es nicht mehr verstecken, die Tränen rannen über mein Gesicht, und vor lauter Kummer schlief ich in dem kaputten Bett tatsächlich ein.

Als ich erwachte, war es schon dunkel, nur ein bisschen Straßenlicht fiel durch das kleine Dachfenster. Gerne hätte ich hinausgeschaut, ob ich auch etwas von den Bäumen oder vielleicht einen kleinen Vogel sehen könnte. Aber ohne auf den Stuhl zu steigen, war es nicht möglich. Zu gerne hätte ich auch mit Papa gesprochen, aber auch ihn sah ich nicht am Himmel.

Langsam kroch ich aus dem kaputten Bett heraus, suchte nach einem Lichtschalter den ich dann auch fand. Als das Licht anging blickte ich zur Decke an der ich eine Lampe erwartete, aber ich sah nur eine Glühbirne an einem Kabel das schlaff herunterhing. Besonders hell war sie nicht, aber das Licht reichte, um das kaputte Bett zu reparieren. Jetzt wollte ich meinen Koffer auspacken, doch als ich die Schranktüren öffnete, merkte ich, wie instabil er war, denn er schwankte nach rechts und links. Schließlich schaffte ich es, meine wenigen Sachen aus dem Koffer hineinzulegen.

Nun sollte ich aber erst einmal zum Duschen in mein Badezimmer gehen dachte ich. Leise trat ich aus meinem Zimmer und schaute mich nach allen Seiten um damit ich niemandem begegnete, sollte ich doch, wie Tante Gerda gesagt hatte, über den Flur gehen. Ich betrat den Raum den mir Tante Gerda gezeigt hatte, ich bekam einen neuen Schreck. »Badezimmer« hatte sie das genannt. Es gab hier ein kleines Waschbecken mit kaltem Wasser und eine Toilette. Über dem Waschbecken befand sich eine Spiegelscherbe mit einem Sprung. Kein Gedanke an Duschen, selbst Hunger hatte ich auch keinen mehr. Ich nahm meinen Wecker, stellte ihn auf halb fünf, drückte mich in mein Kissen, unter Tränen schlief ich müde von den neuen schrecklichen Eindrücken tatsächlich ein.

Noch vor dem Klingeln meines Weckers wurde ich wach und stellte fest, dass ich nun doch Hunger hatte. Leider gab es hier nichts zu essen, na ja, es hatte schon Zeiten gegeben, da hatte ich noch weniger zu essen. Ich werde schon nicht gleich verhungern, ging es mir durch den Kopf.

Mühsam kämpfte ich mich über die Straße zum Restaurant. Hier schien das Leben nachts genauso wild wie bei Tag zu sein, aber ich hatte es geschafft und kam viel zu früh zu meiner neuen Arbeit. In der Küche ging es schon lustig her, ein Pott Kaffee stand auf dem Tisch: »Nimm ihn dir!«, sagte eine junge Frau. »Wir haben noch Zeit. Aber wenn du nun schon mal hier bist, kann ich dir auch gleich alles zeigen.«

In einem Umkleideraum stand ein Schrank, in dem lauter weiße Schürzen hingen, zu meinem Erstaunen gab es hier auch eine Gemeinschaftsdusche. Ich bekam weiße Schuhe, zog einen von den weißen Kitteln an, den ich aber abends oder wenn meine Arbeit beendet war, in eine Wäschekiste werfen sollte. Ach ja, eine weiße Haube für meine Haare bekam ich natürlich auch. Meine ganze Arbeit bestand heute, an meinem ersten Tag, darin, eimerweise Zwiebeln zu schälen und in Scheiben zu schneiden. Frühstück, Mittagessen, Abendessen bekam ich auch, alles ging hier sehr lustig und freundlich zu. Nach Dienstschluss durfte ich hier sogar duschen und mir auch Getränke und Obst oder andere Dinge mitnehmen.

Die Arbeit gefiel mir sehr gut, alles, was mir aufgetragen wurde, erledigte ich ohne Murren, auch wenn es manchmal schwer war. Denn so viele Zwiebeln und Kartoffeln hatte ich in meinem Leben noch nicht geschält, sie dann auch noch klein geschnitten und viele Tränen dabei vergossen. Natürlich schnitt ich auch viel Gemüse aller Sorten, aber ich wusste, es würde der Tag kommen, dass ich noch mehr lernen durfte.

Und ganz unverhofft kam dieser Tag, auf den ich so gewartete hatte. Ich durfte endlich im Restaurant an das Büfett und meinen neuen Beruf als Kaltmamsell erlernen. Von Dekoration für Teller, auch größere Platten verstand ich eine Menge. Das hatte ich schon bei meinen Eltern im Restaurant gelernt. Meine Kolleginnen staunten, als sie sahen wie schön und schnell ich alles machte. Es wurde eine schöne Arbeit, endlich konnte ich wieder Menschen sehen. Manche freilich nur kurz, weil ihre Mittagspause nicht sehr lang war, andere hatten Zeit und ließen es sich schmecken. Kellner, die eilig mit vollen Tabletts hin und herliefen, Menschen die nach freien Stühlen suchten, das alles mit anzusehen entlockte mir hin und wieder ein Lächeln.

Auch wenn der Tag noch so lang war, die Arbeit oft sehr anstrengend, ich hatte Freude daran. Tante Gerda und Onkel Hans freuten sich darüber wie fleißig ich war. Sie luden mich öfter zu sich in die Wohnung zum Essen ein. Wir waren wie eine Familie, ich fühlte mich nach langer Zeit endlich einmal wohl. Nur wenn ich in mein Zimmer gehen sollte, fiel es mir sehr schwer. Manchmal fragte ich mich, ob das nun die Freiheit war, die ich mir so sehr gewünscht hatte.

Eines Tages wir hatten immer sehr viel zu tun, weil alle Gäste schnell ihr Essen haben wollten, da, plötzlich sah ich ihn, Erich. Ich hatte ihn schon fast vergessen vor lauter Arbeit. Unsere Augen trafen sich, er schenkte mir ein Lächeln, aber wie sollte ich ihm etwas sagen? Es war verboten sich mit Gästen an unserem Tresen zu unterhalten. Wir lächelten uns immer nur an. Doch eines Tages, als der Kellner mit seinem schmutzigen Geschirr zurückkam, sagte er lächelnd: »Pass auf, da liegt ein Zettel für dich drauf.« Schnell steckte ich den Zettel in meine Schürzentasche, doch lesen konnte ich ihn erst in meiner nächsten Pause. Ich nahm den Zettel eilig aus meiner Tasche und las: »Wenn du mich brauchst, ruf mich an.«

Ich durfte im Haus telefonieren wenn ich meine Gespräche aufschrieb; am Monatsende zog man mir von meinem Lohn die Kosten für die Telefonate wieder ab. Bei mir war es nur hin und wieder ein Gespräch, ich hätte sie nicht aufschreiben müssen, es waren so wenige, dass ich sie mir auch so merken konnte, denn ich hatte ja niemanden, mit dem ich sprechen konnte. Nur Erich rief ich nun hin und wieder an. Nein, weggehen durfte ich nicht, das hatte mir Tante Gerda vor einiger Zeit schon gesagt. Papa hätte es verboten, sagte sie, aber mir machte das nichts aus, ich wollte auch nicht. Wohin sollte ich denn gehen? Ich hatte doch Angst vor dieser großen Stadt und freute mich über jeden Tag den ich hier arbeiten konnte. Tante Gerda hatte Papa versprechen müssen, auf mich aufzupassen. Ich konnte es mir denken, dass Papa zu ihnen gesagt hatte, sie sollten mich nicht rauslassen, damit ich keinen Mann kennenlernte. Ja, ich kannte seine Eifersucht, die er mich schon oft hatte fühlen lassen.

So vergingen Tage, Wochen, Monate. Doch eines Abends passierte etwas Merkwürdiges. Wie immer wollte ich nach Feierabend wieder in mein Zimmer gehen. Ich war nicht gerne in meinem Zimmer, aber die Müdigkeit von der vielen Arbeit ließ mich immer einschlafen. Es war schon dunkel geworden, doch die Lampen erleuchteten die Straße taghell. In Gedanken versunken, ging ich heute einmal nicht so schnell wie sonst über die Straße, denn die Nacht war so mild, dass ich die Luft noch ein bisschen genießen wollte.

Doch was war das? Plötzlich hörte ich Schritte, die näher kamen. Aber sonst waren doch auch Menschen auf der Straße, warum beunruhigte mich das heute so? Ich ging nun doch etwas schneller, aber die Schritte taten es auch. So schnell ich konnte lief ich auf meine Haustür zu, schloss auf, doch, oh

Schreck, ein Mann kam auf die Tür zugestürzt. »Ich habe meinen Schlüssel vergessen«, sagte er und schon lief er ziemlich schnell, aber ein bisschen taumelnd die Treppen nach oben. Den Alkohol konnte ich riechen als er an mir vorbeistolperte. Nach diesem Schreck lehnte ich mich erst einmal an die Wand um mein Herzklopfen zu beruhigen. Langsam ging ich dann die vielen Treppen nach oben. Vor meiner Tür angekommen, stand plötzlich der Mann neben mir, der mich auf der Straße so erschreckt hatte und eben noch an mir vorbeigelaufen war. »Schnell, mach die Tür auf«, flüsterte er, »ich muss mich verstecken.« Er sagte es wie ein gehetztes Tier. Wie töricht von mir, aber vor lauter Angst tat ich, was er sagte, und machte wirklich die Tür auf. Schnell warf sich der Mann auf den Fußboden und rutschte unter mein Bett. Er schien sich in diesem Zimmer auszukennen. »Schließ' die Tür zu«, flüsterte er, »und lass' niemand rein!« Ich hörte ihn flüstern: »Meine Frau sucht mich, ich war noch in der Wirtschaft, einen trinken, darum ist sie böse auf mich.«

Ich saß nun zitternd auf meinem Bett, verstand nicht, was da gerade passierte. »Ist draußen alles ruhig?«, kam die leise Stimme nach einer Weile unter meinem Bett hervor. Da ich mich aber nicht rührte, rief er: »Los, nun schau mal nach draußen!« »Nein«, antwortete ich, »das werde ich nicht tun«, stand aber doch schnell von meinem Bett auf und stellte mich unter mein kleines Fenster. Ich hörte, wie er sagte: »Du bist eine blöde Gans, ich werde selbst nachsehen.« Der fremde Mann kroch unter meinem Bett hervor. Leise ging er zur Tür und horchte nach draußen, es schien ruhig zu sein. »Schließ' wieder zu, wenn ich weg bin!«, hörte ich ihn noch sagen, und weg war er.

So schnell hatte ich meine Tür noch nie zugeschlossen. Ich lehnte mich noch eine Weile dagegen, um den Schreck erst einmal zu verarbeiten. Diesen Mann wollte ich auf keinen Fall wieder reinlassen. Da hörte ich plötzlich von unten Geschrei und eine Tür ins Schloss fallen. Nein, das war nun nicht mehr mein Problem, denn ich wollte nur noch schlafen, nichts mehr hören, nichts mehr sehen. Mit meinen Tränen schlief ich dann auch ein.

Das Klingeln meines Weckers erschreckte mich am Morgen, ich musste wieder zur Arbeit. Als ich abgehetzt in der Küche des Restaurants ankam, sahen mich meine Kolleginnen erstaunt an und fragten: »Hast du schlecht geschlafen? Und warum bist du so blass?« »Ja«, sagte ich nur kurz und stürzte mich in meine Arbeit. Die letzte Nacht machte mir sehr zu schaffen, ich verstand nicht, was das bedeutete.

Erich schrieb mir immer wieder kleine Briefchen, legte sie auf seinen Teller, den der Kellner mir dann brachte. Die kleine Post klappte wunderbar. Tatsächlich, nach einiger Zeit hatte ich den Vorfall, mit dem Mann auf der Treppe tatsächlich vergessen. Ich machte wie immer meine Arbeit und freute mich schon, wenn das Briefchen von Erich wieder auf einem Teller lag.

Doch da sagte plötzlich eine Kollegin zu mir: »Du sollst zu deiner Tante nach oben kommen.« Was sollte denn das? Noch hatte ich keine Pause, aber wenn die Tante rief, musste ich natürlich kommen. Es war noch nie passiert, aber es schien heute etwas Wichtiges zu sein. Brav ging ich mich umziehen, denn es war verboten, mit den weißen Kitteln außerhalb des Küchenbereichs herumzulaufen. Also zog ich mich so an, als würde ich nach Hause gehen. Fröhlich sprang ich die Treppen nach oben, denn ich glaubte, es gäbe Kaffee und Kuchen, wie sonst immer.

Ich erschrak, als ich die Tür zum Wohnzimmer öffnete. Da sah ich die Tante, den Onkel, meine Mama, eine Frau und daneben einen Mann. War das nicht der Mann, der sich unter meinem Bett versteckt hatte? Da war sie wieder, wie schon so oft in meinem Leben, die Angst, die mich zittern ließ. Warum sie heute wieder da war verstand ich nicht, denn es waren doch viele Menschen in diesem Wohnzimmer, sicher wollte mir auch keiner etwas antun, meine Mama war ja auch gekommen. Ich konnte es nicht sagen, warum, aber die Angst hatte sich in mir breitgemacht. Im Gesicht meiner Mama konnte ich sehen, dass jetzt nichts Gutes auf mich zukam; ich durfte sie noch nicht einmal begrüßen. Ihre steife, abweisende Haltung ließ es mich auch nicht versuchen. Bevor jemand irgendetwas sagen konnte, rief der Mann und zeigte dabei mit seinem Finger in meine Richtung: »Ja, das ist sie, ich war betrunken, als sie mich in der Nacht in ihr Zimmer abschleppte. Ich wollte nur zu meinen Kindern, die dort oben wohnen, wollte meine Frau nicht stören, da zog sie mich plötzlich zu sich in ihr Zimmer und schloss die Tür hinter uns zu.« Tränen liefen mir nach diesen Anschuldigungen ganz plötzlich über mein Gesicht.

Kaum hatte dieser Mann ausgeredet, machte Mama einen Schritt auf mich zu. Ich dachte: Jetzt wird sie mich in ihre Arme nehmen und mich trösten. Aber nein, sie schlug mir rechts und links ins Gesicht. Die Enttäuschung war so groß. »Ich muss dich leider entlassen, Monika, so etwas kann ich in meinem Hause nicht dulden«, hörte ich Tante Gerda sagen. Zu gerne hätte ich mich verteidigt, doch keiner ließ es zu. »Geh' schon, pack' deine Sachen«, sagte Mama, »du brauchst dich nicht zu verabschieden.« Ich drehte mich wie eine Marionette um, ging steif die Treppe hinunter. In meinem Kopf rauschte es. Ich lief über die Straße schneller als sonst, dann die Treppen hinauf in mein Zimmer, sammelte meine wenigen Habseligkeiten zusammen. Mit meinem kleinen Koffer in der Hand stand ich für einen Augenblick still auf der Straße, doch ich wartete nicht auf Mama, sondern lief so schnell ich konnte zur Königsallee. Hatte Erich nicht gesagt, wenn ich ihn bräuchte, wäre er für mich da?

Erich

Vorsichtig drückte ich auf die Klingel seiner Haustür. Es war seine Stimme die fragte: »Wer ist da?« Leise sagte ich: »Hier ist Monika!« Schon kam die Antwort: »Warte, ich komme.« Schneller, als ich erwartete, stand Erich vor mir. Ich muss jämmerlich ausgesehen haben mit meinem verweinten Gesicht, meinem kleinen verkratzten Koffer. Erich sagte: »Komm', wir gehen erst einmal nach oben.«

Da stand ich nun wie angewachsen in einem Treppenhaus, das mich staunen ließ. Die Wände waren aus Marmor, genauso wie die breite Treppe, die nun vor mir lag. Rechts so wie links sah ich große, edle Holztüren mit goldenen Schildern; die Namen auf den Schildern konnte ich jetzt noch nicht lesen. Aus meinem Staunen riss mich Erich, indem er sagte: »Nun komm' erst mal herauf.« Er nahm meinen kleinen Koffer aus meiner Hand, wieder einmal gingen wir Treppen, Treppen, Treppen, doch diese waren hell und freundlich, sehr elegant. Ich kam aus dem Staunen nicht mehr heraus. Erich musste mich öfters auffordern doch zu kommen. Endlich oben, dachte ich: Na, da bin ich jetzt wieder auf dem Dachboden. Ich stand vor einer großen, aber nicht besonders schönen Türe. Sie war nicht wie die anderen, sondern aus grauem Eisen, so wie Kellertüren oder Schutztüren in Heizungskellern. Ich hörte, wie Erich die Türe aufschloss, doch mir war nicht wohl bei dem Gedanken, dass ich hier womöglich wieder eingesperrt würde. Ich mochte nicht weitergehen. Ich hatte das Gefühl, dass Erich es bemerkt hatte weil ich auf der letzten Stufe stehen geblieben war. Er drehte sich zu mir um und sagte: »Komm', hab' keine Angst, das hier ist nur eine Sicherheitstüre, das muss so sein, sie gibt mir Schutz. Aber das erkläre ich dir später, komm' erst einmal rein.«

Er öffnete seine Wohnungstür die ebenfalls aus schönem Holz war, schöner als die anderen im Treppenhaus. Auch war hier alles so vornehm, wie ich es noch nie in meinem Leben gesehen hatte. Es war eben ein Haus auf der Königsallee. Doch sah mir das hier alles eher wie ein Versteck aus, es machte mir ein bisschen Angst. Ich latschte wie ein kleiner Trampel einfach hinter Erich her. Eine schöne, große Wohnung mit einer eleganten Einrichtung hatte ich nun betreten.

Erich zeigte mir seine ganze Wohnung, ich kam aus dem Staunen wieder einmal nicht heraus. Erschrocken bemerkte ich plötzlich, wie Erich lächelnd meinen kleinen Koffer in sein Schlafzimmer brachte. Wo sollte ich denn nun wohnen? Da fiel mir plötzlich ein, dass ich Erich gar nicht gefragt hatte, ob ich erst einmal bei ihm bleiben darf. Als ob er meine Gedanken lesen konnte sagte er jetzt: »Es gibt zwei Möglichkeiten für dich. Wenn du willst, kannst du mit mir im Schlafzimmer schlafen …« Ich erschrak, das wollte ich auf keinen Fall, denn ich hatte noch nie mit einem Mann in einem Schlafzimmer geschlafen und auch nicht in seinem Bett. Doch da hörte ich Erich schon sagen: »Oder du kannst hier im Wohnzimmer auf dem Sofa schlafen, solange du möchtest.« Ja, das wollte ich. Wo sollte ich denn sonst hin? Ich hatte kein Zuhause mehr und eine Arbeit auch nicht. Ich gab zu erkennen, dass ich gerne auf dem Sofa schlafen wollte. Meinen kleinen Koffer holte ich schnell wieder aus dem Schlafzimmer, stellte ihn neben das Sofa, aber wagte nicht, ihn jetzt auszupacken. Denn ich schämte mich, weil es sehr wenig war, was ich hätte auspacken können. Erich zeigte mir ein großes Fach in seinem Umkleideraum, in dem ich viele schöne Anzüge, Hemden und sehr vieles mehr sah. Dort war auch noch Platz für meine wenigen Sachen.

Es war alles ein bisschen viel für mich, ich war müde geworden. Doch Erich machte uns noch ein paar belegte Brote, öffnete eine Flasche Wein, ich bekam einen Saft, um den ich ihn gebeten hatte. Wir unterhielten uns noch sehr lange, aber je näher die Zeit kam, um schlafen zu gehen, desto unruhiger wurde ich, denn Erich ließ mich fühlen dass er mich gern hatte. Seinen Worten folgte ich nur noch unkonzentriert. Der Gedanke, mit einem fremden Mann eine Wohnung zu teilen war mir unmöglich. Ich fühlte in mir eine entsetzliche Angst vor Männern: Die schrecklichen Jahre mit meinem Stiefvater lebten wieder auf, das Zittern vor meinem Pflegevater war wieder da. Ich fühlte deutlich wieder die Angst geschlagen zu werden wenn ich etwas falsch gemacht hatte. All diese Gedanken ließen mich frieren und zittern. Da war nun auch noch die Beschuldigung ich hätte einen fremden Mann verführen wollen. Das alles machte mir großen Kummer. Ich war am Ende meiner Kraft.

Zu gerne wollte ich jetzt alleine schlafen und weinen, alles vergessen. Warum musste ich denn immer nur stark sein? Durfte ich meinen Kummer, das Elend das auf mir lag, nicht mit jemandem teilen? Musste ich immer nur schweigend alles ertragen? Ich erschrak über all meine Gedanken, denn ich hatte Erich völlig vergessen, da sah ich plötzlich, wie er mir ein Bett auf dem Sofa machte. »Du bist müde«, hörte ich ihn sagen, und er ging in sein Schlafzimmer mit den Worten: »Schlaf' gut, ruh' dich erst einmal ein bisschen aus.« Er kann wohl doch Gedanken lesen dachte ich, als ich auf dem Sofa in meinem neuen Bett lag, bevor ich dann doch ganz schnell eingeschlafen war.

»Wach auf!«, hörte ich am nächsten Morgen eine Stimme. »Das Frühstück ist fertig.« Gut hatte ich geschlafen, hatte wohl auch nicht mehr lange geweint. Erich aß ein bisschen Käse auf seinem Brot, ich nur Butter und Marmelade. Er lachte, als er das sah: »Wir sind aber wirklich sparsame Esser.« Nun erfuhr ich auch, dass er seine Lebensmittel fast alle aus dem Reformhaus kaufte und sehr auf seine Gesundheit achtete.

Während ich die Küche aufräumte und mir Erich zusah,

sagte er freundlich: »Wenn du fertig bist, gehen wir erst einmal einkaufen. Unten neben meinem Haus befindet sich ein Modegeschäft, dort werden wir hingehen.« Mir war jetzt klar, dass er im Schrank gesehen hatte, dass ich nicht viel zum Anziehen hatte, es ihm sicher auch nicht besonders gefiel was er da sah. Denn mein Leibchen von meinen Pflegeeltern hatte ich noch immer aufgehoben. Erich gab mir einen Schlüssel mit den Worten: »Pass' schön darauf auf, er gehört zu einer Anlage.« Was das bedeutete, wusste ich noch nicht, aber ich versprach, darauf aufzupassen.

Gemeinsam liefen wir die schönen, hellen, breiten Treppen hinunter, gingen einen Schritt vor die Tür und direkt durch die nächste sehr große Ladentüre. In dem Modegeschäft stellte mich Erich einer hübschen, großen Frau vor. Ich kam mir klein und unscheinbar vor mit meinen Sachen, denn die Frau war so hübsch und elegant gekleidet, dass ich mich plötzlich schämte. Die großen Lampen, die geschmackvollen Teppiche, die noble Einrichtung – all das erweckte in mir den Eindruck, als wäre ich in einer anderen, viel schöneren Welt. Doch da waren sie schon wieder, meine Gedanken: Träume ich, oder darf ich das hier wirklich erleben? Ach, Papa im Himmel, wenn du das hier sehen könntest ... Ich wurde aus meinen Gedanken geweckt, als ich die Stimme der netten Frau hörte, denn ich stand noch immer ganz nah an Erichs Seite gedrückt. »Ich werde mein Bestes geben«, sagte sie lächelnd als sie mich ansah. Erich musste schon mit ihr gesprochen haben, woher sollte sie sonst wissen, dass ich etwas zum Anziehen brauchte? Ich ließ es geschehen. Erich ließ mich dann einfach stehen, er entfernte sich mit den Worten: »Wir sehen uns später. Kauf' schön ein, lass dich schön machen.« Und weg war er.

Nun wurde ich von der netten Frau von Kopf bis Fuß eingekleidet, bekam aber dann all die schönen Sachen doch nicht, als ich fragte, ob ich sie mitnehmen sollte. »Nein, nein, das geht schon in Ordnung, wir bringen alles nach oben«, war die Antwort. Wie eine Marionette ging ich aus dem noblen Laden, verabschiedete mich höflich und lief mit eiligen Schritten die Treppen hinauf. Dabei fielen mir die Holztreppen bei meinen Pflegeeltern wieder ein, wie ich diese immer hinauf und hinunter gesprungen war. Das tat ich auch jetzt. Da öffnete sich eine der großen Holztüren, ein gut gekleideter Mann stand vor mir. »Hast du dich verlaufen? Oder suchst du jemanden? Kann ich dir helfen?«, fragte er. Erschrocken hielt ich ihm meine Hand entgegen, mit dem Hausschlüssel, den ich von Erich bekommen hatte, und sagte leise: »Ich gehöre zu Erich.« Ich erschrak über meine Worte: Was hatte ich da gesagt? Ich gehörte zu Erich? Ich gehörte niemand, ich war doch alleine. »Ach so, du gehörst zu Herrn Simon, dann wünsche ich dir noch einen schönen Tag.« Kaum hatte der Fremde ausgesprochen, war er auch schon wieder hinter seiner großen Tür verschwunden. Als sie geschlossen war, lief ich schnell noch einmal hin, schaute auf das goldene Schild und konnte »Anwalt«, »Kanzlei« und auch noch mehrere Namen lesen.

Als ich oben bei Erich ankam, erzählte ich nichts von der Begegnung im Treppenhaus. Während wir uns noch über Kleider und so weiter unterhielten, klopfte es schon an die Tür. Eine Menge Tüten mit Kleidern, Mänteln, Schuhen brachte uns ein Junge nach oben. Wer soll das bloß alles bezahlen, dachte ich, als ich die Sachen auf einem Sessel liegen sah. Nun aber gab es eine große Modenschau und Erich war sehr zufrieden mit dem, was er da sah. Ich wagte nicht zu fragen, was ich denn mit meinen Sachen aus meinem Koffer machen sollte, aber als ich den Schrank öffnete, um die neue Garderobe hineinzuhängen, waren sie nicht mehr da. Ein großer, schöner Koffer stand statt des meinen dort. Ich wagte nicht zu fragen, wo denn meine Sachen geblieben waren. Doch wieder einmal war es, als ob Erich Gedanken lesen könnte, denn er sagte lachend: »Wenn du mich irgendwann einmal verlassen willst, kannst du alles in den neuen großen Koffer legen und mitnehmen, auch deine mitgebrachten Sachen, sie sind in deinem Koffer dort oben.« Er zeigte mit seiner Hand auf ein Regal, das ich zu der Zeit noch nicht erreichen konnte, dafür war ich damals, mit 18 Jahren, zu klein. »Doch ich hoffe, dass du sehr lange bei mir bleibst«, hörte ich noch seine Worte.

Ich kannte mich nicht wieder in den schönen, neuen Kleidern, als ich vor dem großen Spiegel stand und sah, wie meine langen, dunklen Locken über meine Schultern fielen. Ja, meine Haare hatte ich wieder wachsen lassen. Sie waren nicht so lang wie damals, als Mama meine Zöpfe abschneiden ließ, aber ich hatte meine Haare immer zu einem Zopf geflochten. Erich hatte mir den Zopf geöffnet. Er wollte meine Locken sehen und kam aus dem Staunen nicht mehr heraus: »Wie hübsch du doch bist. So möchte ich dich immer sehen«, bat er mich. Ich aber dachte: Er ist der erste Mann, der meine Haare öffnen darf. Und ich hatte noch nicht einmal Angst, als er es tat, denn ich wusste, dass Erich mehr als 20 Jahre älter war als ich, und meine Zuneigung zu ihm war wie die zu einem Vater. Ich befürchtete, er könnte das anders verstehen, das beunruhigte mich.

Nun kamen doch viele Dinge auf mich zu, welche ich lernen musste. Er wollte aus mir eine junge Frau machen, die in seine Welt passte. Erich meldete mich in einer der Etikettenschulen an die es in Düsseldorf gab. Ich lernte alles, was zu einem distinguierten Auftreten an der Seite dieses Mannes und in seinen Kreisen gehörte: Eine korrekte Haltung, indem ich mit Büchern auf dem Kopf gehen und stehen musste, die Essmanieren, die richtige Artikulation, das gesamte Benehmen. Selbst bei einer englischen Sprachschule wurde ich angemeldet. Dann endlich war ich vorbereitet, um mit Erich in guten Restaurants und in feinen Gesellschaften zu erscheinen. Ich lernte schnell und viel, auch dass ich den Mund zu halten hatte, wenn ich über irgendein Thema oder eventuell über Politik nicht Bescheid wusste.

Wir lebten wie Vater und Tochter zusammen. Ich machte den Haushalt, kochte und verwöhnte Erich mit einem schön gedeckten Tisch und gutem Essen. Das Kochen fiel mir leicht, denn wo und wann immer ich irgendetwas zu essen bekommen hatte, ich konnte es fast gleich nachkochen. Und einiges hatte ich auch schon zu Hause gelernt, in unserem Restaurant.

Nun lebten Erich und ich schon über ein Jahr zusammen. Ich dachte, so könnte es immer sein. Ich fühlte mich wohl bei ihm, ich fühlte mich wie seine Tochter. Er rührte mich nicht an und ich verwöhnte ihn, so gut ich konnte. Doch eines Tages nahm mich Erich in den Arm, es war nicht so wie sonst, er hielt mich fest an sich gedrückt. Ich erschrak und wusste, dass er von mir nun doch etwas wollte. Sollte nun die schöne, unbeschwerte Zeit vorbei sein?

Ja, sie war vorbei und kam auch nie wieder. Jetzt gab es für mich nur zwei Möglichkeiten: Entweder gab ich mich ihm hin, oder ich musste gehen. Aber wohin? Wohin sollte ich gehen?

Dann trank ich mit Erich zum ersten Mal Wein; er stieg mir sofort in den Kopf. Wir lachten viel, ich ertrug seine Zärtlichkeiten und war vom Wein beschwipst. Erich nahm mich vorsichtig auf seinen Arm, trug mich in sein Schlafzimmer, legte mich auf sein Bett und zog mich langsam und zart aus. Dann zog auch er sich aus, ich sah nun einen Mann vor mir, der nicht mehr mein Vater sein wollte. Ich fühlte wieder mein Zittern, es war nicht gut, was ich hier tat, war es nicht wieder ein Verhältnis zwischen Vater und Tochter? Würde ich jetzt wieder vergewaltigt werden? In meinem Kopf drehte sich alles.

Was nun geschah, hätte ich mir im Traum nicht vorstellen können. Es ließ mir mein Blut in den Adern erstarren. Er gab mir wilde Küsse, wie ein Ertrinkender, als ich ihn plötzlich in mir fühlte, stieß er Laute aus, die ich noch nie gehört hatte. Bei jedem neuen Stoß hauchte er in mein Ohr: »Lass' dich ficken, mein kleines scheues Mädchen, fick mich, fick mich noch mehr.« Seine Worte, die immer geiler wurden, schienen nie zu enden. Es waren Worte, die mich erfrieren ließen, die ich noch nie in meinem Leben gehört hatte. Als er dann plötzlich mit einem lauten, tierischen Schrei glücklich von meinem Körper fiel, war mir elend zumute. Das war wieder einmal ein Missbrauch meiner Gefühle. Sollte das Liebe sein? Als er sich dann endlich von meinem Körper löste, sah er mir ins Gesicht. In meinen Augen standen Tränen; er aber dachte, es wären Tränen des Glücks, und küsste mir die Tränen ab, sagte: »Schön, dass es dir gefallen hat.« Er war glücklich, doch ich fühlte wieder das Zittern in mir.

So sollte es nun weitergehen: Er war glücklich, ich ließ es geschehen, denn ich hatte Angst, dass er mich wegschickte. Wo sollte ich denn auch hin? Noch immer hatte ich keinen Beruf, hatte auch nichts lernen können. Wieder war es ein Kindheitsproblem, das mir jetzt das Leben erschwerte. Als ich damals aus der Gefangenschaft des russischen Kinderlagers gekommen war, war ich einfach zu krank an Körper und Seele gewesen, um die reguläre Schule zu besuchen.

Von nun an schlief ich immer bei Erich im Schlafzimmer, durchlebte jede Nacht eine Vergewaltigung. Doch ich ertrug es so wie damals bei meinem Stiefvater und ließ alles mit mir geschehen. Nun lernte ich, dass mein Körper die Männer verrückt machte. Viele traurige Bilder aus der Vergangenheit lebten auf.

Ich sah mich wieder auf einem Tisch in unserem Restaurant liegen, auf einer Decke, die Beine gespreizt. Die Gardinen waren zugezogen, nur das Licht über mir war sehr hell. Ich zitterte, als ich damals in der Hand meines Stiefvaters einen roten Gummiball mit einem silbernen Röhrchen sah. »Was ist da drin?«, wagte ich zu fragen. Er antwortete mit ruhiger Stimme: »Mach dir keine Sorgen, es ist nur Wasser und Kernseife, dann wirst du deine Periode bekommen.« Er führte mir das Röhrchen in meine Scheide, ich schrie vor Schmerzen, aber seine ruhige Stimme sagte: »Es ist gleich vorbei.« Und ich gehorchte wie immer und wurde ganz still. Damals wusste ich nicht, dass es eine Abtreibung war, denn ich hatte keine Ahnung, dass ich schwanger war. Was war das, schwanger sein? Niemand hatte es mir erklärt. Leider hatte mich nie jemand aufgeklärt, und alles, was sich unterhalb meiner Hüften befand, war immer nur »iii«, »bah« und »pfuii«. Ich war doch noch so dumm und unerfahren. Papa hatte mir versprochen, dass ich meine Periode nun bald bekommen würde, ich glaubte ihm und ertrug brav, was er mit mir tat. Aber ich wusste nicht, dass es gar nicht um meine Periode ging, sondern dass ich kein Kind bekommen sollte.

Ich hatte an diesem Tag freibekommen und brauchte nicht in unser Restaurant gehen, das war gut, denn ich bekam schreckliche Schmerzen, die mir den Verstand raubten. Wie eine verletzte Katze schlich ich in unserem Haus herum, wenn mir jemand begegnete, sagte ich immer: »Fragt mich nicht, ihr wisst doch, dass ich immer solche Schmerzen bei meiner Periode habe.« Das glaubte man mir und ich wurde in Ruhe gelassen. Doch dann wurde ich vor Schmerzen fast verrückt, ich wusste nicht mehr ein noch aus, verfluchte in Gedanken meinen Stiefvater: Was hast du nur mit mir getan? Willst du mich umbringen? Wenn ja, dann lass es schnell vorbei sein.

Ich schleppte mich zwischen meinem Zimmer und der Toilette hin und her, immer dachte ich, dass ich wohl doch auf die Toilette müsste. »Periode, nun komm' doch endlich!«, sagte ich laufend vor mich hin, der Schmerz schien mich zu zerreißen, er raubte mir den Verstand, er nahm und nahm kein Ende. Schaukelnd, die Beine fest umschlungen, saß ich immer wieder auf der Toilette. Ich wusste mir keinen anderen Rat mehr. Ich dachte immer, ich müsste mal ‚groß' machen, aber nein, ich wusste nichts mehr.

Doch plötzlich, viele Stunden später, als das Blut, das aus mir floss, in der Wohnung schon Spuren hinterlassen hatte, stieß ich plötzlich einen lauten Schrei aus. Etwas Großes fiel aus mir heraus in das Toilettenwasser. Sekundenlang fühlte ich keinen Schmerz mehr und dachte: Endlich, ich kann mich ausruhen, die Periode ist doch gekommen, ach Papa, du hattest ja so recht. Als ich dann schweißgebadet in die Toilette schaute, erschrak ich darüber, was da aus mir herausgefallen war, aber noch an einer langen Schnur an mir hing. Ich sah ein Kind im Wasser liegen, in Panik riss ich die Schnur an mir schnell ab. Eilig fischte ich aus dem Wasser, was ich nicht glauben konnte. Es war ein kleines Baby, ich nahm es in meine blutverschmierten Arme, achtete nicht mehr auf das Blut, das überall an mir und auf dem Fußboden klebte, sondern ging, so schnell ich nur konnte, in mein Zimmer und war froh, dass mir niemand begegnet war. Das kleine Wesen, das ich in meinem Arm trug, bewegte sich nicht. Was sollte ich nur damit tun? In Panik machte ich meinen Kleiderschrank auf, in dem der leere Schuhkarton von meinen Skischuhen stand. Da legte ich es schnell hinein und deckte es mit einer Jacke zu, die vom Bügel gefallen war. Sofort warf ich mich wieder in mein Bett und leise wimmerte ich vor mich hin: »Das hat er getan, er hat es getan, er hat es totgemacht mit der Seife. Nein, ich war es nicht, lieber Gott, was mache ich bloß? Was ist hier mit mir nur passiert? Sicher werde ich jetzt auch sterben.« Denn meine Schmerzen waren wiedergekommen. »Lieber Gott, hilf mir doch, ich kann doch nichts dafür, bitte, bitte, hilf mir«, flehte ich leise.

Als der Schmerz für einen Moment aufhörte, stand ich auf, stopfte in mein Höschen ein Handtuch, zog meinen Bademantel an, schnürte ihn fest zu, weil ich kein Blut verlieren wollte, ich versuchte mich am Treppengeländer festhaltend nach unten zu gehen. Schleppend schlich ich über den Hof in unsere Restaurantküche. Da stand ich nun schwankend, hielt mich an der Reling unseres Küchenofens fest.

Ich sah plötzlich das entsetzte Gesicht von Mama und Papa, der neben ihr stand. »Was ist passiert, Kind? Geh' schnell wieder nach drüben, schau doch einmal nach unten, du stehst ja in einer Blutlache!« Ich schaute vorsichtig nach unten und hatte dabei das Gefühl, umzufallen, denn in meinem Kopf drehte sich alles. Wie von Geisterhand geführt, ging ich den Weg zurück, ohne ein Wort zu sagen. Ich hatte ja nur solchen Durst, deswegen war ich nach drüben gegangen, legte mich nun aber zitternd in mein Bett, weinte und weinte. Aber die Schmerzen ließen mich einfach nicht einschlafen, ich fühlte mich so verlassen. Zu gerne hätte ich nach der Anstrengung geschlafen, doch die immer wiederkehrenden Schmerzen erlaubten es nicht. Ach, lieber Gott, ging es durch meinen Kopf, wirst du mich jetzt bestrafen? Muss ich denn jetzt sterben?

Plötzlich hörte ich Mama die Treppen heraufkommen. Sie sah nun auch das viele Blut, das von der Toilette bis zu meinem Zimmer eine Spur hinterlassen hatte, setzte sich auf mein Bett und sagte: »Nein, so geht das nicht, ich werde einen Arzt rufen.« Ich wollte noch sagen, dass ich keinen Arzt bräuchte oder so was Ähnliches, aber da war sie auch schon gegangen.

Ja, Mama hatte den Arzt gerufen, aber nicht unseren Hausarzt, sondern einen anderen Arzt, den ich nicht kannte. Ohne mich zu fragen, zog er mir die Bettdecke weg, sah mich in einer Blutlache liegen, deckte mich schnell wieder zu und sagte: »Du musst in ein Krankenhaus. Was ist passiert?« Ich bat den Arzt: »Bitte, bitte, sagen Sie meiner Mama nichts. Ich habe ein Kindchen bekommen.« Entsetzt fragte der Arzt: »Und wo hast du das Kind?« Ich zeigte mit meiner kraftlosen Hand auf meinen Schrank und sagte weinend: »In der Schuhschachtel, da liegt es.« Da öffnete er den Schrank, sah sofort das Blut und holte den Schuhkarton heraus. Als er das Baby darin sah, sagte er erschrocken: »Das ist ja wirklich ein richtiges Baby!«, nahm es sofort an sich und verschwand wortlos aus meinem Zimmer.

Von diesem Moment an wusste ich nichts mehr, ich musste wohl das Bewusstsein verloren haben. Als ich erwachte, lag ich in einem weißen Bett in einem Krankenhaus. Meine Gedanken waren sofort: Wird mich denn hier auch jemand besuchen? Nein, so sehr ich es auch hoffte, Besuch bekam ich keinen, auch Mama kam nicht. Und er, der starke, große Mann, der Weltmeister im Wintersport, den alle Menschen, besonders die Frauen verehrten, anhimmelten und umschwärmten, er, der mir das angetan hatte, er ließ sich auch nicht bei mir sehen. Ich fühlte mich allein gelassen. Versunken in all den traurigen Gedanken, ging plötzlich die Türe auf und ein Arzt, den ich noch nie gesehen hatte, stellte sich mit sehr ernstem Gesicht an mein Bett. Er nahm meine Hand, fühlte nach meinem Puls, hielt aber meine Hand weiter fest, es fühlte sich an, als täte ich ihm leid, als er sagte: »Du hast aber Glück gehabt, dass du noch rechtzeitig zu uns kamst, sonst wärst du gestorben. Ruh' dich aus, dann wird alles schnell wieder gut werden.« Mit diesen Worten ging er zur Türe, leise sagte ich: »Danke!« Ob er es gehört hatte, weiß ich nicht, denn eine Schwester kam herein und versorgte mich, doch auch sie machte den Eindruck, als hätte ich Hilfe nötig. Vorsichtig lächelte sie mich an und sagte: »Du bist bald wieder gesund.« War ich denn wirklich so krank? Und mein Baby? Ich verstand alles nicht so richtig, war ich doch noch so jung mit 15 Jahren und unerfahren. Und warum war dieses Baby denn tot, das hätte ich so gerne gewusst. Ich wagte keine Fragen zu stellen, aber die Gedanken ließen mich nicht los.

Als ich wieder nach Hause konnte, war ich immer noch bettlägerig, durfte nicht aufstehen. Da ging meine Zimmertür auf und Mama kam zu mir. Sie setzte sich mit ernstem Gesicht auf mein Bett, doch statt ein paar lieber Worte, die ich mir so sehr gewünscht hätte, hielt sie mir plötzlich eine Pistole an den Kopf, die sie in einer Hand hinter dem Rücken gehalten hatte, und fragte: »Wer war es? Wenn du mir nicht sofort sagst, wer das war«, drohte sie, »werde ich dich erschießen.« Ich zitterte vor Angst. Obwohl ich ihr Verhalten verstehen konnte, stotterte ich: »Ich weiß es nicht, ich habe mit so vielen Männern geschlafen, einer wird es gewesen sein.« Als ich die Namen der Männer nennen sollte, sagte ich einfach, die wüsste ich auch nicht mehr, es sei immer dunkel gewesen Gäste aus dem Restaurant. Nach diesen Worten stand Mama langsam auf und verließ mein Zimmer. Ich weinte in mein Kissen, ich konnte ihr doch nicht sagen, dass es ihr eigener Mann war, dass er mich schon die ganze Zeit, in der ich zu Hause war, missbraucht und mir das hier angetan hatte. Mama hätte doch ihren Mann verloren, meine Geschwister sicher auch ihren Vater, also nahm ich alles auf mich, was geschehen war. Ich hoffte, dass Mama mich nie mehr nach all dem fragen würde. Aber es sollte anders kommen.

Eines Tages, als ich wieder einmal im Wohnhaus in der Küche stand, um die Wäsche der ganzen Familie zu bügeln, ging plötzlich die Tür auf, Mama. Ich sah, dass sie etwas getrunken hatte. Sie schwankte ein wenig auf mich zu und nahm mir das Bügeleisen aus der Hand. Es ging alles sehr schnell, doch sie hielt mir plötzlich das heiße Bügeleisen ganz nah vor mein Gesicht, mit den drohenden Worten: »Sag mir sofort, wer das war, sonst wird dein schönes Gesicht nicht mehr schön sein und keiner wird dich mehr haben wollen.« Ich wusste sofort, was sie meinte, doch sagte ich wieder: »Ich weiß es nicht, Mama.« Da stellte sie das Bügeleisen wieder an seinen Platz und so plötzlich, wie sie gekommen war, war sie auch wieder weg. Noch eine ganze Weile stand ich angelehnt an die Küchenwand und ließ meinen Tränen freien Lauf. Ob sie mit meinen Worten zufrieden war oder es nur glauben wollte, habe ich nie erfahren.

Aber all das, was ich damals durchgemacht hatte, konnte ich nie wieder vergessen. Es zog sich wie ein Schatten durch mein ganzes Leben, bis jetzt.

Mein Leben sollte sich mal wieder ändern

Die Zeit mit Erich, seinen wollüstigen Schreien machte mich nicht glücklich, aber ich ertrug alles, ich hatte ja gelernt, dass ich immer gehorchen musste. Erich war sonst ja auch ein guter Mann, wenn wir nicht gerade im Bett lagen. Nun hatte er mich zu einer Frau gemacht, deren Körper begehrenswert für Männer war. Ich hatte gelernt, was ein Mann von mir wollte. Und was ich auf diese Weise alles erreichen konnte. Nur mein Herz blieb traurig, wenn ich alleine war, weinte ich. Das bin doch nicht ich, ging es mir oft durch meinen Kopf: Was wurde nun wieder aus mir gemacht? Die Liebe, die ich noch immer suchte, hatte ich nicht gesehen und auch nicht gefunden, gab es sie denn wirklich? Oder musste die Liebe zu meinem Papa im Himmel die einzige Liebe bleiben?

Erich fragte mich eines Tages: »Hast du Lust, einem guten Bekannten zu helfen, der unten im Haus einen Delikatessenladen hat? Und in einem sehr guten Hotel eine Bar besitzt?« Ohne mich dabei anzusehen, sprach er weiter: »Du kommst doch aus dem Gaststättengewerbe? Du hast doch Erfahrung darin, das haben dich deine Eltern doch gelehrt. Du kennst ihn schon es ist Herrn Peters und seine Frau. Du kaufst doch bei ihnen öfter ein, sie sind doch immer sehr nett zu dir …« Er redete und redete. Aber wie er das alles sagte gefiel es mir nicht, es war so bestimmend so endgültig. Was sollte ich dazu noch sagen? Und diese Art wie er mit mir sprach, gefiel mir auch nicht, es klang etwas Unheimliches in seiner Stimme. Ich fing wieder einmal an zu zittern, musste mich beherrschen, damit er das Klappern meiner Zähne nicht hörte. Ja, das hatte ich wirklich gelernt, das Bedienen in der Gaststätte, im Restaurant meiner Eltern. Wenn Erich gewusst hätte, welche Erfahrungen ich dort bei meinen Eltern gemacht hatte – aber ich wollte nicht mehr daran denken denn zu viel war dort geschehen. Erich davon erzählen wollte ich jetzt auch nicht. Würde er es denn verstehen? Oder würde er mich sogar dafür bestrafen? Erich hörte nicht auf, Fragen zu stellen, ob ich mir die Bar nicht doch einmal ansehen mochte und so vieles mehr. Was sollte ich dazu schon sagen, um ihn nicht zu verärgern? Gäste zu bedienen, für eine kurze Zeit, als Aushilfe, das konnte ich ihm nicht abschlagen. Sicher wollte er nur den Peters einen Gefallen tun.

Nach diesem Gespräch zogen wir uns gut an und gingen über die Königsallee zum Park-Hotel, wo die Bar der Peters' sein sollte. Als wir vor einer fast unscheinbaren Tür standen, sah ich auf einem Schild mit goldenen Buchstaben den Schriftzug »Carlton Bar«. Erich klopfte an, uns öffnete ein gut gekleideter Mann. Der Erich zu kennen schien, denn er begrüßte ihn wie einen alten Freund. Erich drehte sich zu mir und sagte lachend: »Sonst lässt man hier nur Gäste aus der guten Gesellschaft rein.« Genauer gesagt, nur die Herren der feinen Gesellschaft, wie ich bald erfuhr. Doch jetzt sagte der freundliche Mann, zu mir gewandt: »Komm herein, die Familie Peters wartet schon auf dich.« Durch einen dunkelroten Samtvorhang hörte ich Zigeunermusik. Es erinnerte mich an meine Mama, die diese Lieder immer mit einem Schwips und guter Laune gesungen hatte. Vor uns sah ich einen langen, sehr schönen Bartresen, so wie ich noch keinen zuvor gesehen hatte. Aber was hieß das schon? Was hatte ich schon anderes gesehen als den Tresen bei meinen Eltern im Restaurant und den, als ich Kaltmamsell bei Familie Schäfers in Düsseldorf werden wollte. Hier sah ich sechs junge, hübsche Frauen hinter dem Tresen sitzen, die mich alle nett ansahen, als wüssten sie genau, dass ich heute kommen würde. Und an der rechten Seite neben einer kleinen Tanzfläche standen drei etwas ältere Zigeuner, sie machten leise Musik. Während ich mir das alles ansah, kam eine ältere Dame mit ihrem Mann auf uns zu. Erich stellte mich vor. Frau Peters aber lachte: »Du brauchst uns nicht bekannt machen, wir kennen uns doch.« Freundlich sagte sie: »Also, du willst mit uns arbeiten.« Was hatte sie da gesagt? Ich wollte? Nein, ich sollte, ich musste, um Erich nicht zu verärgern. Als ich aber nichts erwiderte, sprach sie freundlich weiter: »Na, schau' mal, da sitzen sechs schöne Mädchen, du sollst nun die Siebente sein.« Sie muss mein ernstes, verschüchtertes Gesicht bemerkt haben und sprach schnell weiter. »Hab' keine Angst, du bist die Jüngste hier und darfst mit keinem Mann ins Bett gehen.« Was war denn das jetzt, fragte ich mich alarmiert. »Sie dürfen dich nicht anfassen«, sprach Frau Peters schnell weiter, »aber das wissen unsere Gäste bereits, wir haben ihnen schon von einem hübschen, besonders jungen Mädchen erzählt, das bald bei uns sein wird. Es wird dir auch niemand etwas tun, da werden wir schon aufpassen«, hörte ich noch ihre Worte. Frau Peters sprach sehr schnell, als würde ich sonst weglaufen. Verschüchtert und leise sagte ich: »Das ist gut, ich gehöre doch Erich, ich soll nur einmal ein bisschen helfen.« Ein freundliches Lächeln kam auf ihr Gesicht, das mich aber nicht beruhigte.

Von nun an arbeitete ich bei den Peters. Morgens, wenn andere Menschen schon über die Königsallee zu ihrer Arbeit gingen, kam ich nach Hause. Langsam, die frische Luft genießend, ging ich die Königsallee entlang und hoffte, dass auch ich bald wieder zu den Menschen gehören würde, die morgens aufstehen und abends schlafen gehen. Doch noch wurde mein Tag zur Nacht, die Nacht zum Tag. Man hatte mich zum Lockvogel der Bar gemacht. Die Männer verehrten mich, machten mir Komplimente, wie schön ich sei, auch brachte ich jede Nacht viel Geld mit nach Hause welches ich bei Erich ablieferte. Ich freute mich darüber war stolz, dass es jedes Mal so viel war, Erich lobte mich sehr dafür. War ich es doch so von Papa gewöhnt: Wenn man etwas gut macht, wird man gelobt und gestreichelt. Für Erich war alles gut, denn meinen Verpflichtungen als Frau kam ich immer nach, ich hörte mir seine schrecklichen Worte und Schreie an, ich war froh, wenn alles vorüber war. Ich sah danach in ihm immer noch einen Vater.

Für Erich konnte alles nicht besser sein, er lehrte mich auch, wie man stöhnt, wenn ‚es' schön ist, auch diesen Gefallen tat ich ihm. Nur meine Tränen, meine Traurigkeit, die sah er nie.

Bekanntschaften

Da kam eines Tages ein gut gekleideter Mann mit silbergrauen Haaren in die Bar. Er war sehr schlank, erstaunlich groß und setzte sich sofort vor die Bar, auf einen Platz der immer mir gehörte wenn Gäste kamen. Ohne dass ich ihn fragen musste was er trinken will, bestellte er Champagner. Er lud mich dazu ein, doch ich trank sehr wenig. Sogar Frau und Herr Peters setzten sich plötzlich zu uns. Sie schienen den Gast zu kennen, denn auch sie, wurden eingeladen mit uns zu trinken. Der gut aussehende Mann stellte sich nun auch mir vor, er hieß Georg. Er war aufgestanden, kam um die Bar herum, nahm meine Hand, küsste sie und sagte: »Ich würde dich gerne einmal ausführen.« Bevor ich darauf antworten konnte, sagte Frau Peters: »Morgen wäre ein guter Tag.« Erstaunt sah ich sie an. Hatte sie vielleicht schon gewusst, dass Georg heute kam? »Ist schon in Ordnung«, sagte sie zu mir, »ich weiß, dass du brav bist. Geh' nur morgen mit ihm, ich habe nichts dagegen.«

Als der nächste Tag da war, hatte ich mich besonders schön gemacht, denn ich hatte Georg versprochen zu kommen. Erich jedoch erzählte ich nichts davon, denn er stand schon in seinem Weingeschäft, er hatte nicht bemerkt, dass ich wegwollte.

Da stand ich nun vor der Haustüre, hatte ein enges hellgrünes Kleid und Schuhe mit hohen Absätzen an. Meine langen Locken fielen wieder über meine Schultern. Da sah ich Georg und konnte in seinem Gesicht lesen, dass ich ihm gefiel. Georg sah unbeschreiblich gut aus, als er sich über meine Hand beugte und sie küsste. Er nahm mich plötzlich in seinen Arm, ich ließ es geschehen, er führte mich zu einer offenen Autotür. »Steig' ein, die Sitze sind ein wenig tief, aber das hat ein Jaguar nun mal an sich.« Ich hörte sein Lachen bei diesen Worten, welches mir aber gefiel.

Von Autos hatte ich keine Ahnung, aber schön sah es aus. Es wurde eine angenehme, aber lange Autofahrt. Wir hatten uns viel zu erzählen, aber von mir sprach ich nicht, er war ja für mich noch ein Fremder. Dann fuhren wir durch ein großes Tor, Georg hielt für einen Moment an. »Das ist Schloss Auel. Hier werden wir einen schönen Tag verbringen.« Vor einer riesigen Eingangstür stand ein großer Mann, als er uns sah, machte er eine leichte Verbeugung. Mit einem herzlichen »Willkommen!« und den Worten »Es ist alles bereit für Sie« begrüßte er uns. Als wir durch die große Tür gingen, sah ich einen geräumigen Saal mit vielen weiß gedeckten Tischen. Auf einem der Tische stand ein riesiger Rosenstrauß in einer silbernen Vase. Wie viele Rosen es waren, konnte ich so schnell nicht zählen. Wir gingen auf den Tisch mit den Rosen zu. Georg schob mir einen Stuhl entgegen, auf den ich mich setzen sollte. Nun war ich froh, dass ich die Manieren der guten Gesellschaft gründlich bei Erich in der Benimmschule gelernt hatte. Denn hier war gutes Benehmen gefragt.

Es wurde ein schöner Tag, Georg war ein guter Unterhalter. Ich erfuhr, dass er keine Frau hatte, aber eine sehr große Firma. Doch das interessierte mich im Moment nicht. Ich sah nur den Mann an, mit seinen grauen Schläfen und seinem freundlichen Lächeln. Die Sonne schien, als wir nach dem guten Essen im Schlosspark spazieren gingen. Wie ein Liebespaar Arm in Arm schlenderten wir dahin. Doch nach einer Weile sagte Georg: »Lass' uns wieder hineingehen, sicher wartet der Kaffee schon auf uns.« Als ich gerade zu unserem Tisch gehen wollte, hielt mich Georg am Arm fest. »Langsam, ich will dir noch etwas zeigen.« Er zog mich sanft mit sich, und plötzlich standen wir vor einer riesigen, langen, breiten Holztreppe so wie man sie immer in Schlössern sieht. An der Hand führte mich Georg die breite Treppe hinauf, öffnete eine mächtige Holztür, die aus zwei großen Flügeln bestand, schon standen wir in einem wunderschönen Schlafzimmer mit einem Himmelbett. Nur ein Verrückter wäre hier nicht sofort hineingehüpft. Aber ich stand wie angewachsen, denn ich fühlte plötzlich wieder die Angst in mir. Er ist ein guter Mann, aber ich habe Angst, er ist eben doch ein Mann, schoss es mir durch den Kopf.

Georg sah in mein Gesicht, ich muss blass ausgesehen haben, denn er nahm mich sofort in seinen Arm: »Nein, hab' keine Angst«, sprach er leise, »ich tue dir nichts, was du nicht willst.« Leise sagte ich: »Bitte, lass' uns doch unten Kaffee trinken gehen.« Ohne Worte nahm er mich an die Hand, führte mich die schöne, große Treppe nach unten, zu unserem Tisch zurück. Langsam ließ mich die Angst wieder los, denn Georg hatte eine sehr beruhigende Stimme. Seine Hand hielt immer noch die meine, er sah mich lieb an, seine Worte ließen mich still zuhören:

»Liebe Monika, ich weiß, du bist erst 19 Jahre jung, ich aber schon 60. Ich habe mich in dich verliebt, nun werde ich dich etwas Wichtiges fragen. Ich möchte dich und deine Jugend besitzen. Freilich weiß ich, dass du mich nicht lieben kannst, dafür bin ich viel zu alt.« Gerade wollte ich ihm sagen, wie gut er aussah, dass er mir sehr gefiel, aber er sprach schnell weiter: »Ich würde mit dir gerne zu einem Notar gehen. Wenn du es mit mir für ein Jahr aushältst, dich danach scheiden lassen willst, bekommst du eine Million Mark als Abfindung.« Georg holte aufgeregt Luft, redete aber sehr schnell weiter. Jedes Jahr, das wir länger verheiratet wären, wollte er die Summe verdoppeln.

Ich saß wie angewachsen und lauschte seinen Worten, aber mein Gesicht muss einen negativen Ausdruck gehabt haben, denn Georg sagte schnell: »Lass' es dir erst einmal durch dein Köpfchen gehen, wir haben so viel Zeit. Wenn du mir dann zu meiner Bitte etwas sagen möchtest, lass es mich wissen.« Georg stand von seinem Stuhl auf, nahm mich an der Hand, er wollte plötzlich gehen. Er kam mir wie ein großer Junge vor, der etwas angestellt hatte. Es war eine seltsame Spannung zwischen uns, doch lächelte er mich liebevoll an. »Nun aber lass uns langsam nach Hause fahren«, murmelte er, »es ist schon dunkel.«

Während der Fahrt unterhielten wir uns über viele Dinge, aber leider konnte ich ihm nicht sagen, was ich dachte. Dass ich ihn sehr nett fand, dass er gut aussah, dass ich sein Alter nicht sah, dass es ein schöner Tag in dem Schloss gewesen war. Die Zeit lief mir weg, denn schon standen wir wieder vor meiner Haustür. Georg sprang aus seinem Auto, half mir beim Aussteigen und lächelte mich dabei an. Jetzt erst merkte ich, wie eng mein Kleid war, denn ich hatte ein kleines Problem beim Verlassen des Jaguars. Georg aber küsste mir die Hand, bedankte sich für den schönen Tag, beim Weggehen hörte ich ihn noch sagen: »Ich bin in dich verliebt, vergiss das nicht.« Und schon war er weg. Auch ich verschwand schnell in der Haustür.

Warum ich mich so gejagt fühlte, wusste ich nicht. So schnell war ich noch nie die Treppen nach oben gelaufen, und an der Tür rief ich aufgeregt: »Erich, Erich! Ich muss dir etwas sagen!« Ich kam mir plötzlich wie ein kleines Kind vor, das gerade etwas Schönes erlebt hatte und alles erzählen möchte.

Es gefiel Erich nicht, was ich da erzählte, doch er sagte jetzt noch nichts dazu. In dieser Nacht aber durfte ich fühlen, was er von der Sache mit Georg hielt. Die Nacht schien nie zu enden, nichts, was er mit mir tat, fühlte sich gut an. Meine Tränen interessierten ihn nicht. Doch das sollte noch nicht alles sein, denn als ich am nächsten Morgen aufstand, nach ihm suchte, stellte ich fest, dass er nicht mehr da war. Zuerst war ich nicht böse darüber, doch als ich zur Tür ging, um mir etwas zum Anziehen aus dem Schrank zu holen, bemerkte ich, dass die Wohnungstüre verschlossen war: Er hatte mich wirklich eingeschlossen.

Als Erich abends nach Hause kam, tat ich, als ob ich es nicht bemerkt hätte, dass ich eingeschlossen war. Er ließ mich heute auch nicht in die Bar gehen. Mir war das recht, denn mir ging es schon länger nicht sehr gut. Doch hatte ich immer Angst, etwas von solchen Dingen zu sagen. Ich durfte ja nicht krank sein, das hätte er sicher nicht verstanden, er musste glauben, dass ich ganz einfach nicht mehr in die Bar gehen wollte. Was ja irgendwie auch die Wahrheit war. Ich hatte keine Lust auf die Männer, die vor der Bar saßen, mir kam es immer vor, als wollten sie alle mit mir ins Bett, auch wenn es keiner aussprach.

Eines Tages musste ich Erich doch sagen, dass mich etwas bedrückte. »Erich«, fing ich stockend an, »ich muss unbedingt zu einem Arzt.« Erschrocken fragte er: »Was ist denn passiert?« »Ich blute ständig, habe aber keine Periode.« Erich schickte mich zu einem Frauenarzt, der mich untersuchte, aber nichts feststellen konnte. Nach der Untersuchung sagte er: »Gehen Sie in ein Krankenhaus, die können Ihnen dort mehr sagen.«

Ich ging tatsächlich in ein Krankenhaus. Sie behielten mich für eine Weile zur Beobachtung. Ärzte untersuchten mich immer wieder. Schließlich sagte man mir, dass meine Nieren nicht richtig funktionierten. Doch wie mir das alles mitgeteilt wurde, kam mir seltsam vor. Ich konnte mit all dem, was ich hörte, nichts anfangen und wollte auch nicht länger im Krankenhaus bleiben. Als ich wieder zu Erich nach Hause kam, ihm alles erzählte, gab ich ihm auch einen Brief vom Krankenhaus, den man mir mitgegeben hatte. Er öffnete ihn sofort über einem Topf unter Wasserdampf und glaubte nicht, was er da las.

»Dich geben die Ärzte auf«, sagte er nur und zerriss den Brief. »So werden wir das aber nicht hinnehmen, wir werden zu meinem Augendiagnostiker gehen, den ich schon viele Jahre kenne.« Ich lachte über seine Worte und fragte: »Was soll das? Ich bin doch noch so jung, ich kann doch nicht so krank sein.« Als wir dann aber doch im Wartezimmer bei dem Augendiagnostiker saßen, sagte Erich leise: »Wenn dich der Arzt gleich untersucht, sage nicht, warum wir hier sind.«

Plötzlich ging eine Tür auf und ein nicht sehr großer Mann mit freundlichen Augen begrüßte uns. »Herr Doktor«, sagte Erich, »schauen Sie doch meiner kleinen Freundin mal in die Augen.« Der lächelte: »Was kann denn so ein junges Mädchen schon haben? Aber setz' dich doch einmal hier auf diesen Stuhl.« Es dauerte eine ganze Weile, während er mir durch ein Gerät in die Augen schaute. Es war sehr ruhig um uns geworden, dann schaute er mich an und sagte mit ernstem Gesicht: »Du solltest sofort in eine Urologische Klinik gehen, du hast ein verschlepptes Blasenleiden, das sofort behandelt werden muss.« Nach dieser Aussage saß ich noch alleine im Wartezimmer, Erich war bei dem Doktor geblieben, es dauerte eine Weile, bis er zu mir kam.

Dann fuhren wir tatsächlich direkt in die Urologische Klinik, in der mich der Augendiagnostiker schon angemeldet hatte. Es war eine Privatklinik, hier ging alles sehr schnell. Ich wurde sofort für eine Operation vorbereitet. Erich verabschiedete sich hastig und sagte: »Hab' keine Angst, es wird alles gut.« Seine Worte gefielen mir nicht, es war eine gewisse Unsicherheit darin zu hören.

Am nächsten Tag nach der Operation, setzte sich der Professor auf mein Bett und sagte: »Leider habe ich keine gute Nachricht. Sie sind viel zu jung, aber Sie haben Blasenkrebs, es waren viele Geschwüre in ihrer Blase, die wir alle ausgebrannt haben. Wir hoffen, dass keines der Geschwüre mehr wiederkommt. Wenn Sie aus der Klinik entlassen werden, muss ich Sie bitten, zuerst jede Woche, dann alle 14 Tage, dann jeden Monat und schließlich jedes Jahr wiederzukommen. Das Ganze wird Sie 15 Jahre begleiten, aber wir schreiben Ihnen jedes Mal zu den Untersuchungen eine Erinnerung.« Das war wirklich keine gute Nachricht, aber ich war eine folgsame Patientin. Ich hielt die Untersuchungen unter Schmerzen 15 Jahre lang durch, mit dem Erfolg, dass ich wieder gesund wurde. Ich bekam keinen Krebs mehr.

Dass ich wirklich ernsthaft krank gewesen war, das hatte ich eine lange Zeit nicht richtig verstanden. Doch traurig war ich, dass ich Georg nie wieder sah. Denn als mich Erich eingesperrt hatte, glaubte Georg, dass ich ihn nicht mehr sehen wollte. Und ich sah ihn auch wirklich nie wieder. Es nutzte auch nichts, darüber nachzudenken, denn mein Alltag bei Erich kehrte schneller zurück als erwartet.

Ich arbeitete weiter in der Bar, wenn ich dort frei hatte, kümmerte ich mich um die Gäste, die in Erichs Weinladen zu Besuch kamen, auch um die Kunden, die in sein Geschäft kamen, um Wein zu kaufen. Viele nette Menschen lernte ich hier kennen, dazu gehörten auch Hans Hopf und Astrid Varnay. Beide waren Opernsänger und sangen auch an der Metropolitan Opera. Von Hans Hopf bekam ich Karten für die Wagneropern geschenkt, die sie beide gerade in Düsseldorf sangen, Astrid machte mir ein schönes Kompliment. Sie nahm eine Autogrammkarte aus ihrer Tasche, schrieb die Worte: »Ich möchte so schön wie Du aussehen und dann noch einmal die ‚Salomé' singen, das wäre mein größter Wunsch.« Sie nahm mich bei diesen Worten in ihre Arme und küsste mich, sie war eine wundervolle Frau.

Das waren die schönen Tage in meinem Leben, aber da war immer noch die Bar, die mir im Nacken saß. Doch mochte ich mich nicht beklagen, sonst hätte ich womöglich Erich verärgert, das konnte und wollte ich mir nicht leisten, sonst hätte ich wieder einmal ein Zuhause verloren.

Einmal aber gab es etwas zu lachen in unserer Bar, denn eines von den Mädchen glaubte, einen Fisch an der Angel zu haben, der ihr 500 DM anbot und ihr sagte, sie brauche nicht mit ihm ins Bett zu gehen. Er würde mit ihr in ein Hotel gehen und ihr dort erklären, was er haben wolle. Er hätte nur einen kleinen Tick, mit dem sie ihm helfen solle. Sie ließ sich auf den Deal ein und fragte auch nicht lange, denn das Geld, die 500 DM, lockten. Es ging dann alles sehr schnell, und weg waren die beiden. Nach einiger Zeit fragten wir uns, was sie wohl trieben, wenn sie nicht zusammen ins Bett gingen, unsere Neugierde war groß. Da plötzlich sahen wir, wie der Samtvorhang sich öffnete. Heraus trat das Mädchen auf das wir schon sehnsüchtig warteten und kam schnaubend, den Bauch voller Ärger, an die Bar zurück. Eigentlich war es allen Mädchen untersagt, so ohne weiteres mit Gästen wegzugehen. Aber waren der Chef und die Chefin nicht da, so wie an diesem Tag, dann erlaubte es sich hin und wieder ein Mädchen, für eine Weile abzuhauen.

»Nun erzähl' doch endlich, was ist passiert?«, fragten alle neugierig. Weinend berichtete sie: »Der Kerl hat mich mit in ein Hotelzimmer genommen und mir erklärt, dass er etwas pervers sei. Er stellte einen Stuhl vor den Kleiderschrank mit der Frage: ‚Könntest du dort oben nackt hinaufsteigen? Mir deinen nackten Popo nach unten halten, dich immer rauf und runter bewegen? Dann mit den Armen wie mit Flügeln schlagen? Fliegen und gackern wie ein Huhn, das gerade ein Ei legt? Du bekommst auch 200 DM mehr, wenn du es gut machst und ein bisschen länger auf dem Schrank bleibst. Natürlich wollte ich das, ich konnte das Geld gut gebrauchen. Er hielt mir auch gleich das ganze Geld hin, ich steckte alles schnell ein. Dabei dachte ich: Wenn es mehr nicht ist, dann erfülle ich dem Perversen seinen Wunsch. Ich tat also, wie er mir gesagt hatte, flatterte mit meinen Armen, gackerte wie ein Huhn, hob meinen Popo dabei hoch und runter, so wie er es wünschte. Es war ein bisschen unbequem auf dem Schrank, der zwar nicht sehr hoch war, man konnte gut hinaufkommen, aber für einen Menschen war oben kaum Platz. Doch ich dachte nur an mein Geld und daran, dass mich ja auch keiner sehen konnte. Nach einer Zeit«, erzählte sie weiter, »kam es mir aber etwas komisch vor, ich hörte nichts von ihm. Ich dachte: Dreh' dich doch mal zu ihm um, was er da unten macht. Da war er jedoch nicht zu sehen. Ich wartete noch einen Moment und stieg dann mit Mühe vom Schrank herunter, denn mir konnte jetzt keiner dabei helfen. Es war tatsächlich keiner mehr da. Mir war das nur recht, so konnte ich beruhigt wieder zu euch kommen. Als ich dann aber meine Hose anziehen wollte, fasste ich noch schnell in meine Hosentasche, in der ich das Geld versteckt hatte. Doch, oh Schreck, das Geld war weg! Der perverse Kerl hatte wohl aufgepasst, wo ich es hingesteckt hatte, und während ich da oben gackerte, hat er es mir wieder weggenommen.« Wir konnten uns nun das Lachen nicht länger verkneifen, aber sie weinte und schämte sich.

Ob das eine Probe unserer Chefs war? Wir hatten es nie erfahren, aber so schnell nutzte diese Gelegenheit keiner mehr, wenn Chef und Chefin nicht da waren.

Eines Tages besuchte uns Hans Hopf wieder einmal im Weingeschäft. Die Nacht in Erichs Weinladen wurde lang, es war auch schon sehr spät, da entschloss ich mich, Hans zu seinem Hotel zu begleiten. Ich brauchte etwas frische Luft, und da ich an solchen Tagen nicht in die Bar musste, wollte ich noch einen Spaziergang machen. Das Hotel, in dem Hans wohnte, war ebenfalls auf der Königsallee. Die Bar, in der ich arbeitete, war in demselben Hotel, aber das sagte ich ihm natürlich nicht. Arm in Arm gingen wir über die Königsallee, fast hatten wir das Hotel erreicht, als Hans plötzlich neben einer grünen Hecke des Hotels anhielt. Für einen Augenblick hatte ich nicht aufgepasst, wollte noch fragen, was er hier wolle, doch da küsste er mich plötzlich auf den Mund. Er sah mein verstörtes Gesicht und laut lachend ließ er mich stehen. Er rief beim Weggehen noch: »Schlaf' gut, aber lass dich nicht von anderen Männern küssen!« Eine ganze Weile hörte ich noch sein Lachen. Langsam und etwas irritiert ging ich dann nach Hause.

Aber wo war Erich, als ich nach Hause kam? In der Wohnung fand ich ihn nicht. Plötzlich hörte ich unsere Wohnungstür ins Schloss fallen. Da stand er vor mir, doch ich konnte nicht glauben, was ich jetzt sah. Ich hielt meinen Bauch vor lauter Lachen fest. Wie sah er denn aus? Das ganze Gesicht und seine Jacke waren voll schmutziger Erde. »Wo warst du nur?«, konnte ich vor lauter Lachen noch herausbringen. »Ich bin hinter dir hergegangen«, sagte er, »ich wollte sehen, ob du mir treu bist. Ich hatte mich hinter der Hecke versteckt und habe alles gesehen, wie ihr euch geküsst habt. Ich wollte deinen Fuß ergreifen, da bin ich in einen Haufen Erde gefallen.« Nun lachten wir beide. »Wenn du nicht so viel getrunken hättest und nicht so neugierig wärest«, sagte ich noch, »wäre dir das nicht passiert.«

Am nächsten Morgen lachten wir immer noch über den letzten Abend. Erich war sehr eifersüchtig, stellte mir oft Fallen, in die ich aber nicht hineintappte, denn ich war ja mit ihm zusammen und gehorchte immer. Jetzt erfuhr ich auch von Erich, dass er damals Georg angerufen und ihm gesagt hatte, ich wolle sein Angebot nicht annehmen und ihn nicht wiedersehen. Was Georg, dieser nette, gut aussehende Mann wohl von mir gedacht hatte? Ich habe es nie erfahren, denn ich sah ihn leider auch nie wieder.

Weiterhin verdiente ich viel Geld in der Bar und gab es immer zu Hause bei Erich ab. Was damit geschah, wusste ich nicht, aber es war mir auch egal, denn ich hatte ja schon einmal erlebt, dass mein erarbeitetes Geld nicht für mich da war. Als ich damals im elterlichen Restaurant viel arbeitete, eröffnete mir mein Stiefvater zwar ein eigenes Konto und zahlte monatlich eine größere Summe ein. Als ich aber das Geld brauchte, Mama danach fragte, sagte sie nur: »Das habe ich für mich genommen, du hast es nicht verdient.« Mit dieser Aussage musste ich mich zufriedengeben.

Hassans Geschenke

Heute war wieder einmal ein Tag, den ich in meinem Leben nicht vergessen sollte. Ein Mann mit einer etwas dunkleren Hautfarbe setzte sich vor mich an den Tresen der Bar. Er reichte mir seine Hand mit den Worten: »Ich bin Hassan Abdulfutu, ich komme aus Kairo.« Noch konnte ich nicht viel damit anfangen. Was bedeutete Kairo? Doch er erzählte, dass er aus Ägypten käme, dass dort ein großer, breiter Fluss fließe, der Nil, und so weiter. Ich hörte aufmerksam zu, wie ich es immer tat, wenn ich etwas Neues erfahren konnte. Noch war ich in Gedanken versunken, als plötzlich meine Chefin neben Hassan stand. Die beiden begrüßten sich sehr herzlich, sie kannten sich anscheinend schon lange. »Komm', Hassan«, sagte sie lächelnd, »dieses Mädchen soll dir heute Abend alleine gehören. Lass' uns runter an einen Tisch setzen, dort können wir uns besser unterhalten. Du hast sicher auch viel zu erzählen.« Herr Peters kam nun auch noch zu uns an den Tisch und die beiden Männer begrüßten sich ebenfalls sehr freundlich. Hassan bestellte sofort Champagner für uns, auch für alle Mädchen, sogar die Zigeunerkapelle wurde dabei nicht vergessen. Es wurde eine sehr schöne Nacht, wir lachten viel, tanzten. Als Hassan und ich eine Weile ganz allein am Tisch saßen, sagte er: »Ich habe von dir schon gehört, und nun stelle ich fest, dass du wirklich so schön bist, wie man dich mir beschrieben hat. Ich möchte dir heute ein Geschenk machen.« Er hielt mir ein längliches Kästchen hin, schön eingepackt mit einer roten Schleife. »Nun pack es schon aus!«, sagte er freundlich. »Wenn du einmal Geld brauchst, verkaufst du es wieder.« Die Neugierde war groß, denn das Päckchen war nicht leicht, das bemerkte ich wohl, als ich es in meiner Hand hielt. Ich hatte keine Vorstellung, was darin sein könnte. Nun packte ich es doch aus, obwohl ich es nicht gewöhnt war, Geschenke von Fremden anzunehmen. Ich staunte, als ich die schöne, mit Samt bezogene Schachtel öffnete; darin lag ein breites Armband. Hassan nahm es heraus und legte es mir um mein Handgelenk. Es war ein sehr schweres, goldenes Armband. Während ich es noch bewunderte, es auch noch nicht fassen konnte, warum ein fremder Mann mir so etwas schenkte, hörte ich auch schon die Worte von Hassan: »Siehst du, darum habe ich gesagt, wenn du einmal Geld brauchst, verkaufe es. Und solange du es nicht verkauft hast, denke ein bisschen an mich.« Bei diesen Worten sah ich ein Lächeln in seinem Gesicht. Doch das, was hier gerade geschah, überraschte mich. Was sollte das bedeuten, dass ein Fremder mir solche Geschenke machte? Durfte ich das Geschenk auch wirklich annehmen? Die Nacht wurde lang, ich lauschte mit Begeisterung Hassans Worten. Von mir aus sollten sie auch nie enden.

Am nächsten Abend war Hassan wieder da, das Armband hatte ich angelegt. Bei der Begrüßung küsste er mir den Arm, an dem ich es trug. Erich hatte ich davon nichts erzählt, jetzt hatte ich zum ersten Mal vor ihm ein Geheimnis. Heute Abend sollte einiges zum ersten Mal geschehen. Hassan erzählte mir, dass er schon lange mit meiner Chefin und ihrem Mann befreundet sei und vieles von mir gehört hätte. Nun sagte er mir auch, dass er sich schon vor längerer Zeit in mich verliebt hätte, denn er besaß ein Foto von mir. Er hatte es von Frau Peters bekommen. Er wolle mir nun auch helfen, aus der Bar herauszukommen, und das für immer. »Ich gebe dir«, sprach er schnell weiter, »noch heute Nacht 30.000 DM, du wirst dir eine Eigentumswohnung kaufen. Ich habe sie auch schon für dich ausgesucht. Sage jetzt nichts, denn ich weiß alles über dich.« Er gab mir das Geld und schickte mich sofort nach Hause.

Erich konnte nicht glauben, was ich ihm erzählte, doch er

sagte nichts dazu. Am nächsten Abend kam Hassan wieder und sagte: »Heute darfst du früher nach Hause gehen, ich habe für dich morgen einen Termin beim Notar gemacht, wegen deiner neuen Wohnung.« Wir tranken zusammen Champagner, Hassan bestellte in der Küche Kaviar, lud Chef und Chefin dazu ein und auch alle Mädchen von der Bar. Für heute wurde die Bar einfach geschlossen. Hassan schenkte mir auch an diesem Abend wieder ein Päckchen. Als ich es neugierig öffnete, sah ich eine breite goldene Kette mit einem Brillanten in der Mitte. Hassan legte sie mir um meinen Hals: »Trage sie immer, und denke an mich, wenn ich mal wieder in Kairo bin.« Er nahm mich in seinen Arm und küsste mir zärtlich meinen Hals. Dann nahm er noch zwei dicke Umschläge mit Geld aus seiner Tasche, bestellte mir ein Taxi, gab mir einen Kuss auf die Wange und lächelte mich an: »Vergiss deinen Termin morgen beim Notar nicht und schlaf' gut, ich möchte dich morgen gut ausgeschlafen sehen.«

Mir kam es wie in einem Märchen vor, ich gehorchte einmal mehr wie eine Marionette und tat, was Hassan sagte. Ich wusste, das alles gefiel Erich nicht, als ich es ihm erzählte. Er schwieg zu allem, aber er ging mit mir am nächsten Tag tatsächlich zu dem Notar, den Hassan mir aufgeschrieben hatte.

Danach schien zunächst alles wie immer, als wäre nichts geschehen. Abends ging ich wie üblich in die Bar, nur war Hassan heute schon vor mir da. Und dann war doch alles anders als sonst. »Lass deinen Mantel gleich an«, sagte Hassan lächelnd. »Du hast von Chef und Chefin frei bekommen, du darfst heute mit mir ausgehen.« Vor der Bar stand ein Taxi, Hassan öffnete mir die Türe. Wir fuhren und fuhren, bis wir vor einem kleinen, mit Efeu bewachsenen Hotel anhielten. Durch einen langen Gang führte mich Hassan zu einer Tür, die er auch sofort öffnete. Dahinter befand sich zwar kein besonders geräumiges Zimmer, aber es war sehr gemütlich, mit einem breiten

Bett, und auf einem kleinen Tisch stand ein viel zu großer Rosenstrauß, daneben eine Flasche Champagner. In einer Silberschale mit Eiswürfeln sah ich Kaviar, daneben stand noch, ein silbernes Körbchen mit liebevoll geviertelten Toastscheiben. Ich muss wie angewachsen dagestanden haben, konnte nicht fassen, was gerade geschah. Es blieb mir nichts übrig, ich war eine Gefangene der Liebe für diese Nacht.

Aber konnte ich das? Liebte ich Hassan? Nein, aber er war ein wunderbarer Mensch, es hätte mir kein Besserer begegnen können. Hassan war wahnsinnig in mich verliebt, das ließ er mich fühlen. »Hab keine Angst, wir haben die ganze Nacht für uns«, schmeichelte er. Hassan erzählte von Ägypten, von dem Fluss, der durch Kairo fließt. Dass die Menschen dort von diesem Fluss abhängig sind, dass er für viele das Leben bedeutet. Dass er mir gerne das kleine Hotel hier kaufen wolle, in dem wir gerade waren. Er hätte nämlich erfahren, dass es zu verkaufen sei. Ich verstand nichts mehr. Was geschah da gerade mit mir? War das die Freiheit, die ich suchte?

Hassan überschüttete mich mit lieben Worten, da sah ich neben mir auf dem Tisch wieder ein längliches Päckchen liegen. Ich wagte nicht, es anzufassen. Hassan, der es wohl bemerkt hatte, wie schüchtern ich war, sprach: »Mach' es ruhig auf, denn wenn dir mal Geld fehlt, kannst du es auch verkaufen.« Während ich das Päckchen etwas umständlich auspackte, überlegte ich, was da wohl Wichtiges drin sein könnte, es war sehr schwer. Dann sah ich mehrere kleine Goldbarren. »Bewahre sie gut auf, du wirst sie irgendwann mal gebrauchen können.« In meinem Kopf jagten sich die Gedanken, mir war, als würde ich träumen. Dann nahm mich Hassan auf seinen Arm, küsste mich, trug mich in das Bett, legte mich vorsichtig hinein und langsam, ganz langsam zog er mich aus. Ich ließ es geschehen, was sollte ich auch anderes tun, denn noch nie war ein Mann so zärtlich und lieb zu mir wie er. Kaum hatte er mich ausgezogen, schnappte ich mir die weiße Decke und deckte mich damit zu.

Hassan lächelte. Er zog dann auch sich langsam aus. Er war ein gut aussehender Mann mit einer sonnengebräunten Haut. Obwohl er sicher immer so aussah und nicht von der Sonne gebräunt war. Langsam und zart legte er sich zu mir, und vorsichtig schob er die große Bettdecke zur Seite, küsste meinen nackten Körper, streichelte mich und küsste leidenschaftlich meinen Mund. Gerade als er zärtlich meine Beine und meine Scham berührte, hörte ich plötzlich aus einem Nachbarzimmer lautes Stöhnen, Bettgepolter, wollüstige Laute, so wie ich sie von Erich kannte. Die Angst überfiel wieder meinen Körper, das Zittern, ich presse meine Schenkel fest zusammen und Tränen liefen über mein Gesicht. Hassan erschrak, als er mich so sah. »Was ist passiert?«, fragte er besorgt. Da ich nicht gleich antwortete und weinte, fragte er: »Bist du denn noch unschuldig?« Das waren die Worte, die ich jetzt brauchte, es war meine Rettung, und ich sagte schnell und zaghaft: »Ja.«

»Warum hast du mir das nicht gesagt? Wir haben doch noch so viel Zeit, die wir miteinander verbringen können.« Langsam, ganz langsam zogen wir uns wieder an, unterhielten uns noch eine ganze Weile und dann fuhren wir mit einem Taxi nach Düsseldorf zurück. In die Bar ging ich heute nicht mehr. Hassan nahm mich vor meiner Haustüre noch einmal ganz lieb in seine Arme, küsste mich zärtlich, dann ging er zu dem Taxi und fuhr weg. Für einen Moment blieb ich noch an unserer Haustür stehen und schaute dem Taxi lange nach. Ob das richtig war, was ich getan hatte? Einen Mann wie Hassan zu belügen? Nein, das wollte ich morgen wieder gutmachen und ihm die Wahrheit sagen.

Da ich Erich immer noch irgendwie als meinen Vater betrachtete, erzählte ich ihm alles. Doch das hätte ich besser nicht getan, denn wie er mich in dieser Nacht mit Gewalt nahm, sollte ich so schnell nicht vergessen. »Lass dich richtig ficken!« und noch andere, schrecklichere Ausdrücke hauchte er mir in mein Ohr. »Du gehörst mir«, stöhnte er, und plötzlich rief er mit einer seltsamen Stimme, die ich vorher von ihm noch nie gehört hatte: »Schlag' mir ins Gesicht, du geile kleine Fotze, los, schlag schon!« Ich war völlig verwirrt, aber ich tat, was er sagte, es schien ihm zu gefallen. »Fester, los, fester!« Ich tat es, denn Wut war plötzlich in mir aufgestiegen, und je toller ich schlug, umso mehr gefiel es ihm, bis er mit einem lauten Schrei auf mich fiel.

Nein, meine Tränen sah er wieder nicht. Er war glücklich. Die letzten Worte, die ich noch hörte, waren: »Du gehörst mir, nur mir, merk dir das!« Lange konnte ich nicht einschlafen, ich dachte an Hassan und an seine lieben Worte, an seine Zärtlichkeiten. Ich war wirklich eine Idiotin, mich so blöd anzustellen und mich ihm nicht hinzugeben. Ich bedauerte es jetzt sehr, denn ich hatte die Liebe mit Füßen getreten. Doch wollte ich morgen alles wieder gutmachen. Ich fühlte jetzt Sehnsucht nach der Zärtlichkeit von Hassan und merkte, wie einsam ich mit Erich war. Konnte er denn nicht einfach nur mein Vater sein, musste er mich so missbrauchen? Das ging mir immer wieder durch den Kopf, und weinend schlief ich dann irgendwann ein.

Als ich erwachte, war Erich schon weg. Komisch, dachte ich, das war er doch sonst nicht. Ich machte mich nett zurecht und wollte zu Erich ins Geschäft gehen. Doch als ich meinen Wohnungsschlüssel suchte, war er nicht dort, wo ich ihn gestern hingelegt hatte. Nun wusste ich, ich war wieder einmal eingeschlossen. Aber noch machte ich mir keine großen Sorgen darüber. Es wurde mir eher langweilig, ich legte mich ins Bett und schlief bald ein. Heute Abend, wenn ich in die Bar musste, würde Erich sicher wieder da sein.

Doch plötzlich erwachte ich mit einem Schrecken: Ein Mann

lag in meinem Bett! Es war aber nicht Erich, sondern ein Angestellter aus seinem Laden. Als er merkte, dass ich wach geworden war, versuchte er, mich zu vergewaltigen. Ich sprang aus dem Bett, aber er riss mich schnell an meinen Beinen wieder zurück. Ich kämpfte, wand mich wie ein Aal, schrie um Hilfe, obwohl ich wusste, dass mich keiner hören konnte. »Ich sag es Erich!«, schrie ich und schlug um mich wie eine Wildkatze. Plötzlich hörte ich: »Lass sie jetzt in Ruhe, sie hat genug.« Es war die Stimme von Erich, ich rannte in seine Arme, zitterte und weinte. Da hörte ich, wie Peter, so hieß der Mann aus Erichs Geschäft, sagte: »Die ist dir treu, da brauchst du dir keine Gedanken mehr zu machen.« Er fügte hinzu: »Die brauchst du nicht weiter zu prüfen, ob du sie heiraten kannst.« So schnell das alles passiert war, so schnell war es auch zu Ende. Ich blieb allein. Und die Wohnung blieb weiter verschlossen, drei lange Tage.

Dann ließ mich Erich wieder in die Bar gehen, er tat, als wäre nichts geschehen. Als ich dort ankam, nahm mich die Chefin zur Seite und sagte sehr unfreundlich, wie ich sie noch nie gesehen hatte: »Hassan hat auf dich gewartet, aber nun ist er schweren Herzens nach Kairo zurückgeflogen, denn er dachte, du kommst nie wieder.« Bei diesen Worten fing ich an zu weinen und erzählte ihr, was geschehen war. »Ich muss dir noch etwas sagen«, sprach sie weiter. Ich hoffte, etwas Erfreuliches von Hassan zu erfahren, vielleicht, wann ich ihn wiedersehen würde. Doch da hörte ich: »Du darfst nicht mehr bei uns arbeiten.« Erschrocken fragte ich: »Wer hat das zu bestimmen?« Sie machte eine kleine Pause im Gespräch, dann aber kamen die Worte, es sei Erich gewesen, der sagte, ich sei noch minderjährig und solle sofort nach Hause kommen.

Aber nein, ich ging nicht nach Hause, ich schlief heute Nacht bei meiner Chefin auf dem Sofa. Wir hatten uns viel zu erzählen. Es ärgerte mich sehr, dass Erich ständig das tat, was ihm gefiel. Ich wurde nie gefragt, ob ich etwas wollte oder nicht. Erst steckte er mich in diese Bar, dann schloss er mich ein; dann nahm er mich wieder raus aus der Bar, was sollte ich denn überhaupt noch richtig machen?

Nur eins wusste ich genau: Hassan, seine zärtliche Liebe, seine wilden Araberküsse würde ich nie wieder auf meinen Lippen fühlen. Das Leben, das ich hätte führen können, welches Hassan mir aufbauen wollte, hatte ich für immer verloren.

Milano

Am nächsten Tag ging ich hübsch gemacht über die Königsallee. Aber ich ging nicht zu Erich, denn ich war wütend auf ihn und wollte ihn heute auf keinen Fall sehen. Darum setzte ich mich in den »Zweibrücker Hof«, eines der teuersten Restaurants auf der Königsallee, und bestellte mir etwas zu essen. Irgendetwas musste heute noch passieren, damit ich nicht zu Erich nach Hause musste. Womöglich würde ich noch mit seiner Perversität überfallen und musste dann wieder einmal tun, was er wollte. Nein, heute nicht, auf keinen Fall sollte das geschehen. Gerade war ich mit meinen schlimmen Gedanken zu Ende, da hörte ich eine Stimme hinter mir: »Darf ich mich zu Ihnen setzen?« Natürlich durfte er, es war ein sehr gut aussehender Mann, und heute war mir alles egal.

Er erzählte, dass er heute noch mit dem Zug nach Italien, genauer gesagt, nach Milano fahren müsse. Er fahre immer mit dem Zug, so könne er noch einige Arbeiten für seine Firma erledigen. Mich fragte er, so als wäre es selbstverständlich, ob ich nicht Lust hätte, ihn zu begleiten. Es solle mein Schaden nicht sein, und ich bräuchte keine Angst zu haben, mir würde auch nichts passieren. Mir blieb fast ein Bissen im Hals stecken, so erschrak ich über sein Angebot. Ich betrachtete ihn noch eine Weile, bevor ich antwortete. Er trug einen großen Brillantring am Finger, war sehr gut gekleidet und hatte saubere Schuhe. Das war immer wichtig für mich, denn ich war der Ansicht, wenn ein Mann gut geputzte Schuhe trug, musste auch alles andere in Ordnung sein.

Nun kamen plötzlich die Rachegedanken gegen Erich wieder in meinen Kopf, und er war ja jetzt auch nicht da, ich konnte alleine bestimmen, was ich tat. Also sagte ich ganz spontan: »Ja, ich komme mit.«

Es war ein toller Zug, sogar mit zwei Etagen, das hatte ich vorher noch nie gesehen. Wo wir saßen, sah alles sehr vornehm aus. Ich schaute zum Fenster hinaus und beobachtete Enrico – so hieß der Mann, mit dem ich nach Italien fuhr – beim Arbeiten. Hin und wieder machte er eine Pause, bestellte uns etwas zu trinken, und wir unterhielten uns auch über mich. Natürlich erzählte ich nichts davon, dass ich in einer Bar gearbeitet hatte. Auch nicht, dass ich noch so jung war und eigentlich nicht hier sein durfte.

In Milano kamen wir spät in der Nacht an, beide waren wir sehr müde von der langen Reise. Enricos Wohnungstür wurde von einer eleganten Dame geöffnet, die wie eine Hausdame aussah. Eine Kleinigkeit zum Essen stand auf dem Tisch in einer großen, sehr schönen Küche, und während ich noch staunend dastand, verabschiedete sich die Hausdame. Ehe ich noch etwas essen oder sagen konnte, nahm mich Enrico an die Hand und führte mich in ein riesiges Zimmer, in dem ein übergroßes Bett stand. »Mach dir keine Sorgen«, sagte er, »wir werden ja wohl beide Platz darin haben.« Bei diesen Worten lächelte er mich an, sprach aber schnell weiter: »Und sicher werden wir auch gut schlafen nach dieser Fahrt.« Enrico zeigte mir noch sein Badezimmer, oder besser gesagt, sein sehr großes Badezimmer. Es war ein Traum, was ich hier sah. Schon Erichs Badezimmer war wahnsinnig schön, ganz in zartem Marmor, hier aber hätte ich darin tanzen können, so groß war es, und ich kam aus dem Staunen nicht mehr heraus.

Ich benutzte Enricos Badezimmer, in dem es an nichts fehlte, als wäre alles für mich gemacht. Das Einzige, was ich überhaupt bei mir hatte, waren meine Schminkutensilien. Aber auf einem kleinen, cremefarbenen Tisch lag ein wunderschönes Nachthemdchen. Da ich keines mithatte, dachte ich, dieses hier könnte ich bestimmt anziehen. Es war zartrosa und bestand aus dünnem, durchsichtigem Stoff mit Rüschen, die zwei lange Schlitze an beiden Seiten schmückten. Als ich mein langes dunkles Haar heruntergelassen und das rosafarbene Nachthemd angezogen hatte, sah ich aus wie eine Elfe aus dem Märchenland. Da beschlich mich ein Gedanke: Ob Enrico hier vor unserer Ankunft angerufen hatte? Das konnte gut möglich sein, denn er führte im Zug einige Gespräche, aber alle waren in seiner Sprache.

Noch immer war ich einigermaßen sorglos, dass mir hier etwas Schlimmes passieren würde, und ich schlich aus dem wunderschönen Badezimmer, in dem ich gerne noch eine Weile geblieben wäre, vorsichtig in das Schlafzimmer. Nun stellte ich fest, dass Enrico nicht gelogen hatte, als er mir gesagt hatte: »Hab keine Angst, dir wird nichts passieren.« Denn er war eingeschlafen, ich konnte ihn atmen hören. Vorsichtig, um ihn nicht zu wecken, legte ich mich auch in das große Bett, und kaum war ich drin, schlief auch ich ein.

Als ich am Morgen erwachte, reckte ich mich, machte mich richtig breit in diesem Bett; die Vorhänge waren schon aufgezogen, die Sonne schien ins Zimmer. Doch wo war Enrico? Seine Hälfte des Bettes war leer. Für eine Weile genoss ich es noch, hier zu liegen, während ich mich in diesem schönen Zimmer mit den hohen Decken und den Bildern an den Wänden ein bisschen umschaute. Ich kam mir vor, als hätte man mich heute Nacht in ein Schloss gebracht, denn das Bett, in dem ich lag, war ein Himmelbett.

Langsam stand ich auf, ging aber nicht gleich in das Badezimmer, sondern machte mich auf die Suche nach Enrico oder der Hausdame, der wir heute Nacht begegnet waren. Meine langen Haare lagen wirr um mich herum, bedeckten dabei meine Brüste, mein Feennachthemd wehte um mich bei jedem Schritt. Ich muss sehr leise gewesen sein, als ich mit meinen nackten Füßen durch die Räume ging. Die Türen, die ich öffnete, waren alle sehr groß und hoch; ich kam mir ziemlich klein vor. Ich öffnete immer wieder mal eine, schaute staunend hinein und ging weiter. War denn keiner zu Hause? Mit diesem Gedanken öffnete ich die letzte Tür.

Da stand ich nun wie eine Elfe mit nackten Füßen und meinem rosa Nachthemdchen, vor mir ein riesiger Saal mit einem großen Tisch, um den lauter gut gekleidete Männer saßen. Es schien, als wären sie in einer wichtigen Besprechung und bei meinem Anblick nun genauso erstaunt wie ich. Vorne am Tisch saß Enrico. Lächelnd stand er auf und kam zu mir, denn ich stand wie angewachsen noch immer an der Tür. Er nahm meine Hand, küsste sie und sagte: »Guten Morgen, kleines Mädchen. Wenn du in die Küche gehst, wird dich meine Hausdame schon erwarten, alle anderen Dinge wirst du dort finden.« Leise sagte er in mein Ohr: »Danke für deine nette Begleitung.«

Mit diesen Worten verließ er mich und ich konnte nicht schnell genug nach draußen kommen mit meinem durchsichtigen Nachthemdchen. Noch einen Moment blieb ich an der großen Tür stehen, hielt mein Ohr daran, wollte wissen, ob nun dort drin ein Gelächter ausgebrochen war – na, dann hätten sie aber mein Temperament erleben können. Doch ich hörte nichts, entweder waren die Türen zu dick oder es wagte keiner, zu lachen. Sicher hatte der eine oder andere wohl ein Lächeln gezeigt, aber das war mir jetzt auch egal.

Tatsächlich, als ich mich bis zur Küche durchgesucht hatte, roch ich schon den Kaffee. Die nette Dame begrüßte mich, doch leider verstand ich sie nicht. Aber sie gab mir einen dicken Brief und verließ die Küche. In Ruhe setzte ich mich an den Tisch, auf dem mein Frühstück stand, und ich staunte, was ich da alles essen sollte. Hier hätte eine ganze Familie satt werden können. Ich aß mein Croissant und las die Zeilen in dem Brief.

»Liebe Monika, ich danke dir für deine Gesellschaft. Es war eine schöne Zugfahrt nach Milano mit dir. Was in diesem Brief

ist, gehört dir. Mach' dir damit einen schönen Tag, kaufe dir, was du möchtest. Leider habe ich für dich heute keine Zeit. Solltest du dich entschließen, nach Hause zu fahren, kaufe dir eine Fahrkarte. Oder bleibe hier, ich würde mich darüber freuen.«

Ich saß bewegungslos da. Was sollte ich machen? Na ja, dachte ich, bei 4,5 Millionen Lira kann ich auch erst einmal einkaufen gehen. Ich setzte mich in Milanos Einkaufscenter in ein Café, konnte mich nicht sattsehen an den schönen bunten Dächern aus Glas über den Geschäften und genoss das Hin- und Herlaufen der Menschen.

Plötzlich fiel mir Erich wieder ein. Würde er sich wohl Sorgen um mich machen? Und ich beschloss, bei allem Schönen, was ich hier sah, doch zurückzufahren. Denn ich hatte Angst, dass er mich mit der Polizei suchen ließ, wie damals Papa.

Ein bisschen seltsam war mir dann schon zumute, als ich wieder vor Erich stand. Doch als er alles hörte, was ich getan hatte, sagte er ganz ruhig: »Da hast du aber Glück gehabt, so einen guten Mann zu treffen.« Das war auch schon alles, was er zu mir sagte. Er zeigte keinen Ärger, es war ein bisschen eigenartig, ich hatte mit viel Schimpfe gerechnet. Dass ich es nur aus Ärger über ihn getan hatte, sagte ich nicht. Mittlerweile war ich sogar froh, dass er mich nicht wieder in die Bar schickte. Sehr traurig war ich wegen Hassan, aber auch das sagte ich ihm nicht.

Es begann eine andere Zeit, ich half Erich in seinem Weingeschäft und lernte viele Menschen kennen, so auch seinen Bruder und dessen Frau. Ich erfuhr, dass der Wein, den wir verkauften, vom Weingut seines Bruders stammte. Denn als beider Eltern vor langer Zeit starben, hinterließen sie Erich das Geld, seinem Bruder die Weingüter. Erich hatte sein Geld zu mehr Geld und Häusern auf der Kö gemacht. Sein Bruder war lieber Weinbauer belieben. Aber mit den Jahren wuchs der Neid zwischen den Brüdern. Erichs Bruder fühlte sich benachteiligt. Er müsse so viel arbeiten, aber Erich hätte ein schönes Leben in Düsseldorf.

Immerhin verkaufte Erich den Wein seines Bruders auf der Königsallee. Erich wurde oft böse, wenn sein Bruder mit seiner Frau wieder nach Düsseldorf kam und sagte eines Tages zu mir: »Vertraue den beiden nicht, sie wollen dich nur gegen mich aufhetzen. Und sollte mir einmal etwas zustoßen«, sprach er weiter, »dürfen mein Bruder und seine Familie nicht einen Pfennig von mir erben. Aber dazu werde ich dir später mehr sagen.« So sehr ich mich auch bemühte, die Brüder zu versöhnen, konnten sie doch nicht zueinanderfinden. Erich schimpfte sogar mit mir, dass ich immer versuchte, eine Familie aus uns allen zu machen, bis er mir dann eines Tages sagte: »Du wirst es auch noch merken, dass sie nie deine Freunde sein werden, sie sind nur hinter meinem Geld her.«

Es sollte ein neues Leben beginnen

So verging die Zeit. Erich nutzte jeden Moment, mit mir Sex zu haben. Doch eines Tages sagte er, er kenne da ein Mädchen, die würde gerne mit uns einen Dreier machen. Erich musste mir erklären, was das war, und ich erschrak sehr darüber. Aber er meinte es ernst. Das wurde mir nun langsam alles zu viel. Nein, das wollte ich nicht auch noch ertragen.

Eines Tages machte ich mich besonders schön, ging hinunter zu Erich in sein Geschäft. »Nanu«, sagte er, »was ist denn heute Besonderes los?« »Ich habe in der Zeitung gelesen, dass das DeFaKa-Kaufhaus Personal sucht, dort werde ich mich heute vorstellen«, antwortete ich. Erich lachte, wollte nicht aufhören zu lachen. Doch ich sagte mit ernstem Gesicht: »Das Geld, das mir Hassan auf der Bank eingezahlt hatte, kann auch nicht ewig reichen. Also muss ich mir eine Arbeit suchen.« Bevor Erich noch etwas sagen konnte, sprach ich weiter: »Ich werde dann in meine Eigentumswohnung in Oberkassel ziehen, bei dir ausziehen, denn deine neue Idee mit der anderen Frau möchte ich nicht mitmachen.« »Das sind ja erstaunliche Neuigkeiten«, sagte Erich und lachte, er glaubte ich scherzte. Aber ich hatte es mir sehr gut überlegt und machte wahr, was ich mir vorgenommen hatte. Ich ging aus der Tür, ohne weiter etwas zu sagen. Meinen Koffer hatte ich schon gepackt und zog nun in meine Wohnung die mir Hassan gekauft hatte. Nur leider war außer einer Küche, einem weißen Esstisch mit vier Stühlen noch kein Mobiliar darin. Schnellstens bestellte ich mir ein Bett, einen Schlafzimmerschrank, auch noch ein paar Dinge für mein Wohnzimmer. Bis das alles geliefert werden sollte, musste ich eben auf einer Luftmatratze schlafen.

Noch am selben Tag machte ich mich auf den Weg ins DeFaKa-Haus. Was hatte ich Angst, als ich da vor dem Personalchef saß! Er war ein sehr gutaussehender, großer Mann. Wir unterhielten uns über alle möglichen Dinge, dass ich aber in der »Carlton Bar« gearbeitet hatte, sagte ich ihm nicht, denn darüber zu sprechen, schämte ich mich. Doch von meinem Zuhause, dass meine Eltern ein Ausflugsrestaurant haben, wurde gesprochen. Dann kamen Fragen, die mich weinen ließen: »Wo hast du schon gearbeitet? Wo sind deine Zeugnisse?« Nun fing ich an, ihm meine unheimliche Geschichte zu erzählen, dass ich viele Jahre in einem Gefangenenlager verbracht hatte, dass ich meine Mutter verloren hatte, dass ich an Ernährungsmangel litt und weder Mensch noch Tier war, als ich wieder nach Deutschland kam. Ich erklärte, dass ich damals leider nur sehr selten zur Schule gehen konnte. Das ich dann mit noch nicht 15 Jahren meine Mutter wiederfand und in ihrem Restaurant arbeiten musste. Ich hatte drauflos geplappert, als wäre jemand hinter mir her oder würde mich womöglich hindern zu sprechen.

Als ich geendet hatte, sah ich einen traurigen Mann vor mir sitzen. Es dauerte einige Minuten, dann sagte er: »Natürlich wirst du bei uns eine Arbeitsstelle bekommen, und zwar als Verkäuferin in unserer Abteilung ‚Bücher, Schallplatten und Foto'. Dort kannst du eine Menge lernen, ich werde dich im Auge behalten.«

Es wurde eine schöne Zeit für mich. Meine Wohnung war nun so gut es ging auch eingerichtet. Es war nicht so edel wie bei Erich, denn ich musste auf mein Geld aufpassen. Erich kam immer zu mir wenn er Lust auf Sex hatte und brachte seinen geliebten Wein mit. Er blieb dann über Nacht. Ich ließ es geschehen denn verlieren wollte ich ihn nicht. War ich doch sonst allein in dieser großen Stadt, davor aber hatte ich schreckliche Angst. Und wenn er nicht gerade Sex mit mir haben wollte, war er immer wie ein Vater zu mir.

Dann kam der Jahreswechsel, Erich ging in seiner gehobenen

Gesellschaft feiern oder vielleicht woanders. Ich fragte nicht, wollte auch nicht mitgehen. Ich hatte die Nase voll von der reichen Gesellschaft, zu viel hatte ich da schon erleben und mit ansehen müssen. Erich hatte mir ein paar Champagnerflaschen dagelassen und mir ein schönes neues Jahr gewünscht. Ich wusste, dass ich keinen Alkohol oder nur sehr wenig vertrug, doch heute war ein besonderer Tag, ein Tag für mich allein, aber dennoch ein sehr trauriger.

Ich legte mich nackt auf mein Bett, die Champagnerflasche und ein Glas stellte ich auf den Fußboden. Dann nahm ich mir ein Buch und einige Illustrierte, drehte mich auf den Bauch, trank und trank. Vorsorglich hatte ich meine Schlafzimmertür bis zum Anschlag aufgemacht und an meiner Gästetoilette, die direkt gegenüber lag, die Tür ausgehängt, denn ich hatte schon geahnt, dass es mir sehr schlecht gehen würde, wenn ich Alkohol tränke. Und genauso kam es.

Ich muss total betrunken gewesen sein. Als ich zur Besinnung kam, saß ich auf dem Toilettenfußboden und umarmte die Kloschüssel. Gut, dass mich niemand sah, ich muss entsetzlich ausgesehen haben. Mir ging es schlecht, und ich kotzte mir die Seele aus dem Leib.

Meine Arbeit bei DeFaKa gefiel mir sehr gut, der Personalchef kam wenigstens einmal am Tag bei mir mit einem Lächeln vorbei und fragte, ob alles gut sei. Ich war sicher, dass er längst alles wusste: Wie ich arbeitete und ob ich immer pünktlich war. Doch ich freute mich immer, wenn er kam.

Erich sah ich nur noch an den Wochenenden, nun hatte ich endlich das Verhältnis zu ihm, das ich mir immer gewünscht hatte. Ich sah ihn als Freund oder Vater. Ins Bett gehen wollte ich nie mehr mit ihm. Ich wusste, dass er noch immer in mich verliebt war, doch sah er auch, dass 25 Jahre zwischen uns lagen. Aber ich musste mich oft an seine Worte erinnern, als er im Streit einmal sagte: »Du wirst sowieso keinen anderen

Mann bekommen!« Freilich, er hatte das nur gesagt weil er wütend war, mich verletzen wollte.

Eines Tages wurde das Haus DeFaKa umbenannt, es wurde das Kaufhaus Horten. Eine Restaurant Etage wurde auch eingerichtet. Da fragte mich der Personalchef, ob ich am Eröffnungstag des neuen Restaurants nicht die geladenen und auch die anderen Gäste begrüßen wollte. Natürlich wollte ich ihm diesen Gefallen tun. Viele hochkarätige geladene Gäste durfte ich begrüßen, sie an ihre Tische begleiten, sie herzlich willkommen heißen. Es kam auch ungeladenes Publikum das ich ebenfalls höflich begrüßte. Hin und wieder kam der Personalchef vorbei, er schenkte mir ein freundliches Lächeln. Natürlich war ich darüber hinaus für den reibungslosen Ablauf im Restaurant verantwortlich, so beobachtete ich auch die Kellner. Alles schien in bester Ordnung, bis ich plötzlich bemerkte, dass einige der Gäste sich bei den Kellnern über die Tagessuppe beschwerten. Ich ging in die Küche und erkundigte mich, was da los war. Es gab eine riesige Aufregung, alles lief in der Küche durcheinander, und schon war auch der Küchenchef im Einsatz. Ich hörte, wie er die Kellner, die immer wieder mit einer Suppe zurückkamen, anwies, sich bei den Gästen zu entschuldigen, ihnen allen einen teuren Cognac zu servieren. Ich schaute in eine der Suppentassen und bekam einen Schreck. Suppe war kaum darin, die hatte der Gast aufgegessen, aber auf den Tassenboden lagen dicke, weiße Reiswürmer. Da rief einer der Köche verzweifelt: »Chef, was sollen wir denn jetzt machen?«, in diesem Augenblick waren alle Kellner plötzlich in der Küche versammelt. Was ich jetzt vom Küchenchef zu hören bekam, wollte ich nicht glauben: »Verdammt noch mal, lasst die Würmer unten im Topf liegen und schöpft die Suppe von oben!« Zu den Kellnern gewandt, sagte er: »Los, was steht ihr noch hier rum, fasst Suppe, aber ein bisschen dalli!«

Da bemerkte ich plötzlich einen jungen Mann neben mir,

den ich zwar schon öfter im Haus gesehen hatte. Er gehörte zu den Schaufensterdekorateuren und sah Roy Black zum Verwechseln ähnlich. Heute fasste er Mut und sprach mich an: »Gottfried ist mein Name«, sagte er, bei diesen Worten reichte er mir seine Hand. Mein Gott, ist der jung, ging es mir durch meinen Kopf, ob er wohl 18 ist? Ich erfuhr, dass er 20 Jahre alt war. Ich war inzwischen schon fast 24. Na ja, den würde ich auch nicht heiraten, der war viel zu jung. Aber kennenlernen konnte ich ihn ja mal. Wir verabredeten uns für das nächste Wochenende.

Erich hatte ich gesagt, ich hätte mich erkältet, würde im Bett bleiben, er solle am Wochenende nicht kommen sonst würde ich ihn noch anstecken. Das war natürlich etwas für Erich, ich war krank und er könnte auch krank werden, wo er doch so auf Gesundheit achtete, sich hauptsächlich von Reformhauskost ernährte. Er kam selbstverständlich nicht, das wusste ich genau.

Verliebt, verlobt, verheiratet

Mit Gottfried spazierte ich durch einen schönen Park in Düsseldorf. Endlich war ich einmal wieder in der Natur, nicht drinnen in einer Bar oder einer Wohnung eingesperrt, hier gab es nur Bäume, Gras und das Zwitschern der Vögel. Es waren an diesem Tag nicht sehr viele Menschen unterwegs.

‚Gottfried' sagte ich zu ihm, und er nannte mich ‚Monika'. Er nahm mich in seinen Arm, wir schlenderten durch den Park als würden wir uns schon ewig kennen, wir hatten uns viel zu erzählen. Ich erfuhr, dass er aus einer ganz normalen Familie kam. Wie schön musste das sein, normale Eltern zu haben, ein Zuhause, zu wissen wo hin man gehört. Nun merkte ich mal wieder, wie sehr mir das fehlte, ich wurde richtig neidisch auf sein Leben.

Gottfried fragte mich plötzlich: »Möchtest du einmal an einem Sonntag mit zu uns kommen? Meine Mutter würde sich sehr freuen.« Das ging mir nun freilich ein bisschen zu schnell, ich würde darüber nachdenken sagte ich. Es war schon spät geworden, die Dunkelheit hatte uns überrascht, doch diesen Spaziergang wollten wir wiederholen.

Wir trafen uns nun öfter. Wenn es spät wurde, brachte mich Gottfried nach Hause. Doch in meine Wohnung nahm ich ihn nicht mit, ich ließ ihn immer wieder allein zu sich nach Hause fahren. Doch eines Abends, am Ende des Parks, nahm Gottfried mich in seine Arme. »Lass' uns hier ‚Tschüss' sagen, hier sind wir noch allein, uns müssen die vielen Menschen jetzt nicht sehen.« Was das bedeutete verstand ich nicht. War es denn heute anders als sonst? Kaum hatte er das ausgesprochen, küsste er mich leidenschaftlich auf den Mund.

Zu Hause ließ ich mir das alles noch einmal durch meinen Kopf gehen und stellte fest, dass auch junge Männer küssen können. Ich erwischte mich, dass ich über meine Gedanken lächelte. Ja, da war nun das, was ich noch nie kennengelernt hatte: Küsse bei Mondschein im Park mit einem jungen Mann. Das, was für andere Mädchen das Normalste auf der Welt ist. Aber ich hatte es nie erfahren dürfen, denn ich war bis zu diesem Tag immer in die Hände älterer Männer geraten. Mein gutes Aussehen und mein Überlebenswille hatten es dahin gebracht. Ich war immer eine Gefangene älterer Männer gewesen und auch ihr Eigentum. Da fiel mir wieder ein, wie schrecklich es war, ohne Schul-, ohne Berufsausbildung sein Leben zu meistern und dabei nicht unterzugehen, nicht ins Rauschgiftmilieu und in die Unterwelt abzugleiten. Ich hatte es immer sehr schwer gehabt, denn Liebe hatte ich nie empfunden, nur Gehorsam gelernt. Sollte es nun anders werden? Sollte ich mich in einen jungen Mann verlieben können?

Gottfried nahm mich eines Tages mit zu seinen Eltern und stellte mich ihnen vor. Sie hatten ein schönes, aber einfaches Haus in einem Vorort von Düsseldorf. Seine Mutter war eine kleine, energische Person, sein Vater machte einen lieben Eindruck, doch schien er gegen seine starke Frau nicht anzukommen. Er versuchte immer, seine rechte Gesichtshälfte zu verbergen, sie war entstellt, er hatte im Krieg einen Granatsplitter ins Gesicht bekommen. Seine Frau war damals Krankenschwester im Lazarett und hatte ihn gesund gepflegt, dabei hatten sie sich ineinander verliebt.

Schon als ich das Haus betrat, roch es nach selbstgebackenem Kuchen, auch Kaffeeduft kam mir entgegen. Es wurde ein netter Nachmittag, man fragte mich nach vielen Dingen, alle Fragen konnte ich ohne Probleme beantworten. Es waren nämlich einfache Fragen, keiner wollte etwas über meine Vergangenheit wissen. Nachdem wir einen schönen Nachmittag verbracht hatten, glaubte ich, wieder gehen zu können, doch da hatte ich mich geirrt, denn ich sollte noch zum Abendessen bleiben. Eine Flasche Sekt gab es zum Abschied auch noch, es wurde spät und später.

Da sagte Gottfried plötzlich: »Du kannst auch bei mir schlafen, ich habe ein großes Bett, meine Eltern haben auch nichts dagegen.« Ich schaute ihn an, als hätte ich diese Worte nicht verstanden, in meinem Kopf schwirrten Gedanken herum. Na ja, dachte ich, heute ist Sonntag, ich muss nicht arbeiten gehen, warum eigentlich nicht? Und hier waren doch auch alle sehr nett zu mir. Ich schämte mich der Gedanken, antwortete noch nicht auf diese Frage und trank weiter, bis ich einen Schwips hatte und mir alles egal wurde. Tatsächlich, ich blieb.

Ja, wie soll ich das, was jetzt geschah, erklären? Man muss es einfach erlebt haben. Gottfried war ein wunderbarer, zärtlicher Liebhaber, ich ergab mich meinen Gefühlen, ließ es einfach geschehen. Ich hörte keine schlimmen Worte, kein hässliches Stöhnen, es gab niemanden der mich schreien hören wollte. Es war so als wäre ich schon immer hier gewesen.

Erschöpft von all den Zartheiten schliefen wir ein. Die Musik aus dem Radio die noch immer leise spielte, ließ mich wach werden da fühlte ich, dass Gottfrieds Kopf immer noch zwischen meinen Beinen auf meinem Bauch lag. Nun wurde auch er wach, hob seinen Kopf ganz verträumt und fragte: »Wache ich oder träume ich?« Dann überschüttete er meinen Schoß mit Küssen und flüsterte: »Das ist meine Frau, die werde ich für immer behalten und heiraten, ich werde der glücklichste Ehemann der Welt sein.« Ach, wie unbeschwert sauber seine Worte waren. War das seine Jugend, die noch so rein war? Ich genoss seine lieben Worte. Er hörte nicht auf, Liebesschwüre zu flüstern. Ich zog ihn an seinen Haaren und sagte vor lauter Glück einfach nur: »Ja!« Ich war tatsächlich verliebt, kaum hatte ich das Ja ausgesprochen, schon hatte ich seine vollen Lippen erneut auf den meinen, es fing alles wieder an, wo es gestern aufgehört hatte.

Es wurde Mittag. »Was werden deine Eltern dazu sagen?«, fragte ich verlegen und schämte mich. »Ach, nein«, sagte er, »du musst dich nicht schämen, meine Eltern haben dich schon gestern in ihr Herz geschlossen. Meine Mutti war Krankenschwester im Krieg, die hat schon ganz andere Sachen und Geräusche gehört.« Ich erhob scherzend meine Hand und wollte ihn hauen. Doch er war schneller, er hielt sie fest »Da musst du aber früher aufstehen sagte er lachend, dann würdest du mich auch treffen.«

Ich hatte Ja gesagt, nun ging alles seinen Weg. Seine Eltern hatten keine Einwände, im Gegenteil, ich hatte das Gefühl, sie waren glücklich darüber, dass ihr Sohn mich heiraten wollte. Aber ein Problem gab es nun doch: Gottfried war noch keine 21 Jahre alt und brauchte die Genehmigung seiner Eltern. Aber die lachten nur und sagten zu allem Ja. Ich war bald 25 Jahre und brauchte niemanden mehr zu fragen, wen hätte ich auch Fragen sollen? Mit meinen Eltern hatte ich ja keinen Kontakt mehr.

Tatsächlich, nach sechs Wochen war es so weit. Es sollte geheiratet werden. Das musste wohl doch Liebe sein, wenn man sich nur sechs Wochen kannte und schon heiratete. Oder war es vielleicht doch Dummheit? Oder was war es sonst, wenn man etwas so Verrücktes tat wie ich? War denn nicht alles in meinem Leben verrückt?

‚Mutti' und ‚Vati' sagte ich nun zu Gottfrieds Eltern. Mutti und ich suchten ein schönes, weißes Kleid aus, dazu passende Schuhe für die Hochzeit, aber erst sollte es noch einen Polterabend geben. Nein, in meine Wohnung wollte ich mit Gottfried nicht ziehen, damit waren zu viele Erinnerungen verbunden, die ich besser vergessen wollte. Also boten uns seine Eltern die obere Wohnung in ihrem Haus an, nur ein Zimmer in der Wohnung wäre besetzt. Ich fragte nicht, von wem, sondern nahm es einfach so hin. Da ich noch genügend Geld hatte, richteten wir in Windeseile die Wohnung ein, nun konnte der Polterabend stattfinden.

Das Haus meiner Schwiegereltern in dem wir nun auch wohnen sollten, lag in einer sehr ruhigen Straße. Doch weil sich ohnehin alle Menschen, die hier wohnten, kannten, gab es auch keine Probleme mit dem Lärm beim Poltern. Meine neuen Eltern machten etwas zu essen, sie schmierten Brötchen und kochten einen riesigen Topf Gulaschsuppe. Alle Anwohner der Straße polterten, sie warfen mit altem kaputtem Geschirr und vielem mehr. Auch von den Nachbarstraßen ließen sich Menschen sehen. Das Geschirr knallte wie Gewitter, aber mir war nicht ganz wohl dabei. Ich kannte so etwas ja nicht.

Mittlerweile war es dunkel geworden, ich stand auf unserer Treppe vor der Haustür, während Gottfried immer alle Scherben zusammenfegte. Plötzlich sah ich in der Ferne aus der Dämmerung am Ende unserer Straße etwas auf uns zukommen. Es sah unheimlich aus, was sich da auf uns zubewegte, wie weiße Gespenster, die Lieder sangen. Das Ganze kam näher und näher, und jetzt konnte ich sehen, dass es eine Gruppe von Menschen war. Auf ihren Köpfen trugen sie weiße, spitze Hüte, ihre Gesichter und ihre Körper waren unter weißen, langen Gewändern versteckt, nur durch kleine Schlitze die in die Tücher geschnitten waren, konnte man ihre Augen erahnen.

Gottfried sah in mein verzweifeltes Gesicht, kam zu mir, nahm mich in seinen Arm und sagte: »Hab' keine Angst, das sind nur meine Kollegen, die haben sich als Ku-Klux-Klan verkleidet.« Trotz seiner lieben Worte hatte ich Angst. Sahen diese nicht aus wie Wesen aus einer anderen Welt? Die Angst wollte mich einfach nicht mehr verlassen. Nun standen ungefähr 30 verkleidete weiße Gestalten vor unserem Haus und sangen immer wieder Lieder, die ich nicht kannte. Was aber dann geschah, ließ mir das Blut in den Adern stocken. Gottfried war den Gestalten zur Begrüßung entgegengegangen und ich stand allein auf der oberen Treppe vor unserer Haustür. Da flogen plötzlich Waschschüsseln, Geschirr und Keramik auf mich zu, dann Arme, Beine, Oberkörper von Schaufensterpuppen, auch Köpfe, mit und ohne Haare. Ich hörte unheimliche Geräusche, als diese Gegenstände an mir vorbeiflogen.

Unter Schock, starrte auf die Straße und sah, was da alles vor meinen Füßen gelandet war. Alle freuten sich, begrüßten mich, nahmen mich in ihre Arme und wünschten mir Glück, ich aber ließ alles mit einem gequälten Lächeln über mich ergehen. Nein, ich hatte keine Freude an diesem Polterabend. Ich war froh als alles vorbei war. Ich half Gottfried auch nicht diese Poltergegenstände zu entfernen. In meinem Kopf sah ich wieder andere Bilder die ich früher schon einmal gesehen hatte, andere Arme, Beine, Köpfe, die im Halbdunkel lagen. Sah es nicht aus, wie die toten Kinder im Graben, unter denen ich in Russland im Gulag gelegen hatte? War das hier nun ein gutes oder ein schlechtes Omen für unsere Ehe? Es fiel mir sehr schwer, den Abend mit den lustigen Kollegen zu feiern. Denn ich hatte mir wieder einmal einen Platz auf der Toilette gesucht.

Immer dann, wenn mich meine Gedanken oder unangenehme Gerüche aus der Vergangenheit heimsuchten, musste ich mich übergeben und kam dann mit einem Bleichgesicht zurück. Doch das bemerkte heute keiner, denn es wurde gefeiert. Schließlich sollte morgen die kirchliche Trauung stattfinden.

So kam es dann auch. Alle waren in Aufregung als der neue Tag anbrach. Einige kämpften noch mit einen dicken Kopf vom Feiern. Doch meine zukünftigen Schwiegereltern hatten schon ein großes Restaurant in Düsseldorf schmücken lassen, es sollte ein rauschendes Hochzeitsfest werden. Sie übernahmen sogar die dafür anfallenden Kosten, nichts wurde ihnen zu teuer. Ich aber fühlte mich nach dem letzten Abend noch immer nicht wohl.

Nun stand ich vor dem Spiegel meiner Schwiegereltern und zog mein weißes Hochzeitskleid an, doch so sehr ich mich auch reckte, ich bekam den Reißverschluss nach oben einfach nicht zu. Da half mir eine überraschende Hand: Ich erschrak, hatte ich doch niemanden kommen gehört. Als ich mich ein wenig zur Seite drehte, sah ich in die Augen meiner Mama, die mir den Reißverschluss zugezogen hatte.

Ich freute mich wahnsinnig sofort rannen Freudentränen über mein Gesicht. Ich hatte mich zu ihr umgedreht und hielt sie in meinen Armen. »Kind, du musst mich wieder loslassen, du hast nicht mehr viel Zeit, denn du willst doch heiraten hörte ich ihre Worte. Die anderen warten schon auf dich, wir wollen doch auch pünktlich zur Kirche kommen.« Ich war überglücklich, dass Mama gekommen war, schaute noch einmal in den Spiegel, wischte ein bisschen in meinem Gesicht herum damit man meine Tränen nicht sah.

Da stand ich nun in meinem wunderschönen, weißen Sissi-Kleid immer noch vor dem Spiegel und strahlte vor Freude. Aber Mama nahm meine Hand, schaute mich ernst an und sagte: »Meinst du nicht, mein Kind, dass du einen Fehler machst? Hast du dir wirklich gut überlegt, ob das der richtige Mann für dich ist? Er ist doch noch ein halbes Kind.« Bevor ich antworten konnte, hatte sie auch schon meine Hand losgelassen. »Du brauchst mir nicht zu antworten, jetzt ist es zu spät darüber nachzudenken.« Mit diesen Worten ging sie zur Tür. »Mach aber nicht mehr so lange rief sie noch beim raus gehen. Wir wollten doch pünktlich in der Kirche sein«.

Einen Moment lang stand ich wie angewachsen vor dem Spiegel und sah die Tränen in meinen Augen. Ich erholte mich langsam von ihren Worten, doch der Zweifel war geweckt. Ja, so war sie eben, das schaffte sie immer, andere vor den Kopf zu stoßen.

Mama hatte mir sogar ein Geschenk mitgebracht. Ich traute

meinen Augen nicht als ich es auspackte: Es war eine große Tischlampe, die mir nicht gefiel, die auf unsere kleinen Tische auch nicht passte, denn unsere Wohnung war eine Dachgeschoßwohnung mit Schrägen. Ich freute mich nicht über diese Lampe. Und überhaupt: Hatte Mama nicht vor allzu langer Zeit mein Sparkonto für sich leergeräumt? War bei diesen mehreren tausend Mark nicht mehr für mich geblieben als diese Lampe? All diese Gedanken machten mich jetzt noch trauriger.

Alle Hochzeitsgäste, die von weither kamen, hatten wir in einem Hotel untergebracht. Mama setzte sich an einen Tisch zu Erich der auch eingeladen war. Er gehörte überall dazu, denn ich sah ihn immer noch wie einen Vater. Ihm schien meine Mutter auch zu gefallen, er ließ sie nicht aus den Augen, warf mit Komplimenten nur so um sich. Erich flüsterte zu mir: »Du hast aber eine hübsche Mutter, die könnte mir auch gefallen.« »Ja«, sagte ich sofort, »sie passt vom Alter auch besser zu dir.« Erich hatte uns zur Hochzeit eine Reise nach Madrid geschenkt, über die ich mich sehr freute. Aber es wurde trotz der unschönen Zwischenfälle noch eine schöne Feier.

Als wir von unserer Hochzeitsreise aus Madrid zurückkamen, staunte ich nicht schlecht. Vor unserer Haustür stand ein hellblaues Auto mit einer großen Schleife, das war auch noch ein Geschenk von Erich. Nur wusste er nicht, dass Gottfried keinen Führerschein hatte. Wir freuten uns aber sehr darüber, und ich schenkte nun meinem Mann den Führerschein dazu.

Der Ku-Klux-Klan hatte unsere Küche mit einer ganzen Kochtopf-Ausrüstung bereichert, welche sehr teuer gewesen sein muss, denn ich benutze sie nun schon 40 Jahre und die Töpfe sehen immer noch gut aus, als wären sie neu.

Doch eins ist mir von meinem Polterabend damals geblieben: Nie wieder in meinem Leben konnte ich in die Nähe von Schaufensterpuppen gehen, ohne dass sich mein Magen umdrehte. Wenn irgendwo in einem Kaufhaus noch nackte

Puppen herumstanden weil sie noch dekoriert werden mussten, bekam ich Gänsehaut. Denn die Gedanken an die nackten toten Kinder im Graben, unter denen ich im Gulag gelegen hatte, ließen mich zittern. Mein Einkauf hatte dann für diesen Tag ein Ende.

Als wir aus dem Spanienurlaub in unsere Wohnung gekommen waren, freuten wir uns über die schönen neuen Möbel, die während unserer Abwesenheit gekommen waren. Doch als ich in das Zimmer von Gottfried gehen wollte, in dem wir unsere ersten Nächte verbracht hatten, bemerkte ich plötzlich, dass es verschlossen war. Als ich die Eltern danach fragte, stotterten sie ein paar Worte, aus denen ich vernahm, dass in diesem Zimmer die Uroma wohnt. »Na, da braucht ihr doch nicht zu stottern«, sagte ich lachend, »das ist doch schön, ich hatte noch nie eine Uroma.« Doch Vati sagte: »Wir müssen die Oma leider einschließen, sie ist vor ein paar Jahren von einem Motorradfahrer angefahren worden, seitdem ist sie manchmal etwas wirr im Kopf.« Na ja, dachte ich, so schlimm wird das schon nicht sein. Ich wechselte aber das Thema. Doch Vati sagte noch schnell: »Ihr habt ja noch keine Kinder und braucht das Zimmer auch noch nicht.«

Alles hörte sich ganz einfach an, aber mir war nicht wirklich wohl in meiner Haut, ein ungutes Gefühl hatte sich bei mir eingeschlichen. Viel später erfuhr ich erst, warum ich dieses Gefühl hatte. Von Freunden hörte ich, dass diese Oma nicht von einem Motorrad angefahren worden war, sondern unter starker Demenz litt.

Nein, es wurde bei uns nicht langweilig. Ich erfuhr, dass mein Mann tatsächlich nur ganze 350 Mark im Monat mit nach Hause brachte. Sollten wir etwa davon leben? Ich erschrak darüber sehr, denn ich hatte von meinem Konto schon die gesamte Einrichtung der Wohnung bezahlt, den Führerschein von Gottfried und so vieles mehr. Später gab mir Erich jedes

Mal, wenn wir uns sahen, etwas Geld und sagte: »Du wirst es sicher gut gebrauchen können.« Ob er wohl mehr wusste als ich? Hatte ich vor lauter Verliebtheit etwas übersehen? Hatte Mama doch recht mit ihren Worten?

Und wie ich es brauchte, dieses Geld von Erich, es fehlte uns an allen Ecken. Doch nun bekam ich erst einmal genaueren Einblick in die Verhältnisse meiner neuen Familie. Gottfried hatte genau vier Unterhosen, vier Hemden, drei lange Hosen, vier Paar Socken, zwei Anzüge und drei Paar Schuhe. Wenn wir bei seinen Eltern am Sonntag zum Frühstück eingeladen waren, bekam Gottfried und seine Schwester je ein halbes Ei, ich aber ein ganzes, was mir nicht gefiel. »Nein danke, ich esse keine Eier zum Frühstück«, lehnte ich ab.

Was blieb mir anderes übrig ich musste meine Eigentumswohnung die mir Hassan geschenkt hatte verkaufen, wir brauchten das Geld. Doch ich wurde nach und nach zum Nervenbündel, denn auch das Geld aus dem Verkauf meiner Wohnung wurde langsam immer weniger.

Was mich total fertig machte, war die Zeit, wenn die Tür von der Uroma geöffnet wurde. Dann wurde sie von Vati zu unserem Badezimmer geführt, um zu baden. Das musste immer er tun, denn sie war seine Mutter. Ich wusste nicht, wie schlimm krank die Uroma war, sie schrie um Hilfe, schlug mit den Händen um sich, trampelte mit den Füßen auf den Boden, rief dabei: »Sie bringen mich um! Sie schlagen mich! Hilfe, Hilfe!« Und das passierte jedes Mal, wenn der Badetag da war.

Vor unser Badezimmer hatte ich einen Korb gestellt, denn immer wenn die Uroma ins Bad gebracht wurde, musste ich das Badezimmer vorher ausräumen. Sie schlug bei ihren Anfällen alles kaputt, was in ihrer Nähe stand. Meistens verließ ich das Haus, ich konnte es nicht mehr mit ansehen, wie es in unserer Wohnung zuging. Auf dem Weg von ihrem Zimmer zum Badezimmer verlor die Uroma alles, was in ihr war. Sie ließ alles unter sich. Wenn ihr Sohn nicht aufpasste, nahm sie ihre Fäkalien vom Fußboden und beschmierte damit die Türen und die Wände, an denen sie sich festhielt. Es klebte dann überall Scheiße. Ich weiß, das sagt man nicht, aber ich hatte bald keine Nerven mehr. Ein anderer Ausdruck dafür fiel mir nicht mehr ein.

Wenn ich dann vom Spazierengehen wieder nach Hause kam, stank es schrecklich. Ich fing unter Tränen an zu putzen, die Wände abzuwaschen. Das alles wurde nun zu meiner ständigen Aufgabe. Es gab auch Zeiten, da vergaß mein Schwiegervater, ihre Tür abzuschließen, dann war ich einem Herzinfarkt nahe. Auf meinen Sesseln war alles beschmiert, die Wände, unsere Küche. In den Marmeladengläsern fehlte die Marmelade, stattdessen waren sie gefüllt mit ihrer Scheiße. Das passierte immer wieder und wieder. Meine Nerven hingen an einem seidenen Faden.

Das Gebrüll oder irgendwelche Lieder, die die Uroma sang, und das Rappeln an ihrer Tür nahmen kein Ende. Nun wurde ich auch noch schwanger, obwohl mir mein Arzt einmal gesagt hatte, dass ich aufgrund der Abtreibung durch meinen Stiefvater so schnell keine Kinder mehr bekommen könnte. Es wäre auch besser gewesen ich wäre nicht noch einmal schwanger geworden, denn während der ganzen Schwangerschaft war mir übel, vom ersten bis zum letzten Tag. Zur Arbeit gehen konnte ich auch nicht mehr. Aber ich wollte dieses Kind doch unbedingt haben.

Eines Tages jedoch, hochschwanger, ertrug ich diesen Stress mit der Uroma und all den übrigen Ärger nicht mehr. Ich musste raus, aber außer spazieren gehen war mir nichts möglich. Halb zu Tode gekotzt, ging ich wie eine Schlafwandlerin der Hauptstraße entgegen. Plötzlich stand ich an der Straße auf der die großen Lastwagen fuhren. Ich stand und stand. Wenn jetzt ein ganz Großer kommt, dachte ich, dann ist es meiner. Die Tränen rannen über mein Gesicht, ich war wie in Trance. Doch sollte ich jetzt zur Mörderin meines eigenen Kindes werden?

Plötzlich wurde ich wach, ein Mann hatte mich an meinem Arm gefasst: »Komm wir gehen nach Hause, das ist kein schöner Spazierweg für euch beide.« Ich sah in das freundliche Gesicht unseres Nachbarn, ich glaube, er hatte bemerkt, was ich vorhatte. Er brachte mich nach Hause, stellte auch weiter keine Fragen.

Ich aber dachte nur noch an mein armes Kind, das ich in mir trug: Hoffentlich leidet es nicht so wie ich, das wäre schrecklich. So gut es ging, versuchte ich, mich zu beruhigen.

1967 meine Tochter wird geboren

Die Liebe zwischen Gottfried und mir hatte sehr gelitten, wir hatten uns nicht mehr viel zu sagen. Das Gefühl, das uns einst verband, war eingefroren. Nun näherte sich auch endlich das Ende meiner Schwangerschaft, das Baby in meinem Bauch wollte auf diese ach so böse, kalte Welt. Besser wäre gewesen, es wäre noch eine Weile da geblieben, wo es war. Aber den Gefallen tat es mir nicht, ich musste ins Krankenhaus.

Meine Krankenkasse war die AOK. Dort waren damals noch Menschen dritter oder vierter Klasse versichert, zu denen gehörte leider auch ich. So wurde ich in einen großen Saal mit frei stehenden, schmalen Liegen gebracht, die durch Vorhänge voneinander getrennt waren. Hinter jeder Trennwand lag eine Frau, die ihr Baby bekommen sollte. Ich hörte ihr Stöhnen, Weinen, Schreien, aber niemand störte sich daran. Ein großer Tisch stand in dem Saal, an dem saß auf einem Stuhl eine dicke Hebamme, die sich beim Lesen ihrer Illustrierten nicht stören ließ.

Es vergingen Stunden über Stunden mit Schmerzen. Wieder erinnerte ich mich an die schreckliche Zeit, als mein Stiefvater mir das Kind abtrieb. Damals war ich zu jung und unwissend, um zu erkennen, dass in mir ein Kind war. Unwissend deswegen, weil ich bei meinen Pflegeeltern nie aufgeklärt worden war. Heute noch erinnere ich mich an das Geräusch, das ich hörte, als das Baby aus mir in die Toilette plumpste, bevor ich es dann tot in meinen Armen hielt. All diese Gedanken kreisten mir nun durch meinen Kopf, als ich in diesem großen Saal lag. Würde mir hier jemand helfen, oder ließen sie mich hier auch einfach nur liegen?

Das Geschrei und Gewimmer der anderen Frauen machte mich nervös und immer unruhiger, es vergingen wieder Stunden. Es kam mir vor, als nähme es kein Ende, und es schien, als wollte mein Baby in mir bleiben. Wäre das Fenster über mir nicht so hoch gewesen, ich wäre sicher im Schmerz hinausgesprungen. Mein ganzer Körper war verspannt, niemand half mir, auch nicht mit netten Worten. Ich lag wie ein leidendes Tier auf einem schmalen Bett, hinter einem Vorhang, der mich von den anderen Frauen trennte.

Ich nahm all meinen Mut zusammen, ging zu der dicken Hebamme und bat sie um eine Schmerztablette. Als ich vor ihr stand, hob sie tatsächlich ihren Kopf, schaute von ihrer Zeitung auf und sagte: »Nein, Schmerztabletten gibt es hier keine für euch.« Dann plötzlich hörte ich, dass ihre Stimme böse wurde, als sie sagte: »Wie das Kind da reinkommt, das wisst ihr genau, nun seht auch zu, dass es rauskommt, und jammert hier nicht so herum.«

Enttäuscht und traurig ging ich wieder in meine Kabine und weinte leise vor mich hin. Es war schon wieder ein neuer Morgen angebrochen, und schnell wurde es Mittag. Da sah ich an einer Wand eine große Uhr und stellte fest, dass bereits 24 Stunden mit immer neuen Wehen und Schmerzen vergangen waren. Ich konnte nicht mehr, ich war am Ende meiner Kräfte. Da plötzlich hörte ich die Stimme eines Arztes, der zu der Hebamme sagte: »Holt mir mal die Frau her, es wird langsam Zeit, dass sie ihr Kind bekommt.« Ich sah, dass er mich meinte, weil er mit der Hand auf meine Kabine zeigte.

Auf einem Gynäkologie-Stuhl lag ich nun mit gespreizten Beinen. Wie peinlich das für mich war, ich schämte mich sehr. Doch der Arzt musste Verstärkung von anderen Ärzten holen. Mir fehlte die Kraft, mein Baby selbst aus mir herauszupressen. Gemeinsam drückten sie das Kind aus meinem Bauch, ich verlor die Besinnung und wachte erst wieder in einem Zimmer mit drei weiteren Frauen auf. »Du kannst dich freuen, du hast ein Mädchen bekommen!«, hörte ich eine der Frauen sagen.

Auch das noch, dachte ich, das arme Kind muss irgendwann auch einmal Kinder bekommen.

Alle Frauen erzählten von ihrer Geburt und schnatterten und schnatterten. Ich war sehr ruhig, aber hörte mir alles an. Plötzlich vernahm ich draußen auf dem Gang ein Poltern. Was war denn das? Da sagte schon eine der Frauen: »Das sind unsere Babys, die werden zum Füttern gebracht.« Die Tür ging auf, ich sah einen hohen, großen Wagen, auf dem lauter Bündel lagen. Nur eines schrie wie am Spieß. Wem gehörte denn das arme Kind, das da so weinte? Und schon kam die Schwester mit dem schreienden Bündel zu mir. Es war mein Kind. »Komm'«, sagte die Schwester, »ich zeige dir, wie es gefüttert wird.« Sie legte mir das weinende Bündel auf mein Bett, machte mir mein Hemd auf, nahm das Kind und versuchte, ihm meine Brust in den Mund zu schieben. Doch da schrie das Baby aus vollem Hals, ich erschrak so sehr und schob das Kind von mir weg. »Es will mich nicht, ich werde es nicht füttern.« Die Schwester nahm mir das Baby ohne weitere Worte weg und verschwand.

Von nun an bekam ich mein Kind immer gefüttert in mein Bett gelegt. Doch leider hörte es nicht auf zu weinen, auch nicht, als wir zu Hause waren. Wir zogen aus unserem Schlafzimmer aus, trauten uns kaum, uns lauter zu bewegen. Unser Baby weinte und weinte. Ich dachte: Ich werde wahnsinnig, wenn das so weitergeht. Egal, was ich auch tat, wie sehr ich auch versuchte es zu trösten, es weinte und weinte weiter. Ich aber wurde zu einem Nervenbündel und unsere Ehe litt unter diesem Zustand. Bis ich eines Tages auf die Idee kam, einfach zwischendurch allein spazieren zu gehen. Ich sagte meiner Schwiegermutter Bescheid, dass sie doch hin und wieder nach dem Baby schauen sollte, ich wäre auch gleich wieder zurück. Ja, zu gerne schaute sie nach dem Baby, denn sie hatte ihr kleines süßes Enkelkind sehr lieb.

Eines Tages traf mich fast der Schlag, als ich vom Spaziergang in die Nähe unseres Hauses zurückkam. Ich sah plötzlich die Uroma mit meinem Baby auf dem Balkon stehen und singen. Wieder einmal hatten meine Schwiegereltern vergessen, die Tür bei ihr abzuschließen. Ich rannte wie eine Besessene die Treppen nach oben, versuchte, mich auf der letzten Stufe zu beruhigen, und ging ganz langsam in das Zimmer der Uroma. Um sie nicht zu erschrecken, verhielt ich mich ganz ruhig, obwohl mein Herz bis zum Hals klopfte. »Na, Oma, was hast du denn da auf deinem Arm?«, fragte ich sie, als wäre das selbstverständlich, dass sie ein Baby auf ihrem Arm hält. Sie machte aber plötzlich einen Schritt auf das Balkongeländer zu. Ich blieb ganz ruhig und fragte noch einmal: »Ach, Oma, zeig' mir doch mal, was du da hast! Ich nehme es dir auch nicht weg.« »Nein, nein, du kriegst es nicht! Es ist mein Baby!«, sagte sie aufgeregt. »Ja, Oma, ich will es doch nur einmal sehen, du kannst es auch behalten«, und bei diesen Worten stand ich schon neben ihr. Mit einem Ruck schnappte ich mir das Bündel, und so schnell ich gekommen war, war ich auch schon wieder weg. Ich hörte sie noch schreiend im Flur herumlaufen, aber ich hatte meine Schlafzimmertür hinter mir verschlossen. Ich legte mein Baby auf mein Bett und fing an zu weinen.

Das musste alles aufhören, das musste ein Ende haben. Wo war denn nur die Kämpferin in mir geblieben? Hatte ich denn alles vergessen? Das war doch nicht ich, die dieses hier alles mit sich machen ließ, das konnte doch nicht wirklich mein Leben sein? Wo war das Glück, von dem ich geträumt hatte? Wo war die Liebe, die so schön begann? Hier musste sich etwas ändern, das nahm ich mir fest vor.

Die Kämpferin

Und ich nahm mein Leben einmal wieder in die Hand und änderte alles.

Ich rief in meiner Verzweiflung Mama an, wir beide empfanden zwar keine große Liebe zueinander, aber hin und wieder half sie mir. Warum sie es tat – ich weiß es nicht, denn wir beide haben unsere Liebe nie gefunden. Sie hatte mich nicht gesucht, als ich im Krieg verloren gegangen war, das tat mir immer noch sehr weh. Vielleicht hatte sie auch manchmal ein schlechtes Gewissen und wollte etwas gut an mir machen? Aber darüber wurde nie gesprochen, wie über so viele Dinge.

Unsere Tochter wurde in Düsseldorf katholisch getauft, auf den Namen Brigitte. Erich auch Tante Rita, die Freundin meiner Schwiegermutter, waren die Taufpaten.

Nach der Taufe fuhren Gottfried, ich und unser kleines Mädchen zu meiner Mama ins Sauerland. Meine Geschwister sah ich nun nach langer Zeit wieder, aber erkannte sie kaum. Zu viele Jahre waren vergangen, als wir uns das letzte Mal gesehen hatten. Doch Papa gefiel es nicht, dass ich verheiratet war und ein Kind hatte, er war anscheinend immer noch der Meinung, ich gehörte ihm. Doch damit wollte ich nichts mehr zu tun haben und ließ es ihn auch fühlen. Ich war selbstständiger geworden. Ich fühlte, dass er zu gerne gehabt hätte, dass ich mich ihm wieder unterwerfe, so wie damals, aber er hatte keine Gewalt mehr über mich. Aus diesem Grund ließ er mich in Gesprächen immer links liegen, beobachtete mich allerdings ständig. Er ließ mich nicht aus den Augen und der Blick, der mich traf, war oft sehr böse.

Wir saßen, wie früher, in der Restaurantküche und alle Erinnerungen waren plötzlich wieder da. Nur heute tranken wir alle Sekt und sogar Schnaps, alle Getränke, die ich eigentlich so hasste, und alles durcheinander. Ich fühlte, wie mir der Alkohol in den Kopf stieg, wir lachten und sprachen über die vielen Dinge, die in den letzten Jahren passiert waren, auch über Brigitte, meine kleine Tochter, die eigenartigerweise hier nicht so viel weinte wie in Düsseldorf. Es war eine friedliche und lustige Unterhaltung, bis mich plötzlich Papa von der Seite hässlich und vorwurfsvoll ansprach. Er wollte mich einmal wieder verletzen, oder wollte er es einfach nicht begreifen, dass er keine Gewalt mehr über mich hatte?

»Was willst du eigentlich noch hier?«, fragte er mich. Ich erschrak über die verletzenden Worte, alle am Tisch waren plötzlich sehr still geworden. Leider hatte ich zu viel getrunken, um vernünftig zu antworten. Ich war sehr ärgerlich. Plötzlich sprang ich auf, mein Stuhl fiel mit lautem Knall um. Doch über die bösen Worte, die ich ihm entgegenwarf, erschrak ich und merkte leider zu spät, was ich da sagte. Ich war so verletzt, dass es aus mir herausschoss: »Hättest du mich damals nicht vergewaltigt, geschwängert, mein Kind abgetrieben, hätte ich heute noch ein Zuhause.« Totenstille war eingetreten, Papa war bei diesen Worten kreidebleich geworden, Mama saß stumm da, Gottfried sagte kein Wort. Was hatte ich da angerichtet?

Ich brauchte nichts mehr zu sagen, Gottfried nahm meine Hand und zog mich hinüber ins Haus. Ich weiß nicht, was daraufhin bei meinen Eltern noch alles los war. Wir nahmen unser Kind und fuhren sofort nach Düsseldorf zurück. Ich weinte, was hatte ich da nur angestellt? Hatte ich mir nicht geschworen, nie darüber zu sprechen, was damals alles geschehen war? Hatte ich nicht zu Mama immer gesagt, ich wüsste nicht, wer mir das angetan hatte, dass ich ein Kind bekam? Hatte ich ihr nicht immer gesagt, ich hätte mit so vielen Männern geschlafen und hätte keine Ahnung, wer mich geschwängert hätte? Hatte ich nicht immer Papa geschützt? War ich nicht immer darauf bedacht gewesen, diese Familie zu schützen, meinen

Geschwistern nicht den Vater zu nehmen, meiner Mama nicht den Mann? War das nun der Alkohol oder der Schmerz, der auf meiner Seele lag, mit dem ich nicht fertig wurde? Ich weiß es nicht, aber nun war es geschehen, was nie geschehen sollte.

Gottfried war sehr erstaunt darüber und fragte: »Was ist da passiert, dass du so etwas sagst?« Und nun erzählte ich ihm, dass ich mit vierzehneinhalb Jahren von meinem Stiefvater vergewaltigt worden war. »Ich wollte es dir nie sagen, weil ich mich geschämt habe, über diese Dinge zu sprechen. Aber es war der Alkohol und der Ärger, wie er mich angesprochen hatte.«

Als wir zu Hause in Düsseldorf ankamen, freuten sich meine Schwiegereltern sehr, dass wir wieder da waren, und nahmen sofort ihr Enkelkind aus meinen Armen. Ob Gottfried mit seinen Eltern darüber gesprochen hatte, was passiert war, erfuhr ich nicht und fragte auch nicht. Der Vorfall im Sauerland wurde zwischen uns nie mehr erwähnt. Wir waren glücklich mit unserer kleinen Tochter.

Es kam die Zeit, in der sie auch nicht mehr weinte und von allen geliebt wurde. Besonders von ihren Großeltern im Haus. Hin und wieder traf ich noch Erich. Er fragte mich eines Tages: »Sag mal, ist das normal, dass die Frauen, wenn sie ein Kind bekommen haben, so dick sind?« Jetzt erst wurde mir bewusst, dass ich meine Figur total versaut hatte, nichts war mehr mit meiner schönen Mannequinfigur. Ich wusste, es war der Stress, den ich die ganze Zeit hatte. Nachts hatte ich oft in unserer Küche gesessen, wenn das Baby schrie, dann betäubte ich mich jedes Mal mit Dingen, die ich in unserem Kühlschrank fand.

Aber ich wusste auch, dass ich meinen Schwiegereltern nun doch etwas davon sagen musste, was bei meinen Eltern passiert war. Denn meine Schwiegermutter war ein großer Fan meines Stiefvaters. Also erfuhren die Eltern von Gottfried nicht alles aber einiges. Mich fragte Gott sei Dank auch niemand, was wirklich geschehen war. Meine Schwiegereltern hatten aber den Kontakt zu meinen Eltern aufrechterhalten und waren traurig, dass alles so gekommen war.

Die Zeit verging. Unsere Uroma verstarb, ich bekam endlich mehr Ruhe. Die Scheiße in unserer Wohnung hatte ein Ende, das Zimmer von Uroma wurde neu gestrichen und total renoviert. Es wurde das Zimmer unserer Tochter, wir hatten endlich ein eigenes Schlafzimmer. Brigitte wuchs zu einem hübschen kleinen Mädchen heran. Nur unser Geld wurde knapp und es war klar, dass ich wieder arbeiten müsste.

Es waren Jahre nach dem schrecklichen Vorfall in Sauerland vergangen, da sagte meine Schwiegermutter eines Tages: »Ich habe mit deiner Mama gesprochen.« Ich erschrak bei diesen Worten, sollten nun die alten Geschichten wieder von neuem beginnen? Für mich war klar, dass ich meine Mama damals, als ich mit Gottfried bei ihr zu Besuch war, wieder einmal verloren hatte, so wie damals im Krieg. Doch erstaunt war ich, als meine Schwiegermutter fortfuhr: »Deine Mama hat für dich eine Arbeit gefunden.« »Ach du liebe Zeit«, sagte ich, »doch nicht wieder bei Familie Schäfer?« »Wer ist denn das?«, fragte meine Schwiegermutter sofort. »Ach, das ist eine lange Geschichte, die erzähle ich dir ein andermal.« Sie sprach schnell weiter. Ich hatte das Gefühl, dass sie sich darüber freute, was sie mitzuteilen hatte, weil sie zu gerne die Familie wieder versöhnen wollte, auch wenn dies bedeutete, dass wir weggehen würden. »Deine Mama hat für euch ein Restaurant gefunden, nicht weit von deinen Eltern entfernt.« »Ach du liebe Zeit!«, sagte ich aufgeregt. »Nein, nein«, kam es schnell als Antwort, »mach dir keine Sorgen, es ist in einem anderen Ort.«

Wir fuhren tatsächlich alle gemeinsam in ein Dorf im Sauerland. Das Auto meiner Schwiegereltern hielt vor einem großen Haus, hier waren wir mit Mama verabredet. Und plötzlich stand sie neben mir. Ich fühlte, wie ich innerlich zitterte. Als

Mama mich dann doch in den Arm nahm, fing ich an zu weinen. Mir tat es unendlich leid, was ich damals mit meiner Wut angerichtet hatte. Mama übersah meine Tränen. Sicherlich war es auch nicht so einfach für sie, was damals alles geschehen war, oder hatte ihr Mann wieder gelogen und mir alle Schuld gegeben? Dass ich womöglich alles erfunden hätte oder einfach nur betrunken war und dummes Zeug erzählt hätte? Ja, das konnte er, anderen alle Schuld zuschieben. Aber was sollten jetzt diese hässlichen Gedanken? Mama wollte mir doch heute helfen.

Wir schauten uns das Restaurant an, es war noch nicht ganz fertig, aber Gottfried und ich pachteten es, wir wollten keine Zeit verlieren. Unter dem Restaurant befand sich statt eines Kellers eine schöne Wohnung. Das war sehr praktisch für mich und unser Kind. Denn ich brauchte niemanden, der auf Brigitte aufpassen musste, wenn wir arbeiteten. Wären nicht die Wohnung und das Geschäft in einem Haus gewesen, hätte ich das Lokal nicht haben wollen. Nein, mein Kind weggeben, das kam für mich nicht infrage. Meine kleine Tochter wollte ich immer bei mir haben. Ich war ohne Mutter aufgewachsen, das sollte meinem Mädchen niemals passieren.

Das Haus, in dem wir nun leben wollten, lag auf einem Berg, umgeben von Feldern und Wäldern. Das Restaurant bekam den Namen »Bauernstübchen« wurde mit meinen Ideen zur Einrichtung und Dekoration zu einem schönen Ausflugslokal umgestaltet. Im Winter gab es hier sogar einen kleinen Skilift. Ich bekam bald viel Arbeit, es kamen viele Gäste, aber ich war glücklich. Ganz schnell hatte ich auch meine tolle Figur wieder, ich war wieder die schöne Frau von damals. Das Geschäft lief gut, ich arbeitete wie eine Besessene und verdiente dabei viel Geld. Ich war Mama, Ehefrau, meine eigene Köchin, Putzfrau, sogar Konditorin, denn meine Torten backte ich selbst.

Alkohol trank ich keinen mehr. Es hatte mir gereicht, was ich seinerzeit damit angerichtet hatte, denn ich hatte meiner

Mama sicher sehr wehgetan. Es gab so viel Arbeit, dass ich einen Aushilfskellner und ein junges Mädchen für kleinere Arbeiten suchen musste. Gottfried sollte den Tresen mit Getränken versorgen, doch mit der Zeit bemerkte ich, dass er nicht glücklich mit der Arbeit war. Lieber wäre er wahrscheinlich doch Dekorateur geblieben, da hätte er nicht so viel zu tun gehabt wie jetzt.

Ich arbeitete weiter wie eine Wilde, machte auch noch einmal in der Woche den Einkauf für unser Geschäft und hatte mittlerweile viele Stammgäste. Sogar alle Jagdpächter aus der Umgebung feierten ihre Schüsseltreiben bei uns im Lokal. Wenn sie kamen, verdiente ich besonders viel Geld, aber die Nächte wurden dafür lang. Die Jäger freuten sich, dass sie nicht nur ein nettes Lokal, sondern auch eine schöne, fleißige Wirtin gefunden hatten, die ihnen die Erbsensuppe mit Würstchen bis in den Wald brachte und ihnen ein schönes Jagdfest ausrichtete. Gottfried gefiel es allerdings nicht besonders, wenn ständig die Jäger bei uns zu Gast waren. Deshalb sagte ich eines Tages zu ihm: »Geh du runter in die Wohnung, das hier ist nichts für dich, du bist ohne Grund zu eifersüchtig auf das ganze Jägervolk, ich will doch nur Geld für uns verdienen.«

Ich schöpfte alles aus, was mir unser Lokal einbringen konnte, empfing Busse mit Gästen, die sich zum Mittagessen angemeldet hatten, sowie Spaziergänger, die dieses Lokal und ihre Wirtin liebten. Doch mit Gottfried bekam ich jetzt öfter Streit, er klagte, ich hätte zu wenig Zeit für ihn. Natürlich hatte er Recht, oft ging es drunter und drüber, aber es gab auch ruhige Phasen, in denen wir nicht so viel Geld verdienten. Dann, so sagte ich ihm, hätten wir wieder Zeit füreinander. Doch das verstand er nicht.

Auch mein kleines Mädchen kam in dieser Zeit oft zu kurz. Als ich eines Tages aus meinem Küchenfenster schaute, sah ich, wie sie mit einer kleinen Seidenraupe auf der Erde vor der

Restauranttür saß und spielte. Sofort ließ ich alles stehen und liegen, ging zu ihr und spielte mit ihr und der kleinen Seidenraupe. Es tat mir wirklich sehr leid, dass ich so wenig Zeit für sie hatte. Da bat ich Gottfried, sich mehr um unser Kind zu kümmern, er hätte mehr Zeit als ich. Doch bald stellte ich fest, dass auch das nicht sein Ding war.

Was sollte ich nur mit meinem Mann machen? Für unser Geschäft war er ein Bremsklotz, und für unser Kind war er nicht wirklich da, weil er anderes in seinem Kopf hatte. Nein, keine anderen Frauen, auch ich hatte keine anderen Männer in meinem Kopf, denn dafür war keine Zeit. Ich wollte trotz der vielen männlichen Gäste auch keinen anderen haben. Gottfried war immer sehr lieb zu mir, doch ich wusste, nur mit Streicheln und im Bett Herumliegen konnten wir kein Geld verdienen. Das große Problem zwischen uns war: Ich wollte das Geschäft hochbringen, Geld verdienen, wenn die ruhige Zeit kam ohne Geldsorgen leben zu können. Ich verdiente mit meiner Arbeit, meinem guten Essen im Restaurant so viel, dass ich Gottfried sogar ein neues Auto schenken konnte. Damit hoffte ich, ihn etwas zu trösten. Ich kaufte auch noch in unserer Straße ein schönes, großes Baugrundstück um uns irgendwann einmal ein eigenes Haus darauf bauen zu können.

Doch leider bröckelte unsere Ehe immer mehr. Nur wenn wir beide uns in unserem Bett liebten, war alles in Ordnung. Aber was war das für eine Ehe? Was war das für ein Mann? Wenn auch die Zärtlichkeiten glücklich machten, die Küsse auf meinen Lippen brannten, wo aber war der Mann am Tag, der zu all dem gehörte? Wenn er im Geschäftsleben nicht einsetzbar war, wenn er nicht handwerklich einigermaßen etwas leisten konnte, wenn er nur hinter einem Tresen saß und Micky-Maus-Hefte las, wenn er noch nicht einmal ein Schräubchen in das Kinderfahrrädchen schrauben konnte, was nutzten dann alle heißen Küsse und Schmusereien?

Eine Autofahrt mit Folgen

So verging die Zeit und bald kam der Winter. In der Weihnachtszeit gab es bei mir oft Gänsebraten mit Rotkohl und Knödeln, was nicht nur die Jäger, sondern auch meine anderen Gäste gerne aßen. Meine Einkäufe machte ich immer noch selbst.

Eines Tages, kurz vor Weihnachten, fuhr ich mal wieder zum Einkaufen. Langsam fing es an zu schneien. Ich beeilte mich, damit es nicht zu spät würde, denn ab fünf Uhr abends wurde es meistens auch noch glatt auf den Straßen.

Ich hatte es gerade bis fünf Uhr geschafft, meine Einkäufe zu erledigen. Die Straßen schienen nicht glatt zu sein, doch weil es schon dunkel geworden war, konnte ich das nicht genau erkennen. Noch in Gedanken versunken, ob ich auch nichts vergessen hatte, bog ich gerade auf einem Hügel um eine Kurve, da sah ich plötzlich, wie mir ein Auto mit wahnsinniger Geschwindigkeit auf meiner Fahrbahn entgegenkam. Mir blieb nichts anderes übrig, als zu bremsen, um nicht mit dem herankommenden Auto zusammenzustoßen. Doch wusste ich nicht, dass auf dieser Straßenhöhe Glatteis war. Mein Auto drehte und drehte sich, es hatte plötzlich an Geschwindigkeit zugenommen. Vor lauter Aufregung konnte ich kaum sehen, was da vor mir alles passierte. Ich konnte gerade noch verhindern, dass ich nicht einen Abhang hinunter auf die Bahnschienen stürzte. Dann wickelte sich mein Auto plötzlich um einen Baum.

Es musste zu regnen begonnen haben, denn ich merkte, dass mein Gesicht ganz nass war. Wie aus weiter Ferne hörte ich irgendwann die Polizei rufen: »Wir kommen nicht an das Auto heran, es ist zu glatt, wir müssen hin kriechen!« Ich dachte: Was soll das denn, es regnet in Strömen und die kriechen zu meinem Auto? Ich wischte mir immer wieder mein Gesicht mit den Händen und den Ärmeln meiner Jacke ab, es hörte und hörte nicht auf zu regnen. Mit Hilfe der Polizei wurde ich schließlich aus meinem Auto befreit.

Dass ich einen Schock erlitten hatte, wusste ich noch nicht. Auch dass es nicht regnete, sondern dass es mein Blut war, welches mir in Strömen über mein Gesicht lief, nahm ich noch nicht wahr. Ein Auto kam vorbei, in dem ein Mann und eine Frau saßen, die sich hier angeblich gut auskannten. Sie waren Gäste in unserem Dorf, sie machten Urlaub, wie sie der Polizei sagten. Ein Polizist bat die beiden, mich doch zum nächsten Arzt zu fahren, und setzte mich in ihr Auto. Kaum saß ich darin, legten sie mir schnell eine Decke auf den Schoß, damit ich das Auto nicht mit Blut beschmierte. Beim Arzt angekommen, fragten sie mich: »Kannst du alleine hineingehen?« Als ich dann einfach ausstieg, folgte mir niemand.

Ich klingelte an der Haustür, eine alte Dame, es war die Mutter der Ärztin, öffnete mir. »Meine Tochter macht Hausbesuche«, sagte sie etwas entsetzt, als sie mich sah. »Darf ich mal telefonieren?«, fragte ich. Sie zeigte mit einer Hand auf eine lange Treppe, die nach oben führte. Das Telefon wäre dort oben, hörte ich sie aus der Ferne sagen. Langsam zog ich mich die lange Treppe nach oben und stand vor einem Telefon. Doch wusste ich plötzlich meine eigene Telefonnummer nicht mehr.

Ich trampelte von einem Fuß auf den anderen, hielt das Telefon fest in meiner Hand. Weil das aber nicht half, mich an unsere Nummer zu erinnern, biss ich mir vor Verzweiflung in die andere Hand, mit der ich mich an eine Wand gelehnt hatte, damit ich nicht umfiel. Durch den Schmerz, den ich mir zufügte, fiel mir plötzlich meine Telefonnummer doch ein.

»Gottfried«, sagte ich, als ich seine Stimme hörte, »ruf bitte sofort einen Krankenwagen an, ich hatte einen Unfall mit dem Auto, ich bin hier bei der Ärztin.« Sofort legte ich den Hörer wieder auf, ohne mir Gedanken zu machen, ob er mich auch verstanden hatte. Langsam, mich am Treppengeländer festhaltend, schleppte ich mich die Stufen wieder nach unten und wunderte mich dabei, dass es immer noch regnete. Am Ende der Treppe sah ich einen großen Spiegel. Entsetzen traf mich, mein Kopf hatte eine riesige Verletzung, meine Stirn klaffte zu beiden Seiten auseinander. Was ich für Regen gehalten hatte, war Blut, das mir unaufhaltsam über mein Gesicht und meinen Jacke rann.

Die Mutter der Ärztin stand immer noch unten an der Treppe, sie schien völlig verzweifelt. »Wo ist das Arztzimmer?«, fragte ich aufgeregt. Sie zeigte mit ihrer Hand auf einen Raum hinter mir und ich torkelte mühsam dorthin, suchte mit zitternden Händen nach Verbandsmaterial, bis ich eine große, breite Binde fand. Damit schleppte ich mich wieder vor den Spiegel im Flur, nahm beide Kopfhälften, drückte sie mit einer Hand zusammen und legte mir einen riesigen Kopfverband an. Kaum hatte ich das getan, war auch schon Gottfried mit dem Krankenwagen da.

Er hatte mich wirklich verstanden. Es wurde auch höchste Zeit, denn ich weiß nicht, wie lange ich mich noch auf den Beinen hätte halten können. Die Fahrt ins Krankenhaus schien nie zu enden, denn draußen war es so glatt, dass der Krankenwagen kaum fahren konnte. Mit lautem Tatütata und Blaulicht hielten wir endlich vor dem Krankenhaus an.

Im Krankenhaus kam Panik auf als man mich sah. Sofort kamen Schwestern mit einer Liege herangefahren. So schnell sie konnten, fuhren sie mich in den OP-Saal. Eine riesige helle Lampe hing über mir, ein sehr freundlicher Arzt machte sich an meinem Verband zu schaffen. »Wer hat Ihnen denn diesen Verband angelegt?« Als ich ihm sagte, dass ich es selbst war, wollte er es kaum glauben, denn das musste wohl das Beste gewesen sein, was ich hätte tun können. Da hörte ich den Arzt zu einer Schwester sagen: »Wir müssen eine Narkose machen, ich muss das hier nähen.« Als ich das hörte, sagte ich: »Nein, nein, ich muss wieder arbeiten, Weihnachten und Silvester stehen vor der Tür, ich habe viele Anmeldungen zum Gänseessen.« Ich hörte den Arzt lachen, sagte aber sofort: »Da brauchen Sie nicht zu lachen, bitte nähen Sie mir alles, was zu nähen ist, aber nicht mit einer Narkose, ich muss gleich wieder nach Hause.« Der Arzt stand ratlos da. »Gut«, sagte er in die Stille hinein, »wir versuchen es.« Dann plötzlich wollte er mir meine Haare an meiner Stirn abrasieren. »Nein, Herr Doktor, das geht auch nicht, ich muss doch gut aussehen, ich habe ein Restaurant.« Wieder hörte ich ihn lachen. »Na gut«, sagte er, »ich werde es so gut machen, wie es geht, aber etwas müssen die Haare weg.« Er nähte mir meine Stirn, ich ließ es geschehen.

Ich bekam außerdem noch einen riesigen Verband um meinen Körper. »Was soll das denn noch?«, fragte ich. »Sie haben sich einige Rippen angebrochen, die müssen in ein Korsett, das haben wir beim Röntgen gesehen.« »Was? Beim Röntgen?«, fragte ich. »Da war ich doch noch nicht.« Wieder dieses nette Lachen: »Da können Sie mal sehen, was Ihnen alles entgangen ist.«

Mir aber war jetzt alles egal. Nur eines war wichtig, dass ich nicht im Krankenhaus bleiben musste. Das Nähen an meinem Kopf hatte ich gut überstanden, es hatte noch nicht einmal wehgetan. »Sie wissen«, sagte der Arzt besorgt, »dass ich Sie eigentlich nicht gehen lassen darf, und sicher sind Sie auch bald wieder bei uns, denn Ihre Schmerzen werden Sie wieder zu mir bringen.« Jetzt bestand der nette Arzt noch darauf, unsere Hausärztin anzurufen, die mittlerweile auch wieder in ihrer Praxis war. Von diesem Unfall hätte sie schon gehört, meinte sie. Nun bekam sie den Auftrag, mir jeden Tag Schmerzspritzen zu geben.

Gottfried stützte mich, hielt mich fest in seinem Arm. Wir

fuhren mit unserem Auto nach Hause. Ich legte mich sofort in mein Bett. Durch die vielen Spritzen im Krankenhaus schlief ich auch schnell ein.

Die Ärztin kam wirklich jeden Tag, gab mir Spritzen, die ihr der Arzt im Krankenhaus aufgetragen hatte, sie bewunderte meinen Mut. Es tat ihr leid, dass sie nicht in ihrer Praxis gewesen war, als ich den Unfall hatte.

Natürlich musste ich nun dafür sorgen, dass unser Restaurant trotzdem weiterlief. Mittags erledigte ich, so gut es ging, in der Küche das Mittagsgeschäft. Gottfried hatte ich ins Dorf geschickt, um mir eine große, dunkle Sonnenbrille zu besorgen. Mein Kopf, auch mein Gesicht waren so angeschwollen, dass von meinen Augen nichts mehr zu sehen war, ich sah aus wie ein Affenmensch. Das Einzige, was verschont geblieben war, war mein Mund. Den schminkte ich sehr schön, damit die Gäste vom Rest meines Kopfes abgelenkt wurden und bei meinem Anblick nicht in Ohnmacht fielen. Ein Sprechgerät hatte mir Gottfried auch gekauft, das vom Schlafzimmer bis zur Restaurantküche reichte. So konnte ich Bescheid sagen, was alles erledigt werden sollte, bevor ich kam, um das Essen für die Gäste fertig zu machen.

Nun musste sich unser Mädchen, das für die Küche angestellt war, mit ihrem dicken Hintern auch ein bisschen mehr bewegen, das tat ihrer Figur sehr gut. Auch Gottfried wurde mehr gefordert. Im Restaurant und für unsere Tochter war er endlich einmal einsetzbar.

Nach ein paar Tagen stand meine Mama an meinem Bett, schaute mich entsetzt an und sagte mit ihrem speziellen Taktgefühl: »Ach, mein armes Kind, wirst du denn so entstellt bleiben mit deinem Gesicht?« »Ach, Mama, mach dir keine Sorgen«, sagte ich heiter, »wenn mein Gesicht so entstellt bleibt, werde ich wissen, was zu tun ist, dann werde ich nicht mehr leben wollen.« Doch um das Ganze etwas abzuschwächen, sagte ich: »Mama, lass doch erst mal ein bisschen Zeit vergehen, dann sehen wir weiter.« Doch helfen wollte sie mir nicht, sie war schnell wieder gegangen.

Bald löste ich den Verband von meinem Kopf, weil ein Heilpraktiker unter unseren Gästen sagte, dass alles besser heile ohne Verband. Natürlich sah ich jetzt aus wie Draculas Rache, als hätte mir jemand den Schädel gespalten. Aber meine Gäste gewöhnten sich trotz allem daran.

Nur Gottfried erschrak, als er meinen Kopf das erste Mal ohne den Verband sah. Es war eine Wunde von den Augenbrauen über die Stirn hinauf bis weit in meine Haare hinein. Was das Ganze noch hässlicher machte, waren die Nähte mit den vielen Einstichen. Die Salbe, die mir der Heilpraktiker empfohlen hatte, ließ alles noch schlimmer aussehen, denn sie war schwarz und färbte sogar die Fäden, mit denen alles zusammengehalten wurde.

Auch ein Schönheitschirurg war bei uns zu Gast. Als er mich sah, meinte er, das müsse alles noch einmal aufgeschnitten und schöner genäht werden. Doch ich ließ mich nicht von ihm beeinflussen, ließ es erst einmal, wie es war. Und das war gut so, bis heute war noch kein Schönheitschirurg an meiner Narbe, es ist alles gut verheilt, nur wenn die Sonne in mein Gesicht scheint, kann man noch eine feine Naht sehen. Und wie sagt man doch: Einen schönen Menschen entstellt nichts. Mit meiner noch angeschwollenen Narbe wurde ich sogar Schönheitskönigin von Waldeck!

So viel Mühe ich mir auch gab, meine Ehe wurde leider nicht besser. Wir stritten uns immer wieder um die gleichen Dinge. Ich wollte weiterkommen in unserem gemeinsamen Leben, doch Gottfried blieb ein totaler Bremsklotz. Er wollte lieber mit mir schmusen, mit mir alleine sein, aber unsere vielen Gäste störten ihn dabei. Das sagte er ständig.

Ich war nahe daran, mich scheiden zu lassen, so konnte es

nicht weitergehen, obwohl es mir sehr wehtat, was da gerade mit uns geschah. Hatte ich ihn doch geliebt, ihn mit Roy Black verglichen, denn so sah er immer noch aus.

Gerüchte über Gerüchte

Eines Tages erschrak ich, als meine Restauranttüre mit einem Knall aufflog, so war noch nie ein Gast in unser Lokal gekommen. Ein nicht sehr großer Mann mit silbergrauem Vollbart, leicht grau meliertem Haar, schoss im wahrsten Sinne auf unseren Tresen zu.

Mit Schwung setzte er sich auf einen der Barstühle. Kaum saß er, hörte ich ihn sagen: »Bring mir Sekt und dir auch.« Ich war empört über diese Dreistigkeit, fragte ihn ganz ruhig: »Sind wir beide schon einmal zusammen die Treppen heruntergefallen, dass Sie mich einfach duzen?« Langsam, aber böse sprach ich weiter: »Ich bin es auch nicht gewohnt, dass man mir sagt, was ich trinken soll.«

Sofort entschuldigte er sich dafür und fragte höflich: »Würden Sie mit mir ein Glas Sekt trinken?« Obwohl ich selten Alkohol trank, sagte ich jetzt ja, denn dieser Mensch, der da vor mir saß, interessierte mich plötzlich. Wo mochte der wohl herkommen, ging es mir durch den Kopf, wer hatte den losgelassen?

Wir unterhielten uns über belangloses Zeug, alle Gäste, die sich dem Tresen näherten, wurden ebenfalls von ihm zum Sekt eingeladen. Nun stellten wir uns doch einander vor und ich erlaubte ihm, mich mit meinem Vornamen anzusprechen. »Ich heiße Stefan«, sagte er sofort. Nun erfuhr ich auch, dass er Kapitän auf großen Frachtschiffen sei, dass er monatelang auf See fahre, und wenn er und seine Mannschaft dann wieder an Land gingen, seien alle Mädchen in den Häfen vor ihnen nicht mehr sicher, der Alkohol fließe aber dann auch in Strömen.

Ich bemerkte an seinen oft dreisten Worten, dass ich ihn hin und wieder zur Ordnung rufen musste. Er vergriff sich im Ton, ich ermahnte ihn, dass wir hier keine Hafenkneipe, sondern ein Ausflugslokal mit ganz normalen Menschen seien.

Der wild gewordene Seemann entschuldigte sich aber immer sofort für sein Benehmen. Er wusste genau, was sich gehörte. Ich hatte das Gefühl, er wollte mich provozieren und prüfen, wie weit er gehen könne.

Nun erfuhr ich auch von ihm, dass sich manche Frauen im Dorf über mich ärgerten, weil ihre Männer zu viel Zeit an meinem Tresen verbrachten, sie mir aus diesem Grund aber einen schlechten Ruf anhängten. Stefan wollte nun herausfinden, was an diesen Gerüchten über mich richtig war. Doch was er jetzt sagte, damit hätte ich nie gerechnet; es kam tatsächlich eine sehr unverschämte Frage: »Sag' mal, was kostet es, wenn man mit dir ins Bett gehen will?«

Zuerst war ich über seine Worte geschockt, holte tief Luft, um jetzt nicht ausfallend zu werden. Ganz ruhig antwortete ich: »Erstens kann mich keiner bezahlen, selbst so ein wilder Kerl wie Sie nicht. Zweitens müssen Sie auch noch eine Menge lernen, denn es gibt Frauen, die verheiratet und sogar treu sind. So, und nun verlassen Sie mein Lokal, sonst werfe ich Sie persönlich raus.« Ich war sehr verärgert und sprach weiter: »Die Polizei kann ich aber auch rufen, wenn Ihnen das lieber wäre, dann ist der Führerschein direkt weg. Dann brauche ich mich über solche Gäste nicht mehr zu ärgern«. Sofort stand er auf und verließ fluchend mein Lokal.

Aber es sollte noch mehr verrückte Gäste geben. Eines Abends wollte ich gerade in unsere Wohnung gehen und auf diesem Weg die Restauranttür verschließen, doch es kam anders, als ich es mir gedacht hatte. Vor der Tür unserer Gaststätte standen plötzlich drei Männer. »Wollen Sie schon schließen?«, fragten sie mich freundlich. »Oder dürfen wir noch einen Absacker bei Ihnen trinken?« Was sollte ich da machen? Ich bat sie herein, obwohl ich keine Lust hatte, mein Lokal noch einmal zu öffnen. Doch zwei der Männer kannte ich, es waren Stammgäste aus einem benachbarten Dorf, nur einen von ihnen hatte ich noch nie gesehen. Also ließ ich sie alle reinkommen.

Die Stühle in unserem Lokal hatte ich schon hochgestellt, damit ich am Morgen besser putzen konnte. Aber das machte ihnen nichts aus, sie stellten an einem Tisch die Stühle wieder herunter und bestellten Schnaps und Bier. Auch ich sollte mittrinken. Sie fragten, was ich trinken möchte, um mit ihnen anzustoßen. Ich tat so, als tränke ich mit ihnen, denn sie sollten wenigstens ein bisschen Geld bei mir lassen, wenn ich schon für sie das Lokal wieder aufgeschlossen hatte und sie mir meinen Schlaf raubten. Doch immer wenn mich keiner beobachtete, goss ich meine Getränke in einen Blumentopf, in dem künstliche Blumen steckten. Gut, dass das keiner bemerkte, so wurden die drei immer betrunkener, ich aber blieb nüchtern.

Die Musik hatte ich abgestellt, als ich das Lokal schließen wollte. Doch plötzlich stand der Fremde mit dem Namen Sebastian auf, er wollte mit mir tanzen. »Stell doch die Musik bitte nur für einen Tanz noch einmal an«, bat er mich. Um ihn nicht zu verärgern, kam ich seinem Wunsch nach, ich machte das Radio an und zu meinem Unglück ertönte plötzlich ruhige, schöne Musik. Sebastian war ein großer, stattlicher Mann, er tanzte so gerade, als hätte er einen Stock verschluckt. Ach, wäre das doch bald zu Ende dachte ich, aber in dem Moment stellte Sebastian diese Frage: »Ich würde Sie gerne heute Nacht entführen, kommen Sie mit mir?«

Nein, nicht schon wieder so ein Idiot, ging es mir durch den Kopf, sind denn alle verrückt geworden? Oder machten die Frauen im Dorf mir mein Leben so schwer? Was bildete der sich eigentlich ein?

Aber wie hatte ich es doch gelernt: Immer erst nachdenken, dann sprechen. Also war eine Pause entstanden, bis ich seine Frage beantwortete: »Sie haben doch sicher gehört, dass ich verheiratet bin?« Ich erwartete jetzt keine Antwort und sprach weiter: »Also ich bin nicht nur verheiratet, sondern auch eine treue Ehefrau, oder hat man Ihnen das nicht gesagt?« Ich beendete den Tanz und hatte für heute mal wieder die Nase voll. Hatte ich nicht vor kurzem erst so einen Verrückten in unserem Lokal gelassen?

Als die drei endlich gingen, schloss ich schnell die Tür hinter ihnen und dachte noch: Arrogantes Arschloch, was bildet der sich eigentlich ein? Dass er jede Frau einfach ins Bett kriegt? Da war er aber bei mir an der falschen Adresse, ich betrog doch meinen Ehemann nicht, er hätte es nicht verdient, auch wenn wir uns oft stritten.

Als ich am nächsten Morgen, noch müde vom letzten Abend, unsere Restauranttür öffnete, sah ich zuerst einen Blumenstrauß, dann aber einen Mann dahinter. Es war der Seemann Stefan, der zu meiner Überraschung nüchtern war. Er entschuldigte sich für sein Benehmen und erzählte, was er im Dorf über mich erfahren hatte.

Ja, ich wusste längst, dass ich von den Frauen im Dorf nichts Gutes zu erwarten hatte, Stefan bestätigte meine Vermutungen auf ein Neues. Was mich aber mittlerweile nicht mehr besonders störte, denn ändern konnte ich es nicht. Wer ich bin, wusste ich am besten selbst.

Von Stefan erfuhr ich mit der Zeit viele abenteuerliche Geschichten. Er erzählte, dass er schon mit 16 Jahren auf Unterseebooten gefahren war, aber heute Kapitän großer Frachtschiffe sei. Dass er sich gerade in diesem Dorf aufhielt, war für mich erstaunlich, denn hier gab es keinen Hafen, keine Schiffe, auch die Huren am Kai gab es hier nicht, nur Berge und kleine Seen.

Doch jetzt erfuhr ich, dass Stefan eine Schwester hatte, die hier im Dorf wohnte. Er war oft bei ihr zu Besuch wenn es seine Zeit zuließ, manchmal sogar einen ganzen Monat wenn er Landurlaub hatte.

Von nun an kam Stefan täglich zu uns ins Restaurant. Seine Geschichten faszinierten mich immer aufs Neue. Ärger machte er keinen mehr, er benahm sich mir gegenüber sehr höflich, küsste mir hin und wieder zur Begrüßung die Hand. Doch es kam die Zeit, als Stefan wieder zur See fahren musste, sodass wir uns dann für ein halbes Jahr nicht mehr sehen konnten.

Ich hatte auf jeden Fall feststellen können, dass hinter dem grauen Tier Seemann ein guter Mensch steckte. Aber nach einiger Zeit hatte ich ihn dann auch wieder vergessen.

Das Ende einer Ehe

Ich bat eines Tages Gottfried, sich von mir scheiden zu lassen. Nein, kein anderer Mann, keine andere Frau war schuld an dem, was nun geschah. Gottfried war und blieb, so oft ich ihn auch bat, mit mir gemeinsam das Geschäft zu führen, eine Bremse des Weiterkommens.

Für mich war das Leben kein Spiel, was auf Gottfried leider nicht zutraf. Ich hatte den Eindruck, er wäre lieber Dekorateur geblieben, wäre lieber mit seinen nackten Schaufensterpuppen gemeinsam mit seinen Kollegen durch den Laden von Horten gezogen. Sie hatten sich immer einen Spaß mit diesen Puppen gemacht, was ich nie verstehen konnte. Ich aber hatte Verantwortung für mein Kind, das auf keinen Fall für immer ein Kneipenkind bleiben sollte. Es sollte nicht, so wie ich, sein gutes Aussehen als Kapital nutzen müssen, sondern etwas lernen. Das war leider mir durch den Krieg und das Gefangenenlager in Russland versagt geblieben.

Eines Tages sagte ich zu Gottfried, dass er sich doch schuldig scheiden lassen sollte. Denn damals galt noch das Schuldprinzip im Scheidungsrecht. Ich hatte Angst, wenn ich die Schuld auf mich nähme, man würde mir meine kleine Tochter wegnehmen. Gottfried ging darauf ein. Doch dafür versprach ich ihm, dass er alles mitnehmen könne, was er haben wolle. Das tat er auch. Ich aber behielt meine kleine Tochter. Auch unser Baugrundstück, auf dem wir einmal unser gemeinsames Haus bauen wollten, nahm er an sich. Nur unser Restaurant, das wollte er nicht haben.

Ich wollte das Restaurant jedoch nicht mehr alleine weiterführen. Hatte ich einfach nur Angst? Oder fürchtete ich mich vor den vielen Männern, die mich sicher nicht in Ruhe gelassen hätten? Bei dem großen Durcheinander wusste ich damals nicht genau, was richtig war. Denn alles lag auf meinen Schultern und ich fragte mich, ob mich vielleicht sogar der Mut verlassen hatte.

Aber nein, ich regelte mit aller Kraft alles, was zu regeln war. Mein Mann war mir auch jetzt keine Hilfe, er überließ mir alles. Im Grunde genommen war mir das aber egal, Hauptsache, ich konnte mein Kind behalten, alles andere würde ich schon schaffen.

Schließlich wurden wir geschieden, Gottfried hatte meiner Bitte nachgegeben. Als wir aus dem Gerichtsaal kamen, dachte ich: Komisch, ging es ihm jetzt nur um das Geld? Gibt man für Geld sein Kind auf? Oder war es die Liebe zu mir, weswegen er zu allem ja gesagt hatte?

Wir gingen noch zusammen einen Kaffee trinken, doch dann trennten sich unsere Wege. Es war ein schlechtes Gefühl in meinem Magen, als ich ihn gehen sah. Hatte ich meinem Kind nun den Vater genommen? Nein, dachte ich, wenn er sein Kind liebt, werden wir ihn wiedersehen.

Im Bierstübchen

Mein Restaurant gab ich nach der Scheidung auf. Ich pachtete in einem anderen Ort im Sauerland, wo es mehr Kurgäste gab, ein kleines Restaurant mit dem Namen »Bierstübchen«.

Brigitte brachte ich nun immer zu Fuß in ihren neuen Kindergarten, denn ein Auto konnten wir uns nicht leisten. Unser Auto hatte ihr Vater mitgenommen, aber das war uns egal, denn wir hatten ja uns. Brigitte freute sich sehr, dass ihre Mama sie jetzt immer in den Kindergarten brachte, und ich freute mich, diese Zeit mit ihr zu verbringen, es machte uns beiden viel Spaß. Eines Tages sagte ich zu Brigitte: »Wir werden beide sparen und uns ein neues Auto kaufen.« Das schien ihr aber nicht besonders zu gefallen. Sie lachte mit mir, wenn wir in den Kindergarten gingen, und freute sich jeden Tag darüber, dass Mama bei ihr war. Noch nie hatten wir so viel Zeit miteinander verbringen können. Früher war immer etwas anderes wichtiger.

Das »Bierstübchen« war ein nettes kleines Lokal. Wenn man es betrat, sah man hinten am Ende des Lokals einen großen Tresen. Sieben Holztische standen im ganzen Raum verteilt. Alle waren von einer kleinen Holzwand getrennt, über die man zwar die Nachbargäste sehen konnte, aber trotzdem abgeschirmt war. Neben der Eingangstür befand sich eine große Glasscheibe, durch die man von außen gut in das Lokal sehen konnte. Eine kleine Restaurantküche gab es ebenfalls, in der ich Kleinigkeiten zu essen zubereiten konnte. Auf dem Tresen stand immer ein großes Glas mit Soleiern, Senf, Essig und Öl. Dazu kleine Teller, auf denen sich die Gäste die Eier selbst anrichten konnten. Natürlich stand da auch eine Glasglocke mit frisch gebratenen Frikadellen. Noch nie in meinem Leben hatte ich so viele Frikadellen braten müssen wie hier.

Wenn man aus meinem Lokal heraustrat, sah man links vier breite Stufen die zu einem Haus führten, das zum Lokal gehörte. Es war früher ein Pensionshaus, in dem sich nun unsere neue Wohnung befand. Das war im Moment nicht besonders schön, aber ich brauchte nicht mit dem Auto zu fahren, um in mein Lokal zu kommen. Es war mir sehr wichtig, dass Brigitte in meiner Nähe war, wenn ich arbeitete. Einen Fehler hatte unsere Wohnung allerdings: Da das Haus früher, wie gesagt, ein Pensionshaus war, gab es keine abgeschlossenen Wohnungen, sondern nur einzelne Zimmer. Brigitte und ich wohnten auf der oberen Etage. Es war nicht optimal, doch das war mir egal, denn ich war hauptsächlich nur zum Schlafen dort, alles andere, wie Frühstücken und Essen, machten wir im Lokal. Es war, so wie ich hoffte, auch nur erst einmal eine Übergangslösung, bis ich wieder Geld verdient hatte.

Im Kinderzimmer hatte ich eine Anlage installiert. Wenn Brigitte in ihrem Zimmer war oder abends schlafen ging, so konnten wir miteinander sprechen. Ich wusste dann, was sie gerade machte.

Am Tag der Eröffnung meines »Bauernstübchens« war Brigitte bei meiner Mama. Ich hatte mich besonders hübsch gemacht und trug ein schönes handbedrucktes Dirndl, das mir Mama einmal geschenkt hatte. Meine langen Haare waren kunstvoll mit kleinen Schmetterlingen nach oben gesteckt. So passte ich als Wirtin nun sehr gut zu meinem »Bierstübchen«.

Ach du lieber Himmel, war mein Lokal zur Einweihung voll! So hatte ich es mir nicht vorgestellt. Sicher waren auch manche aus dem Dorf neugierig, ob ich das alles alleine schaffen würde. Mein Bierfass war so schnell leer, dass ich es kaum glauben konnte. Ich musste tatsächlich in den Keller, um ein neues Fass anzustechen. Das gefiel mir jetzt nicht. Ich hoffte, dass alles gut ginge mit dem neuen Fass. Ein paar von meinen jungen Gästen, die schon in guter Stimmung waren, wollten inzwischen alle Gäste bedienen, bis ich wieder aus dem Keller zurückkommen würde.

Da stand ich nun vor meinem Bierfass, viel Ahnung vom Bieranstechen hatte ich nicht. »Es wird schon gut gehen«, sagte ich mir. Doch als ich mich dann über mein Fass beugte, es anstechen wollte, ging es leider daneben. Von oben bis unten war ich mit Bier besprizt! Die Haare klebten an meinem Gesicht, mein schönes Dirndl war voller Bier, und so roch ich auch.

Das Gelächter war groß, als ich wieder in mein Lokal kam. Aber es hatte keinen weiter gestört, im Gegenteil, alle waren freundlich und meinten, das sei eben Anfängerpech.

Nicht nur am Eröffnungstag, sondern alle Tage war mein Lokal voll mit Gästen. Natürlich hatten meine Dirndl, die ich trug, ein schönes Dekolletee, das ließ die Männer immer wieder zu mir kommen. Da ich nicht verheiratet war, füllten mir hauptsächlich die männlichen Gäste meine Kasse.

Mich freute das sehr, meine Kasse war oft so voll, dass ich es kaum glauben konnte. Das Mädchen aus meinem früheren Ausflugslokal hatte ich mitgenommen, sie sollte nun auf Brigitte aufpassen und sie auch in den Kindergarten bringen. Ich war leider oft sehr müde, denn es gab bei mir keine Polizeistunde, so konnte ich mein Kind morgens nicht mehr selbst in den Kindergarten bringen. Die schöne Zeit, als wir diesen Weg immer zusammen machten, war viel zu schnell vergangen. Einen Trost hatte ich: Brigitte ging gerne in ihren Kindergarten und hatte zu Hause ja nun auch ein eigenes Kindermädchen, das mit ihr spielte und spazieren ging.

Ja, ich war oft sehr müde, aber das war ich ja gewöhnt von meinem Elternhaus, es machte mir nicht viel aus. Doch jeden Morgen schloss ich mein Lokal immer pünktlich auf. Dass alles so ruhig und ohne Probleme weitergehen sollte, hoffte ich sehr, denn ich wagte nicht daran zu denken, irgendwann Feinde zu haben.

Aber wie in meinem Ausflugslokal machte ich auch hier meine Umsätze nur mit den Männern aus dem Dorf und den Kurgästen. Wieder einmal kamen die Männer zu mir, weil ich eine Wirtin und kein Wirt war. Zu gerne hätte ich auch die Ehefrauen öfter in meinem Lokal gesehen, dann wäre für mich so manches einfacher gewesen. Aber die Männer brachten sie einfach nicht mit, so war der Ärger wieder vorprogrammiert.

Tatsächlich, nach einiger Zeit merkte ich, dass mir auch hier von den Dorfbewohnern das Leben schwer gemacht wurde. Denn selbst in den ruhigen Zeiten, wenn in anderen Lokalen gähnende Leere herrschte, war mein Bierstübchen immer voll, während in den Hotel-gaststätten die Gäste fehlten.

Das aber gefiel so manch einem nicht, schon gar nicht den Frauen, deren Männer in der ruhigen Saison an meinem Tresen standen und ihr Bier tranken. So ergab es sich, dass ich eines Tages die Polizei in meiner Gaststätte hatte.

»Na, Mädchen«, sagten sie freundlich, »wie sieht es bei dir aus mit der Polizeistunde? Du machst immer zu spät die Kneipe zu, es fühlen sich manche Leute im Dorf dadurch gestört.« Da ich den Polizisten gefiel, sie Mitleid mit mir hatten, sagten sie: »Weißt du, wie wir das machen werden? Wir kommen bei dir erst vorbei, wenn wir das ganze Dorf kontrolliert haben, dann klopfen wir hinten an deine Küchentüre und du schließt vorne ab.«

So geschah es auch. Immer wenn die Polizisten lachend ihre Köpfe in mein Lokal steckten, schloss ich vorne die Tür zu. Meine Gäste durften dann noch eine Weile sitzen bleiben. Später ließ ich sie hinten durch meine Küche hinaus. Manchmal setzten sich die Polizisten noch für einen Plausch in meine Küche, machten eine kleine Brotzeit, sagten »Bis morgen« und verschwanden bis zum nächsten Tag.

Langsam wurde es wieder Winter. Brigitte konnte ihren Heimweg vom Kindergarten mittlerweile schon alleine gehen.

Sie musste aber immer auf der anderen Straßenseite stehen bleiben, bis ich sie holte oder unser Mädchen sie herüberbrachte.

Brigittes Papa besuchte mich hin und wieder in meinem Lokal. Dass er sich dabei nach seinem Kind erkundigte, war nur so nebenbei, er wollte nur mich sehen, denn die Trennung hatte er noch immer nicht überwunden. Ich hörte, dass er nun wieder in Düsseldorf bei seinen Eltern wohnte. Seine Eltern kamen auch öfter zu mir, um ihr Enkelkind zu sehen. Sie fuhren mit ihr in den Tiergarten, und gingen viel mit ihr spazieren und brachten sie dann glücklich wieder zurück.

Eines Tages stand ich wie immer in meiner Kneipe, mein Lokal füllte sich allmählich. Plötzlich öffnete sich die Tür, ein Mann stolperte herein, sein Gesicht war mit Schmutz beschmiert. Als er auf meinen Tresen zukam, sah ich, dass es mein geschiedener Mann war. Ich lachte, als ich ihn sah, aber er blieb ernst. »Gottfried, was ist passiert?«, fragte ich sofort.

Nun erfuhr ich, dass er einen Autounfall hatte, und zwar nicht weit von meinem Lokal entfernt, in der letzten Kurve vor unserem Ort. Als er alles erzählt hatte, gab ich ihm meinen Hausschlüssel und schickte ihn nach oben in meine Wohnung. »Leg dich zu deiner Tochter ins Zimmer, dort steht ein Sofa, ich werde alles für dich regeln.«

Ja, wieder einmal war ich es, die alles regeln musste, würde er denn nie erwachsen werden? Ein paar Freunde, die gerade an meinem Tresen standen, alles mit angehört hatten, wollten mir helfen. Wir fuhren mit Schaufeln, die einer meiner Helfer im Auto hatte, an die Unfallstelle und sahen das Auto auf dem Kopf an einer Böschung liegen. Auch zwei Begrenzungspfeiler lagen auf der Straße, die er mit dem Auto umgefahren hatte. Die Männer gruben die Pfeiler wieder ein und drehten mit allen Kräften das Auto um. Es fiel tatsächlich wieder auf die Räder und auf die Fahrbahn.

Da der Schlüssel steckte, versuchte ich das Auto anzulassen.

Und tatsächlich, der Motor lief, ich konnte es fahren. Gemeinsam brachten wir das Auto in die Halle eines Freundes, in der sonst sein Trecker stand. Als wir dann wieder in meinem Lokal ankamen, war alles in bester Ordnung, denn einer meiner Gäste hatte meine Arbeit hinter dem Tresen übernommen. Ja, hier war alles wie in einer großen Familie, die Männer in meiner Kneipe halfen mir alle gerne, denn jeder buhlte um meine Zuneigung.

Als Gottfried am nächsten Morgen runter zum Frühstück kam, ging es ihm wieder gut. Er erzählte nun alles ganz genau, was am Tag zuvor passiert war. Aufmerksam hörte ich ihm zu, doch dann legte ich ihm die Tageszeitung hin. In einem Artikel auf der ersten Seite stand: »*Mysteri*öser Unfall. Arzt, Polizei, Krankenwagen, alle waren an der Unfallstelle, doch kein Auto, auch kein Fahrer wa*ren zu sehen.*« Gottfried las den Bericht, in dem es weiter hieß, es hätte Gäste gegeben, die das Auto am Berg hatten liegen sehen, und wer etwas darüber wisse, möchte sich bitte melden.

Nun war für einen Moment Stille zwischen uns, doch dann sagte ich: »Du musst dich bei der Polizei melden, sag' ihnen einfach, du hättest unter Schock gestanden und erst heute Morgen von deiner Frau erfahren, dass sie das Auto dort weggeholt hätte.« Gottfried meldete sich tatsächlich per Telefon bei der Polizei.

Ich hatte diesen Unfall schon vergessen, als eines Tages ein Brief von der Polizei kam. Gottfried und ich wurden beide zu einem Termin bei Gericht geladen. Gottfried hatte Gott sei Dank meinen Rat befolgt, bei der Polizei nicht zu viel zu erzählen, weil er ja angegeben hatte, nach dem Unfall unter Schock gestanden zu haben.

Nun saß ich mit einem Polizeibeamten, den ich nicht kannte, im Warteraum des Gerichts. Wir warteten auf unseren Aufruf. Ich war neugierig, was der Polizist aussagen würde, und verwickelte ihn in ein Gespräch. Wie immer hatte ich mich sehr nett angezogen und wusste genau: Wenn hier die Männerwelt herrschte, würde ich gewinnen. Plötzlich sagte ich zu dem Polizisten: »Es war so nass auf den Straßen, als der Unfall passierte, die vielen Blätter von den Bäumen, die auf der Straße lagen, machten die Straße sehr rutschig.« »Ach was«, erwiderte er, »es war doch trocken.« Schnell sagte ich: »Das ist aber eigenartig, ich habe das Unfallauto dort weggeholt und bin dabei auch auf den Blättern ausgerutscht. Mein armer Gottfried«, plapperte ich schnell weiter, sodass der Polizist keine Zeit hatte, etwas zu sagen, »gut, dass meinem geschiedenen Mann bei dem Straßenzustand nicht mehr passiert ist.« Und meinen engen Rock zog ich bei diesen Worten noch ein bisschen mehr über meine Knie. Ich sah den Polizisten dabei mit einer traurigen Miene an.

In diesem Moment öffnete sich plötzlich die große Tür zum Gerichtssaal, in dem ich meinen geschiedenen Mann traurig sitzen sah. Der Polizist und ich wurden beide hineingerufen.

»Sie haben gesagt, die Straße wäre trocken gewesen, als der Unfall passierte. Ist das korrekt?«, wurde der Polizist gefragt. Der schaute in mein ernstes Gesicht, holte tief Luft und ich hörte, wie er antwortete: »Wenn ich so richtig überlege, kann ich es nicht mehr so genau sagen, es kann auch nass gewesen sein.«

»Und nun zu Ihnen«, sagte der Richter und wandte sich an mich, »Sie haben das Auto von der Straße entfernt, hat man Ihnen dabei geholfen?« Ich antwortete mit »Ja«. »Sie wissen, dass Sie sich strafbar gemacht haben?« »Nein«, erwiderte ich, »das Auto hatte nichts beschädigt, niemandem ist etwas passiert, keiner ist zu Schaden gekommen, das hätte jedem anderen auch passieren können, bei den nassen Blättern auf der Straße.« So redete ich immer weiter.

Nun aber kam die Frage, auf die ich schon die ganze Zeit ge-

wartet hatte: »Hat Ihr geschiedener Mann Alkohol getrunken?«
Ich ließ eine längere Pause vergehen, bevor ich antwortete, doch dann kamen meine Worte wie aus der Pistole geschossen: »Herr Richter, hätte mein Mann in unserer Ehe nur einmal Alkohol getrunken, wären wir heute noch verheiratet.« Es ging ein Lächeln über alle Gesichter, dann kamen die Worte an meinen Mann: »Sie können Ihrer geschiedenen Frau danken.«

Gottfried wurde freigesprochen. Nach der Verhandlung trennten sich unsere Wege. Ich fuhr wieder zurück zu meinem »Bierstübchen«, er zu seinen Eltern.

Mein wilder Seemann

Alles lief in meiner Kneipe wie immer weiter, Gottfrieds Unfall hatte ich auch bald vergessen. Eines Tages, ich konnte es kaum glauben, war Stefan, der wilde Seemann, plötzlich wieder aufgetaucht und wurde fortan mein ständiger Gast. Jetzt betrank er sich aber nicht mehr so wie damals, sondern war liebenswürdig und hilfsbereit. Nach einiger Zeit machte er meine Buchführung und half mir, wo er konnte. Auch mein kleines Mädchen hatte ihn in ihr Herzchen geschlossen, den guten Onkel Stefan. Ich glaube, sie hatten sich beide sehr gern, denn Stefan verwöhnte sie sehr.

Eines Tages sagte er freundlich zu mir: »Sei nicht böse, wenn ich nicht so oft in dein Lokal komme, ich kann die geilen Blicke deiner männlichen Gäste nicht mehr mit ansehen.« Von nun an richtete ich einen Ruhetag in der Woche ein, an dem wir drei gemeinsam etwas unternahmen. Ich fühlte, dass Stefan in mich sehr verliebt war. Mir war das nicht unangenehm, denn auch ich hatte ihn gern.

So wild, wie er sich damals in meinem Ausflugslokal benommen hatte, so leidenschaftlich war er nun als Liebhaber. Bei jeder Liebesnacht hatte ich das Gefühl, er musste alles nachholen, was er auf See versäumt hatte. Er hatte die Liebe an Land zu einer einzigen Frau entdeckt, für ihn gab es von nun an auch keine Mädchen an den Häfen mehr. Stefan tat alles, um mich glücklich zu machen. Unsere Nächte waren voller Leidenschaft, seine heißen Küsse bedeckten meinen ganzen Körper, seine Leidenschaft und Sinnlichkeit erfüllten unser Zusammen- leben.

Noch nie hatte ich einen Mann kennengelernt, dem jeder Zentimeter an meinem Körper gefiel, und es riss ihn jedes Mal erneut zu neuen Leidenschaften hin. Keine Frau hätte glücklicher sein können als ich. Es war die perfekte Leidenschaft in seinen Armen, ich konnte mich gehenlassen, einfach nur fühlen, was er mit mir tat, denn er tat wirklich alles, wovon eine Frau nur träumen konnte.

Oft schlief er vor Müdigkeit mit seinem Gesicht auf meinem Bauch ein. Wenn er dann wach wurde, fühlte ich seine heißen Lippen wie die eines Ertrinkenden wieder auf meinem Körper. Zärtlich nahm er mich, er war unendlich glücklich, wenn ich leise nach seinem Körper bettelte. In diesen Nächten war mein Körper glücklich, meine Sehnsucht nach seiner Zärtlichkeit, seiner Liebe war unersättlich.

Doch Stefan verfolgte damit ein Ziel: Er versuchte, mich in diesen Liebesnächten auf seine nächste Reise auf dem Meer vorzubereiten. Er hatte große Angst, mich wieder zu verlieren. Es kamen Nächte, in denen wir wach blieben, uns liebten, als wäre es das letzte Mal. Doch je näher der Tag des Abschieds rückte, umso unruhiger wurde er. Stefan versprach, dass er das letzte Mal zur See fahren, dann aber für immer bei uns bleiben würde. Er kämpfte wie ein Besessener um mich, um meine Liebe und hoffte, ich würde ein Dreivierteljahr, so lange sollte seine Reise dauern, auf ihn warten. Dann wollte er mich heiraten. Stefan tat alles, um sich bei mir unvergesslich zu machen, denn er wollte mich unbedingt nach seiner Rückkehr wiederhaben. Er würde dann auch nie mehr zur See fahren, versprach er immer und immer wieder. Mich würde er für ein ganzes Leben glücklich machen.

Stefan unternahm in der nächsten Zeit noch viel mit mir. Wir fuhren zum Hafen nach Hamburg. Dort sollte ich mir ansehen, wie die Schiffe hereinkamen und anlegten. Da entdeckte ich plötzlich einen Blumenladen. Ich ging hinein, kaufte eine rote Rose, stellte mich an den Kai, küsste die Rose und warf sie ins Wasser. Als wir sie schwimmen sahen, rief ich hinter ihr her: »Schwimm, meine Rose, wenn du bald meinen Seemann siehst, grüß ihn von mir!«

Die Zeit war da, Stefan verließ mich mit Tränen in seinen Augen und den Worten: »Bitte warte auf mich.«

Er fehlte uns sehr. Meine Nächte waren so einsam geworden, seine Zärtlichkeiten, seine heißen Küsse waren nun nicht mehr da. Auch Brigitte vermisste ihren Onkel Stefan, an den sie ihr kleines Herz verloren hatte, und immer öfter fragte sie: »Wann kommt er denn wieder?« »Bald«, sagte ich, aber was war »bald« für ein kleines Kind? Doch ein Gutes hatte es, dass Stefan nicht mehr da war: Meine männlichen Gäste kamen nun wieder öfter in mein Lokal und meine Kasse füllte sich auch wieder.

Stefan hatte, bevor er zur See gefahren war, noch einen Dauerauftrag an eine Gärtnerei gegeben. So erhielt ich während seiner Abwesenheit immer wieder eine rote Anthurie von ihm. An der ersten Blume, die mich auf diesem Wege erreichte, war ein Brief befestigt. Ich begann zu lesen: »*Mein Liebes, schau dir einmal diese Blume genau an.*« Die Blume hatte nur ein einziges rotes Blatt und einen großen gelben Blütenstempel in der Mitte. Ich las weiter, aber konnte nicht fassen, was er da geschrieben hatte: »*Sieht dieser Stempel nicht aus wie ein männlicher Penis? Der soll dich an unsere heißen, wilden Nächte immer erinnern. Verzeih mir, Liebes, aber ich bin doch auch nur ein Mann mit viel, viel Gefühl. In ewiger Liebe, dein Seebär.*«

Die Zeit ohne Stefan wurde für mich doch schwerer, als ich es gedacht hatte. Stefan fehlte tatsächlich an allen Ecken, er hatte mir viele Dinge abgenommen und in meinem Bett war nun auch viel zu viel Platz. Doch dieser Platz war schon bald besetzt, denn mein kleines Mädchen kroch öfter zu mir unter die Bettdecke.

Es war wieder Winter geworden. Eines Tages kam Brigitte wie immer allein vom Kindergarten. Unser Mädchen sollte sie, wie sonst auch, von der anderen Straßenseite abholen, hatte aber heute wohl keine Lust, ihren dicken Hintern zu bewegen. Ich stand gerade oben am Schlafzimmerfenster, als ich hörte, wie sie etwas über die Straße rief. Da setzte sich plötzlich mein Kind in Bewegung. Dann ging alles sehr schnell: Ich sah, wie mein Kind in hohem Bogen über ein heranfahrendes Auto flog und mitten auf der Straße liegen blieb. Wie vom Wahnsinn besessen stürzte ich auf die Straße, da lag meine Tochter und viele Leute standen um sie herum.

Der Fahrer des Autos hatte schon den Krankenwagen gerufen, er stammelte immer: »Mir tut es so leid, mir tut alles so leid, aber ich konnte das Kind nicht sehen, es kam plötzlich aus den parkenden Autos auf die Straße gelaufen.«

Der Autofahrer konnte tatsächlich nichts dafür, denn ich hatte gesehen, wie es passiert war. Hatte doch unser Kindermädchen aus lauter Faulheit nur über die Straße gerufen: »Bleib stehen!«, aber Brigitte hatte verstanden: »Kannst gehen!«

Der Krankenwagen war zügig da, wir fuhren, so schnell es ging, in das nächste Krankenhaus. Es war noch einmal alles gut gegangen. Es hätte schlimmer kommen können, anscheinend haben Kinder oft einen ganzen Schwarm an Schutzengeln. Doch musste Brigitte 14 Tage im Krankenhaus bleiben, sie hatte einen kleinen Riss an ihrer Leber. Gott sei Dank heilt bei Kindern immer alles etwas besser und schneller als bei Erwachsenen.

Von nun an machte ich mein Lokal nur noch abends ab sechs Uhr auf. Unser dickes Kindermädchen hatten wir entlassen. Was Brigitte jetzt besonders gut gefiel, war, dass ihre Mama nun immer für sie da war. Wir beide machten uns eine schöne Zeit, denn Onkel Stefan hatte uns sein Auto dagelassen und wir unternahmen gemeinsame Fahrten, zu denen ich sonst nie Zeit hatte, und genossen es beide.

Aber zum Onkel Doktor mussten wir doch noch eine Weile fahren, weil die Folgen ihres Unfalls noch nicht ganz verheilt waren. Unser Doktor Helmut schenkte ihr immer Bonbons und tat ihr auch nicht weh. Er war nicht nur ein guter Arzt für

Kinder, nein, er war schon seit Langem der Hausarzt meiner Eltern, meiner Geschwister und unserer natürlich auch. Doktor Helmut und seine Frau waren mittlerweile Freunde unser aller Familien, immer wenn es etwas zu feiern gab, wurden sie auch eingeladen.

Ein Bodyguard ist gefragt

In meinem Restaurant änderte sich eines Tages etwas. Ein junger, großer, schlanker Mann mit etwas längeren blonden Haaren betrat mein Lokal, wie ich bald feststellte, wurde er zum Dauergast. Er war sehr freundlich, setzte sich immer am Tresen an den gleichen Platz, sodass er das ganze Lokal übersehen konnte. Viel verzehrte er nie, sondern trank nur Coca Cola. Alle meine Gäste aus den umliegenden Orten kannten ihn sie nannten ihn Tarzan. Ich glaube, er war so um die 20 Jahre jung, sehr muskulös und sah auch aus wie Tarzan. Schnell stellte sich heraus, dass er mich beschützen wollte, wie mein Bodyguard. Er verhielt sich dabei sehr ruhig, störte nicht, ich duldete ihn.

Eines Abends waren Tarzan und ich alleine im Bierstübchen. Bisher hatten wir beide nie die Möglichkeit gefunden, einmal alleine zu sprechen. Nun aber erzählte mir Tarzan Folgendes: Er sei sehr tierlieb, besäße einen Schäferhund, hätte auch einmal eine kleine, süße Katze gehabt, die er jetzt aber nicht mehr habe. Als ich ihn fragte, wo denn die Katze geblieben sei, sagte er, sie sei tot. Doch dann erschrak ich, als er erzählte, woran die Katze gestorben war. Er hätte nur mit der kleinen Katze spielen wollen, doch diese habe ihn gekratzt. Vor Wut habe er sie einfach nur dem Schäferhund hingeworfen, der aber hatte sie sofort getötet.

Ich war so erschrocken über das, was ich gerade gehört hatte, und machte mir das erste Mal Gedanken über ihn. Sollte ich weiterhin freundlich zu ihm sein? Sollte er mein Bodyguard bleiben? Aber wenn ich nicht alles so ließe wie bisher, was würde dann mit mir passieren? Womöglich das Gleiche wie mit der kleinen Katze? Denn ich ahnte, dass Tarzan mich sehr gerne hatte.

Ich fühlte mich ein bisschen wie auf einem Pulverfass, aber hatte nie Grund, mit ihm böse zu sein. Es schien, als ob er mich doch beschützte und mich in sein Vertrauen gezogen hatte. Also blieb er weiter mein Bodyguard. Eines Tages sollte sich herausstellen, ob er wirklich mein Bodyguard war. Mein Lokal war mal wieder voller Gäste. Plötzlich flog mit einem großen Knall die Kneipentür auf, ein betrunkener Mann mit einem glattgeschorenen Kopf kam auf den Tresen zu gestolpert, setzte sich auf einen der leeren Barhocker und bestellte Limo und Korn, und das immer wieder. Er hatte sich schon woanders einen Rausch angetrunken. Es schien, als kannten ihn die anderen Gäste, denn einige fragten nach seinen Haaren, wo er sie denn gelassen hätte. Er hätte eine Wette verloren, antwortete er nur. Ich aber hatte nicht so viel Zeit, um das weiter mit anzuhören, kümmerte mich um meine anderen Gäste, die an den Tischen saßen.

Das Lied aus der Musikbox war zu Ende, es war sehr ruhig im Lokal geworden. Aber was wir nun hörten, machte mich fassungslos. Es war ein Geräusch, als liefe irgendwo Wasser in mein Lokal. Und tatsächlich: Der betrunkene Mann am Tresen pinkelte vor seinen Barhocker, es schien, als hörte er so schnell auch nicht wieder damit auf.

Alle Gäste in meiner Kneipe waren mucksmäuschenstill geworden, jeder wartete darauf, was ich jetzt wohl tun werde. Es waren wie immer nur Männer in meinem Lokal, Hotelbesitzer, Geschäftsleute, alle aus unserem Dorf, nur ich als einzige Frau. Mir schien, es hätten alle Freude daran, was da gerade geschah. Die Spannung stieg.

Langsam entfernte ich mich von meinem Bartresen, holte aus der Küche einen Eimer mit Wasser, ging zu dem Gast und forderte ihn auf, das hier wegzuputzen. Doch der lachte mich nur aus. »Na gut«, sagte ich, »dann bezahlst Du 20 DM, ich hole das Mädchen zum Sauber- machen.« Aber auch bei diesen Worten lachte er mich nur schmutzig an. Da riss mir der Geduldsfaden, ich trat mit einem heftigen Ruck gegen seinen Hocker und er, fiel direkt in seine Pfütze. Schwankend stand er auf, wutschnaubend stürzte er sich auf mich, ergriff mich am Hals, an dem ich eine Perlenkette trug, und würgte mich.

Ich glaube, er hätte mich getötet, doch aus den Augenwinkeln sah ich plötzlich jemanden wie eine große Katze über den Tresen springen: Es war Tarzan, mein Bodyguard, der den betrunkenen Mann von mir wegriss. Nun entstand eine wilde Schlägerei. Es sah aus wie ein Kampf der Giganten, denn der Betrunkene hatte wie Tarzan muskulöse Arme und, wie mir schien, auch genauso viel Kraft. Nicht, dass einer meiner anderen Gäste, die immer angaben, so starke Männer zu sein, Tarzan geholfen hätte, nein, die feige Bande sah sich das Schauspiel nur an. Ich rief Tarzan zu: »Bitte, bitte, prügelt euch draußen, ihr schlagt mir meine ganze Einrichtung kaputt!« Tarzan griff den Kerl, der fast ebenso stark war wie er, und zog ihn nach draußen.

Auf der Straße hatten sich mittlerweile viele Menschen versammelt. Als ich das sah, dachte ich: Dem Ganzen muss ein Ende gemacht werden. Ich holte einen Eimer kaltes Wasser, ging nach draußen und schüttete dem Fremden die ganze Ladung ins Gesicht und über seinen Körper.

Nun ging alles sehr schnell. Ich zog Tarzan an seinem Arm in mein Lokal und rief dem Fremden noch zu: »Geh' jetzt nach Hause und komm nie wieder, du hast ewiges Lokalverbot!«

Der Fremde sah aus wie ein gebadeter Hund, aber er ging tatsächlich seinen Weg. Tarzan nahm ich in meine Küche, versorgte seine Wunden, wusch ihm das Blut ab, nahm ihn noch schnell in meinen Arm und sagte »danke.« Tarzan setzte sich wieder auf seinen Platz, als wäre nichts geschehen.

Einer der Gäste hatte schon wieder Geld in die Musikbox gesteckt und keiner verlor ein Wort über das, was gerade geschehen war. Nur mein Hals zeigte noch ein paar Tage die Abdrücke meiner Perlenkette. Alles war wieder in bester Ordnung. Ich hatte den Fußboden an meinem Tresen selbst gesäubert, denn ein Mädchen zum Putzen hatte ich nicht mehr.

Es war nicht immer einfach, als Frau allein eine Kneipe zu führen. Alle Männer glaubten, ich wäre Freiwild. Wie oft lag ich alleine in meinem Bett und weinte. Wenn ich nicht mein kleines Mädchen gehabt hätte, hätte ich nicht gewusst, ob ich das alles weiterhin durchhielte. Leise sagte ich oft zu mir: »Lieber Papa im Himmel, pass' doch ein bisschen besser auf mich auf, so wie du es in Russland in dem Gefangenenlager für mich getan hast. Oder willst du mir das alles antun, um aus mir einen guten Menschen zu machen? Muss ich mit Gewalt erwachsen werden? Oder sind das wieder Prüfungen in meinem Leben? Kann ich das alles noch irgendwann später gebrauchen? Oder wird es einen Mann geben, der mich braucht und mich für immer zur Frau haben will? Kann ich ihm dann auch eine gute Frau werden, ohne Schulausbildung, nur mit der Lehre des Lebens? Dann will ich auch alles ertragen, lieber Papa.« Mit diesen Gedanken schlief ich dann jedes Mal wieder ein.

Als ich am Abend nach der Schlägerei mein Lokal öffnete, sah es aus, als würde heute alles friedlich verlaufen. Das wäre nach all dem auch mal wieder nötig, dachte ich. Ich hatte sogar ein bisschen Zeit, einmal in die Tageszeitung zu sehen, während ich hinter meinem Tresen saß. Doch diese Ruhe sollte sich schnell ändern: Die Tür ging auf, ein Mann mit einer großen, durchsichtigen Plastiktüte, die er mit einem Knoten verschlossen hatte, kam herein. Er setzte sich mit einem leisen »Tag« an die Bar, warf seinen mitgebrachten Plastikbeutel auf den Tresen und bestellte ein Bier. Nun sah ich auch, was in seiner Tüte war, es waren lauter Kuchenteilchen. Wie er erzählte, bekam er sie immer von der Bäckerei geschenkt. Sie seien vom Vortag und könnten nicht mehr verkauft werden. Er würde sie immer nachts essen, sagte er, da er Nachtwächter in einem Hotel sei und die Nacht immer lang würde, weshalb er darum immer schrecklichen Hunger habe.

Den Besitzer des Hotels, von dem er sprach, kannte ich sogar. Das war der Schrecken aller Mädchen und Bedienungen wenn er auf Sauftour war. In Lokalen, die gerade auf seinem Weg lagen, griff er jeder jungen Bedienung unter die Röcke. Für ihn musste es aber immer der größte Spaß gewesen sein, wenn die Mädchen dann quietschend davonliefen.

Eine Weile unterhielt ich mich noch mit meinem Gast, dann ging die Tür erneut auf. Ein Fremder kam herein, den ich zuvor noch nie gesehen hatte. Er konnte nicht von hier sein, ging es mir durch den Kopf.

Er setzte sich mit dem Gruß »Abend« an den Tresen und bestellte ebenfalls ein Bier. Die beiden Männer unterhielten sich, stellten mit der Zeit fest, dass sie verwandt wären. Ich wusste genau, dass das nicht stimmte, weil ich den Nachtwächter kannte. Hatten wir denn heute Vollmond, dass alle Verrückten unterwegs waren? Doch ich war froh, dass sie sich angeregt unterhielten, so hatte ich meine Ruhe und musste mich an ihren Gesprächen nicht beteiligen. Aber das dachte ich auch nur, denn es kam ganz anders. Noch in meinen Gedanken versunken, den Blick in meiner Zeitung, die ich gerade an die Seite legen wollte, fragte mich plötzlich der Fremde: »Was trinkst du immer, wenn du schön ausgehst, oder wenn du in deinem Lokal sitzt wie heute?«

Was sollte ich darauf antworten? Bier trank ich nicht, mit Wasser brauchte ich jetzt nicht zu antworten, so sagte ich einfach: »Ich trinke immer Champagner.« Da wusste ich genau, den würden sie mir nicht ausgeben, der war ja viel zu teuer, somit bräuchte ich mit den beiden auch nichts zu trinken. Aber falsch gedacht. »Na, dann trink doch Champagner mit uns«, hörte ich den Fremden sagen. Ich dachte, ich hätte mich verhört, und sagte: »Das wäre aber eine ganze Flasche!« »Ja, wir beide wollen auch mit dir Champagner trinken, die Flasche sollst du nicht alleine austrinken!«

Nun kam ich aus dieser Nummer erst einmal nicht mehr heraus. Ich nahm eine meiner billigsten Flaschen Sekt, stellte sie auf den Tresen, denn dass diese beiden keinen Champagner bezahlen konnten, war mir eigentlich klar. Ich stellte drei Gläser auf den Tresen, goss sie voll und wir stießen mit dem vermeintlichen Champagner an. »Das schmeckt aber gut«, sagte der Fremde, als er den ersten Schluck getrunken hatte. Na ja, dann habe ich ja alles richtig gemacht, sagte ich mir.

Doch ohne Vorwarnung folgte plötzlich auch gleich die nächste verrückte Frage: »Und wenn du Champagner trinkst, was isst du dazu?« Ach du lieber Himmel, was sollte das nun wieder? Die werden doch jetzt nicht auch noch irgendetwas essen wollen, fragte ich mich. Ich hatte überhaupt keinen Hunger und mit ihnen essen, das wollte ich jetzt wirklich nicht, das fehlte mir gerade noch. Weil nun schon alles eine Lüge war, log ich aus Spaß weiter: »Ach weißt du«, sagte ich ganz gelassen, »ich esse zu Champagner immer Toastbrot mit Kaviar.« Doch kaum hatte ich das ausgesprochen, kam auch schon die nächste Frage von dem Fremden: »Was ist denn Kaviar?«

Ach du Schreck, dachte ich, wie soll ich ihm das nun wieder erklären? »Ja, weißt du«, sagte ich ganz gelassen, »das sind nur die Eier vom Stör.« Kaum hatte ich das ausgesprochen, wackelte er auf seinem Stuhl herum, als fiele er gleich herunter. Er freute sich, schlug mit seinen Händen auf den Tresen, sodass die Gläser beinahe umfielen. »Ja, ja«, sagte er fröhlich und aufgeregt, »den kenne ich, der hat ein Bauunternehmen in Waldeck!« Nun konnte ich nicht mehr, ich hielt mir den Bauch vor Lachen, er hatte sogar Recht, es gab dort wirklich einen Bauunternehmer, der Stör hieß. Nur ich stellte mir das jetzt alles bildlich vor, meine Tränen liefen über mein Gesicht vor lauter Lachen. Wie aus weiter Ferne hörte ich, wie er noch sagte: »Du bist aber ganz schön blöd, dass du darüber lachst.« Aber wieder hielt ich meinen Bauch fest, ich konnte einfach nicht aufhören zu lachen. »Es ist doch Vollmond«, sagte ich nun laut und wartete nicht, dass mir darauf jemand antwortete.

Gut, dass nun noch andere Gäste in mein Lokal kamen und ich von den beiden abgelenkt wurde. Sie tranken weiter ihr Bier. Es verging eine geraume Zeit, als plötzlich einer der beiden Gäste, es war der Nachtwächter, mit einem Knall von seinem Barhocker fiel und auf dem Boden lag. Sein Körper bewegte sich in ruckartigen Bewegungen hin und her, Schaum stand vor seinem Mund. In diesem Moment wusste ich nichts mit ihm anzufangen, ich stand verzweifelt neben dem zuckenden Körper. Meine anderen Gäste riefen sofort einen Krankenwagen. Einer sagte: »Den Mann kenne ich, der darf keinen Alkohol trinken, er bekommt öfter epileptische Anfälle.«

Auf meiner Rechnung blieb ich, wie geahnt, sitzen. Es scheint nie etwas normal in meiner Kneipe abzulaufen, dachte ich, als dieser Tag vorbei war. Aber es musste doch irgendwie weitergehen.

Eines Tages lernte ich einen jungen Soldaten kennen, der nur selten in unserem Dorf zu Besuch war. Von ihm gehört hatte ich aber schon, denn sein Vater fuhr hier den Schulbus. Nachdem er das erste Mal mein Lokal aufgesucht und mich gesehen hatte, war er immer öfter mein Gast. Mir gefiel er mit seiner ruhigen Art, wenn er an meinem Tresen saß und sein Bier trank. Heimlich sah ich ihn öfter an. Betrunken sah ich ihn nie, das machte ihn mir sympathisch. Er musste ungefähr um die 20 Jahre alt sein, hatte ein gebräuntes Gesicht und schwarzes Haar. Na ja, was soll ich dazu noch sagen, ich ließ mich von ihm verführen.

Für eine kurze Zeit hatte ich sogar Stefan meinen Seemann vergessen. Doch ich wusste, Fritz war nur eine kleine Ablenkung, ein Abenteuer. Aber dass er mich nach kurzer Zeit gleich heiraten wollte, gefiel mir nicht. Jedes Mal, wenn er hier war, hatten wir eine sehr schöne Zeit miteinander. Für mich war es sehr wichtig, dass er nicht im Ort wohnte, so gab es auch kein Gerede über uns. Wir trafen uns immer in anderen Gegenden. Aber ein Gutes hatte es doch, dass es Fritz gab, denn auch er entwickelte sich mit der Zeit zu meinem heimlichen Beschützer.

Mal wieder war meine Kneipe übervoll, aber am Tresen waren noch in einer Ecke ein paar Plätze frei. Sonst saß immer Tarzan dort, doch heute war er nicht gekommen. Drei Männer, die ich nicht kannte, betraten mein Lokal und nahmen sofort bei mir am Tresen Platz. Sie bestellten flaschenweise Whisky, dazu große Flaschen Coca Cola. Das waren mir die liebsten Gäste, die den Alkohol flaschenweise bestellten. So musste ich nicht so viel laufen und konnte mich besser mit ihnen unterhalten. Ich war neugierig, woher diese Männer wohl kamen, und stellte fest, dass sie aus dem gleichen Ort stammten wie der Bauunternehmer Stör. Na, dachte ich, hoffentlich geht das besser als mit dem Nachtwächter und seinem angeblichen Verwandten.

Diese Männer waren sehr teuer gekleidet und schienen genug Geld zu haben, denn sie luden sogar alle Gäste am Tresen zum Trinken ein. So wurden einige Flaschen von dem Whisky bestellt. Es wurde eine lustige Nacht, selbst nach der Polizeistunde wurde weiter gefeiert. Blöd war nur, dass ich die einzige Frau in meinem Lokal war und zu allen Männern gerecht sein musste, denn ich wollte keinen von ihnen als Gast verlieren.

Einer nach dem anderen verließ langsam mein Lokal, nur die drei Männer am Tresen blieben noch sitzen. Es war schon spät geworden, da sagte einer der drei: »Nun lasst uns auch gehen, die Wirtin muss ins Bett.« Doch es schien, als wollte einer von ihnen nicht mitgehen, sondern bleiben. So sagten die beiden anderen: »Du kannst von uns aus auch noch bleiben.« Da mischte ich mich ein: »Nein, ich schließe jetzt mein Lokal, sonst bekomme ich noch Ärger mit den Dorfbewohnern und der Polizei.« Ein komisches Gefühl machte sich in mir bemerkbar, das war immer ein Alarmzeichen, dass sich womöglich gerade irgendetwas Ungutes anbahnte. Die Musikbox hatte ich bereits vom Strom getrennt, damit nicht doch noch einer auf die Idee kam, Geld einzuwerfen. »Alles klar, wir fahren schon mal, du kannst ja noch bleiben«, sagten die beiden Männer, als sie schon zur Tür gegangen waren. »Nein«, sagte der dritte, der noch an meinem Tresen saß, »ich werde nur noch die Rechnung bezahlen, dann fahre ich auch.« Tatsächlich, er zahlte, sagte: »Mach' es gut«, und ging dann auch.

Die Tür schloss ich schnell hinter ihm zu, machte noch meine Kassenabrechnung und freute mich über die heutigen Einnahmen, die ich gut gebrauchen konnte. Ich knipste schnell alle Lichter im Lokal aus und schloss die Tür von draußen ab. Gerade wollte ich die vier Stufen zum Nebenhaus hinaufgehen, um in meine Wohnung zu kommen, da plötzlich, wie von Gespensterhand wurde ich von hinten ergriffen. Ein Mann warf mich mit kräftigen Armen über seine Schulter und trug mich mit großen, schnellen Schritten über die Straße. Da sah ich plötzlich ein Auto mit weit geöffneten Türen, in das ich mit Schwung auf die Rückbank geworfen wurde. Wie eine Wilde trat ich mit meinen Füßen nach dem Entführer, nun sah ich auch, dass es der letzte Gast aus meinem Lokal war. Er stürzte sich auf mich, versuchte, meine Beine in das Auto zu schieben, ich hörte wie er sagte: »Du kannst nicht einfach alle Männer verrückt machen, ich will dich haben, egal was es mich kostet, und ich kriege dich auch du Wildkatze.«

Ich schrie so laut ich konnte. Normalerweise hätten meine Schreie auf der ganzen Straße zu hören sein müssen, aber es kam mir keiner zu Hilfe. Ich strampelte, versuchte immer meine Beine zwischen die Autotür zu halten, sodass er sie nicht schließen konnte. »Ich werde es deiner Frau erzählen!«, rief ich, so laut ich konnte. Da plötzlich, unerwartet, sah ich Fritz, wie er meinen Angreifer von mir herunterzog. Ich traute meinen Augen und Ohren nicht, als Fritz ihm eine runterhaute. Der winselte wie ein Kind: »Schlag mich nicht, ich habe ihr nichts Böses getan.« »Lass ihn, Fritz«, sagte ich, »das ist doch kein Mann, das ist eine Memme, nur bei Frauen spielt er den wilden Kerl.« Fritz ließ ihn auf mein Bitten los, so schnell hatte ich noch keinen in ein Auto steigen sehen wie jetzt meinen Entführer.

Als ich mich von meinem Schreck erholt hatte, fragte ich Fritz: »Wo kommst du denn jetzt so plötzlich her, ich denke, du bist bei der Armee?« »Ich bin heute sehr spät gekommen, du hattest dein Lokal abgeschlossen, da bin ich noch hier ins ‚Rössel' gegangen, die hatten noch auf. Ich wollte gerade nach Hause gehen.«

Fritz nahm ich noch mit zu mir, wir verbrachten eine schöne Nacht, was wir immer taten, wenn er gerade da war. Viel war allerdings von dieser Nacht nicht übrig geblieben. Wir frühstückten mit meiner kleinen Tochter und verbrachten den Tag miteinander.

Wenn ich alleine war und Zeit hatte, schrieb ich Stefan alles, was hier so passierte. Aber von meinem jungen Soldaten erzählte ich nichts. Ich schrieb ihm so viele Briefe dass er viel zu lesen hatte, wenn er einmal wieder irgendwo an Land ging, denn ich hatte erfahren, dass er die Post von mir immer nachgeschickt bekam. Die schönsten Liebesbriefe schrieb ich ihm und dass ich ihn sehr vermisse. Ich bekam immer noch rote Anthurien von ihm geschickt, die mich an unsere schönen Tage und die wilden Nächte mit ihm erinnern sollten.

Meine Buchführung machte ich nun wieder alleine, das hatte ich von Stefan gelernt. Doch mein Kind fragte immer wieder nach Onkel Stefan, sie vermisste ihn sehr. So verging die Zeit. Meine Kneipe war immer so voll, dass ich wenig Zeit zum Schlafen bekam, mir auch wenig Zeit blieb, über Stefan und mich nachzudenken.

Etwas bahnt sich an

Eines Tages saßen zwei Männer an meinem Tresen, die ich zwar kannte, aber erst heute erfuhr ich, dass sie Brüder waren. Einer der beiden trank immer nur Wasser, der andere Bier, doch darüber machte ich mir weniger Gedanken, denn es soll eben auch Menschen geben, die in Kneipen Wasser trinken. Beide Männer, sie hießen Franz und Carl, waren immer sehr nett zu mir. Heute fingen sie allerdings mit einem eigenartigen Gespräch an: »Wir haben festgestellt, dass du viel zu schön für eine Kneipe bist, du gehörst hier nicht hin.«

Na, was sollte das denn? Wer gab ihnen das Recht, so etwas zu sagen? Insgeheim stimmte ich ihnen wohl zu, aber ich musste doch Geld verdienen, mein Kind versorgen. Was ich dachte, ließ ich die beiden nicht wissen, denn eigentlich wollte ich von solchen Gesprächen nichts hören. So beschäftigte ich mich mit anderen Dingen und ließ die Brüder erst einmal sitzen.

Doch ihre Worte gingen mir nicht aus dem Kopf. Wie recht sie doch hatten: Ich musste während der Arbeit so manche Männerhand von meinem Po entfernen. Dabei war ich sonst so stolz und niemand durfte mich berühren. Die beiden Brüder hatten mich zum Grübeln gebracht, sodass ich mich tatsächlich in Gedanken fragte: Was mache ich eigentlich hier? Wollte ich mein Kind wirklich in einer Kneipe aufwachsen lassen? Plötzlich spürte ich, dass ich wach werden musste, dass ich etwas anderes tun musste. Das Kneipenleben hatte jetzt lange genug gedauert. Ich musste meinen Stolz aus der versteckten Schublade meines Inneren wieder herausholen.

Franz und Carl unterbrachen meine Gedanken: »Wir kennen einen Mann, der wäre der Richtige für dich. Du kennst ihn schon, hast ihn auch schon gesehen. Er ist reich, er hat ein gutes

Geschäft und wohnt in Wuppertal.« Mit all dem konnte ich jetzt nichts anfangen, wusste auch nicht, wo ich diesen Mann, den sie mir gerade so schön anpriesen, je gesehen hätte. Sie sprachen aber schnell weiter: »Wenn wir das nächste Mal zu dir kommen, wird er in unserer Mitte sitzen, und du wirst feststellen, dass du ihn schon einmal gesehen hast.« Um das Thema zu beenden, sagte ich schnell: »Na gut.« Aber ich wollte keinen anderen Mann, ich hatte doch Stefan. Als ob Franz Gedanken lesen konnte, sagte er: »Vergiss den Seemann, der ist nicht der Richtige für dich.« Na, die haben aber Ideen, dachte ich, wie können sie wissen wer für mich der Richtige ist?

Doch sie kamen tatsächlich eines Tages wieder und setzten sich an den Tresen. Und tatsächlich, sie hatten jemanden mitgebracht, so wie sie es gesagt hatten. Als ich den Mann sah, der in ihrer Mitte saß, dachte ich: Ach du liebe Güte, auch noch dieser arrogante Kerl! Es war dieser Jäger, der eines Nachts mit zwei Männern in mein früheres Restaurant kam, als ich noch mit Gottfried verheiratet war. Dieser Kerl, der sich einbildete, jede Frau würde auf ihn warten und er könnte sie alle haben. Was sollte ich denn mit dem?

Gott sei Dank, war es an diesem Tag einmal wieder sehr voll in meinem Lokal, ich hatte wenig Zeit, mich mit jedem zu unterhalten. Als ich um meinen Tresen ging, um andere Gäste zu bedienen, hörte ich im Vorbeigehen die Worte: »Ich heiße Sebastian.« Na schön, dachte ich, dann heißt du eben Sebastian. Das war mir jetzt ziemlich egal.

Von nun an kam Sebastian öfter, doch er hatte immer Pech, es war jedes Mal sehr voll in meinem Lokal. Brav saß er am Tresen und versuchte, ein Gespräch mit mir anzufangen. Oft setzte er sich auf Tarzans Platz, weil dieser gerade nicht da war. Das Glück hatte er leider öfter, denn meine einheimischen Gäste ließen diesen Platz für meinen Bodyguard frei. Immer, wenn Sebastian kam, trank er Bitter Lemon. Na ja, dachte ich, wenn er meint, so wenig verzehren zu wollen, mich dabei auch noch die ganze Zeit anglotzt, dann werde ich ihn ein bisschen ärgern. Ich nahm ihm einfach immer den doppelten Preis für sein Getränk ab. Das schien ihn aber leider nicht zu stören, doch ich hoffte, dass er dadurch die Lust verlor zu kommen. Er aber wusste, was ich tat, und lächelte, wenn ich ihm das Geld abnahm. Er gab sich immer alle Mühe, mit mir ein Gespräch anzufangen, doch ich wurde langsam bockig. »Ich kann mich nicht mit allen Gästen unterhalten, dazu habe ich keine Zeit«, erklärte ich ihm, aber insgeheim dachte ich: Lust, mit dir zu reden, habe ich auch nicht. Seine freche Art, immer auf meine Beine zu sehen, ärgerte mich.

Eines Abends jedoch ließ sich Sebastian etwas einfallen. Als ich für einen Moment eine Verschnaufpause einlegen konnte, stellte ich mich hinter den Tresen, um mich ein wenig auszuruhen, und lehnte mich an den Gläserschrank hinter mir. Diesen Moment nutzte Sebastian um mit mir zu sprechen. So wie er sich über den Tresen beugte, schien es etwas Wichtiges zu sein. Doch durch die laute Musik, die aus der Musikbox tönte, kam bei mir nicht viel von dem an, was er sagte. Ich war auch nicht neugierig auf seine Gespräche, er war einfach nicht der Mann, der mir näherkommen durfte.

Da sprach Sebastian plötzlich etwas lauter, damit ich es auch trotz der Musik hören konnte, aber ich verstand nur: »Oder soll ich es Ihnen aufschreiben, was ich zu sagen habe?« Weil er mir nun wirklich auf die Nerven ging mit seiner Glotzerei auf meine Beine und meinen Hintern, sagte ich unwirsch: »Ja, das können Sie.« Nun dachte ich, dass er für eine Weile beschäftigt wäre und ich den Blödsinn sowieso nicht lesen würde. Frech wie er war, zog er plötzlich eine Seite aus meiner Getränkekarte, drehte das Blatt um und fing an zu schreiben. Das schlug doch dem Fass den Boden aus! Das war mehr als nur frech. Das war doch nicht möglich! Ich ärgerte mich und dachte: Na, der kann aber nachher was erleben, der bekommt heute eine Rechnung, die sich gewaschen hat, das ist sicher! Doch jetzt war er erst einmal beschäftigt, ich hatte meine Ruhe.

Nach einer Weile, ich unterhielt mich gerade mit Gästen an meinem Tresen, reichte mir Sebastian die herausgenommene Seite aus meiner Getränkekarte und lachte mich dabei freundlich an. Na, der kann gleich was erleben, fuhr es mir durch den Kopf. Aber neugierig war ich nun doch geworden und las:

»Liebe gnädige Frau, ich habe mich in Sie verliebt und verehre Sie sehr. Da Sie mit mir nicht sprechen wollen, musste ich es Ihnen schreiben. Möchten Sie mich heiraten? Möchten Sie meine Frau sein? In Liebe, Sebastian.«

Ich war verstummt, so was war mir ja noch nie passiert! Doch da hörte ich seine Worte: »Ich fahre immer den weiten Weg von Wuppertal hierher, um Ihnen etwas zu sagen. Sie aber wollten bis jetzt nicht mit mir sprechen, gehen mir sogar immer aus dem Weg, so musste ich Ihnen diese Zeilen schreiben.«

Da stand ich nun wie angewachsen. War das, was ich da las, ein Heiratsantrag oder träumte ich? Erstaunt schaute ich Sebastian an, dann wieder das Papier in meiner Hand, und ich stellte fest, dass die Zeilen mit einer sehr schönen Handschrift geschrieben waren. Das brachte mich jetzt alles ein wenig aus dem Gleichgewicht.

Ich hob wieder meinen Kopf, schaute Sebastian an und wusste nicht, was ich sagen sollte. Als er meinen erstaunten, zweifelnden Blick sah, sagte er ganz ruhig: »Ich meine es ernst, ich möchte Sie wirklich von ganzem Herzen heiraten. Ich habe mich in Sie verliebt.«

Nun hatte er es doch geschafft, dass ich mit ihm sprach, und das sogar länger, als ich je gedacht hätte. Es wurde ein sehr nettes Gespräch und es fiel mir schwer, mich auch um meine anderen Gäste zu kümmern. Ich verabredete mich für den nächsten Tag mit ihm. Das kam mir gerade recht, ich musste Wein einkaufen für mein Geschäft, das war immer nicht so einfach für mich. Es sollte auch ein guter Wein sein, denn die meisten Gäste, die bei mir Wein tranken, waren selbst Gastwirte aus der Gegend. Also fragte ich Sebastian, ob er Lust hätte, mit mir und meiner Tochter zum Weineinkauf zu fahren. Ich brauchte nicht lange auf die Antwort zu warten, denn er sagte sofort zu.

Es wurde ein sehr schöner Tag. Wir gingen noch in ein nettes Restaurant in Dortmund, nachdem wir unseren Weineinkauf erledigt hatten. Erfreulicherweise kannte sich Sebastian gut mit Wein aus.

Den ganzen Tag beobachtete ich ihn, besonders wie er sich meinem Kind gegenüber verhielt. Erstaunt stellte ich fest, dass sich die beiden sehr gut verstanden. Für mich war das besonders wichtig, das heißt, es war das Wichtigste, dass zwischen Brigitte und Sebastian kein Problem aufkam. Auf keinen Fall wollte ich, dass meiner Tochter dasselbe Schicksal widerfährt wie mir. Ich hatte mir geschworen, dass mein kleines Mädchen von keinem Mann, auch von keinem Stiefvater, missbraucht und vergewaltigt würde. Bei diesem Gedanken erschrak ich, aber ich wollte über den Brief, den Sebastian geschrieben hatte, nachdenken. Er schien es ernst zu meinen.

Eines Tages sollte Brigitte ein Fahrrad von ihren Großeltern bekommen, das wir bei ihnen in Düsseldorf abholen mussten. Als Sebastian das erfuhr, bat er mich, doch auf dem Rückweg bei ihm vorbeizukommen, dann könnte er uns auch gleich seiner Mutter vorstellen.

Na, ging das nicht alles etwas zu schnell? Hatte ich denn nicht Stefan meinem Seebären versprochen, auf ihn zu warten? Doch eines war mir klar: Mein Kind musste ein richtiges Zuhause bekommen. Die Zeit wurde einfach sehr lang, um weiter auf Stefan zu warten. Liebte ich Stefan denn nicht mehr? Doch, aber ich konnte dieses Kneipenleben mit den vielen Männern nicht mehr ertragen, es fiel mir immer schwerer. Sollte Sebastian das Licht am Ende des Tunnels sein?

Von Stefan bekam ich weiterhin Anthurien geschickt, über die ich mich jedes Mal wieder freute, es war ein Zeichen, dass es ihn noch gab. Doch was sollte das alles? Immer nur diese Blume. Ich machte mir viele Gedanken, ob Stefan wirklich der richtige Mann war. War er es nicht nur, weil er mich liebte? Was wollte ich überhaupt mit einem Mann? Konnte ich wirklich Liebe geben, nach all dem, was mir passiert war? Blödsinnig, all diese Gedanken, mein Kind brauchte ein Zuhause, nur das war wichtig.

Auch von meinem geschiedenen Mann Gottfried bekam ich hin und wieder rote Rosen geschickt, die ich zwar in eine Vase stellte, mir aber dachte, dass er das Geld lieber sparen sollte. Was einmal für mich zu Ende war, war für immer zu Ende, da halfen auch keine roten Rosen.

Ich hatte gehört, dass er das Grundstück, das ich ihm bei der Scheidung überlassen hatte, für einen Porsche verkauft hatte. Sein Auto wollte er nach seinem Unfall wohl nicht mehr reparieren lassen. Wie blöd muss ein Mensch sein, ein so gutes Baugrundstück für einen Porsche zu verkaufen! Aber so war er nun mal. Als ich ihm damals das Grundstück überließ, dachte ich an seine Zukunft. Die Baugrundstücke in dieser Lage waren sehr gefragt und nahmen immer mehr an Wert zu. Wie viel Kraft, Nerven und Arbeit hatte es mich gekostet, bis ich es mir damals kaufen konnte.

Es war wohl sein Größenwahn, der ihn so handeln ließ. Keine Arbeit, seiner Tochter kein Geld schicken, aber Porsche fahren. Er nahm sogar Geld von seinen Eltern an, weil er selbst nicht in der Lage war, etwas auf die Beine zu stellen. Warum hatte ich ihn bloß geheiratet? Doch damals hatte ich nur an ein schönes, unverdorbenes, ruhiges Familienleben gedacht, das ich mir so sehr gewünscht hatte.

Es war ein Fehler gewesen, aber wer hätte mir auch sagen sollen, dass ich etwas falsch machte? Wen hatte ich denn? Eltern? Vater? Nein, ich war allein, musste alles allein entscheiden, das war nicht immer einfach. Ich ärgerte mich sehr über Gottfried, dass er nicht einmal an seine kleine Tochter dachte, nein, er verprasste lieber das Geld, das er von mir bekommen hatte.

Von all dem hatte ich die Nase voll, nichts in meinem Leben klappte. Wenn ich dann die anderen Menschen sah, die einen vernünftigen Beruf hatten, kam ich mir armselig vor, verfluchte den Krieg, der mich nach Russland vertrieben hatte, verfluchte die Zeit im Gulag, in dem ich mehr vegetiert als gelebt hatte, verfluchte all das, was mich daran gehindert hatte, etwas lernen zu können, außer in Kneipen zu stehen und den Männern zu gefallen.

Plötzlich nahm ich allen Mut zusammen, obwohl es gegen meine strebsame Natur war, und klebte einen Zettel an meine Kneipentür: »*Wegen Krankheit für eine Woche geschlossen.*«

Da mich jeder als fleißig kannte, glaubte man den Worten an meiner Tür. Sicher tat es auch so manchem leid, dass ich krank war, denn sie wussten genau, dass ich für mein Kind arbeitete, damit dieses Kind einmal ein schöneres Leben haben konnte.

Aber ich war nicht wirklich krank. Als es später Nachmittag war, nahm ich mein Töchterchen und fuhr nach Düsseldorf zu Oma und Opa. Die beiden hatten wir schon länger nicht mehr gesehen, denn Brigitte sollte ja von ihnen das neue Fahrrädchen bekommen. Auch Sebastian hatten wir versprochen, für ein paar Stunden bei ihm vorbeizukommen.

Drei Tage verbrachten wir bei Oma und Opa. Brigitte lernte mit Opa fleißig, auf dem Rad zu fahren, sie wollte es doch können, wenn wir wieder nach Hause fuhren. Aber sie wollte auch Sebastian zeigen, wie schnell sie es gelernt hatte.

Sebastian wohnte in einem sehr schönen großen Haus mit einem parkähnlichen Garten. Hier konnte Brigitte nun auch weiter Radfahren üben, ich musste keine Angst haben, dass ihr etwas passierte. Sebastian zeigte mir einen Teil des schönen Hauses sowie den Garten. Er erzählte, dass seine Mutter und seine Schwester mit ihrem Mann den Kindern ebenfalls hier wohnten. Doch es störte uns niemand, von seiner Familie war keiner zu sehen wir hatten endlich einmal Zeit nur für uns.

Die Stunden vergingen viel zu schnell. Es wurde schon langsam dunkel, ich wollte nun wieder nach Hause fahren, denn der Weg war weit, sehr weit, und im Dunkeln fuhr ich nicht gerne Auto. Ich hatte Angst, dass Wild aus den Wäldern über die Straße laufen könnte. Aber Sebastian sagte: »Bleib doch heute Nacht hier, ich habe ein Fremdenzimmer in meiner Wohnung, auch ein schönes Kinderzimmer für deine Tochter.« »Nein, das möchte ich nicht«, sagte ich schnell. Da fing Sebastian an zu betteln, dass wir doch bleiben sollen. Und weil er so lieb bettelte, ich auch ein bisschen Sekt getrunken hatte, mich mein Kind plötzlich auch bat zu bleiben, ließ ich mich erweichen. Das Kinderzimmer wollte ich mir aber erst einmal anschauen.

Tatsächlich, er hatte die Wahrheit gesagt, es war wie für ein Kind gemacht: Ein schönes Bett, in dem eine Menge Stofftierchen saßen. Brigitte hatte sich sofort darin verliebt. »Ich möchte hierbleiben, Mama, lass uns morgen nach Hause fahren«, bettelte sie weiter. Wie konnte ich meinem Kind, das so schön bettelte, diesen Wunsch nicht erfüllen?

So ein schönes Zimmer hatte sie bei uns zu Hause nicht. Es gab sogar eine große Tür, die auf eine Terrasse führte, auf der Blumenkästen mit bunten Blumen standen. Bei uns konnte sie nur in den Himmel sehen, wenn sie in ihrem Bettchen lag. Tatsächlich, die beiden hatten es geschafft, mich zu überreden.

»Meine Mutter wird heute Abend auf deine Tochter aufpassen«, sagte Sebastian. »Dann können wir beide noch in ein schönes Restaurant zum Essen gehen.« Da nun beide auf mich einredeten, brachte ich mein Kind in das Bett mit den vielen Kuscheltierchen, gab ihr noch ein Küsschen und sagte: »Bis später, Kleines, ich bin bald wieder da, wir gehen nur etwas essen.« »Ja, ja, Mama, fahr du ruhig mit Onkel Sebastian essen, seine Mama wird schon auf mich aufpassen.« Ach, was habe ich doch für ein liebes Kind, dachte ich und küsste sie noch einmal. Ihre Tür ließ ich auf, das Licht im Flur aber blieb an. Ich hatte auch kein schlechtes Gefühl dabei, als wir gingen.

Nach dem Fremdenzimmer wollte ich jetzt nicht fragen, das war für mich selbstverständlich, da Sebastian es uns gesagt hatte.

Es war nun schon dunkel geworden, doch konnte ich noch sehen, dass Sebastians Auto sehr groß und schön war. Viel Ahnung von Autos hatte ich immer noch nicht, aber dieses gefiel mir besonders gut. Ein Jaguar war es nicht, denn dieses Auto kannte ich von … ach ja, Georg. Nein, jetzt nur nicht daran denken, ermahnte ich mich selbst. Es war ja alles Vergangenheit, aber es tat immer noch weh, dass ich mich damals von ihm nicht verabschieden konnte. Was musste er nur von mir gedacht haben? Genau wie auch Hassan.

Das Restaurant, in das mich Sebastian führte, war ausgesprochen elegant. Wir wurden sofort sehr nett begrüßt. Ich hatte das Gefühl, dass Sebastian hier schon öfter war. Er bestellte einen guten Rotwein, dazu ein Drei-Gänge-Menü. »Du brauchst dich nicht zu wundern«, sagte Sebastian, als er mich lächelnd ansah, »ich habe dir doch einen Heiratsantrag gemacht, nun werde ich meine kleine Frau etwas verwöhnen.«

Er meinte es wohl wirklich ernst? In mir machte sich ein seltsames Gefühl bemerkbar: Sollte ich ihn vielleicht doch ein bisschen liebgewonnen haben? Ach nein, dachte ich, ich warte ja auf Stefan, meinen wilden Seemann, habe es ihm doch auch versprochen; sicher wird er bald nach Hause kommen. Jetzt wollte ich erst einmal den Abend mit dem guten Essen genießen, dagegen konnte Stefan ja nichts haben. Verdammt noch mal! Immer, wenn es mir gut ging, meldete sich mein Gewissen. Aber ich wollte jetzt nicht nachdenken.

Und es wurde ein sehr schöner Abend. Ich fühlte die Wirkung des Rotweins, wir lachten viel und kamen uns etwas näher. Ich wurde plötzlich unruhig, langsam wurde es Zeit, ich wollte zu meinem Kind und sehen, ob alles in Ordnung war. Brigitte war es zwar gewohnt, oft allein zu schlafen, wenn ich nachts arbeitete, doch hatte sie dort ihr Sprechgerät am Bett, über das wir immer miteinander sprechen konnten, bis sie eingeschlafen war.

Ich hatte mein Essen nicht aufgegessen, ich war etwas verwirrt mit meinen Gefühlen und meinen Gedanken. Arm in Arm ging Sebastian mit mir zum Auto. Ehe ich mich versah, waren wir auch schon vor seinem Haus angekommen. Leise schlich ich zu Brigitte, um zu sehen, wie es ihr ging, und stellte fest, dass sie wie ein kleiner Engel schlief.

Sebastian machte an seinem schönen Esstisch in dem großen Wohnzimmer mit den riesigen Fenstern, die als Schiebetüren zur Terrasse führten, nun noch eine Flasche Wein auf. Ich trank nur sehr wenig davon, denn ich fühlte plötzlich, wie müde ich war. Sebastian bat ich: »Lass uns doch schlafen gehen, ich bin doch ein bisschen müde von der Fahrt, wir können uns auch morgen weiter unterhalten.« Mein Wunsch schien ihm zu gefallen.

Wir ließen alles stehen und liegen, Sebastian nahm mich am Arm, führte mich am Zimmer meiner Tochter vorbei, öffnete eine Tür und machte das Licht an. Aber was war das? Es war ein Ehebett-Schlafzimmer. Mit einem Ruck löste ich mich aus seinem Arm. »Was soll das?«, fragte ich entsetzt. »Du hast mir doch gesagt, dass du ein Fremdenzimmer für mich hast.« Er nahm mich erneut in seinen Arm, lachend sagte er: »Ist das nicht ein fremdes Zimmer für dich?« Entsetzt sagte ich:

»So habe ich es mir aber nicht vorgestellt.« »Da wird dir aber nichts anderes übrig bleiben, denn ein anderes Zimmer habe ich nicht«, sagte er scherzend. »Hab keine Angst, das Bett ist groß genug, darin haben sogar drei Menschen Platz.«

Was blieb mir anderes übrig? Wenn ich nicht auf dem Fußboden schlafen wollte, musste ich dieses Bett mit ihm teilen. Lange, sehr lange Zeit verbrachte ich im Badezimmer in der Hoffnung, dass Sebastian eingeschlafen war. Eine kleine Lampe leuchtete sein Zimmer aus, ich schlich wie eine ängstliche kleine Katze in das leere Bett. Es kam, wie es kommen musste, Sebastian verführte mich leidenschaftlich, ich wehrte mich nicht, ich ließ es geschehen.

Ein leichter Duft von Kaffee weckte mich. Im Esszimmer war schon der Frühstückstisch gedeckt. Jetzt sah ich erst, wie schön es hier wirklich war. Das Haus gehörte Sebastians Mutter. Sebastians Wohnung lag oben und war wunderschön eingerichtet. Rundherum umgab diese Penthouse-Wohnung eine lange, große Terrasse. Ich kam aus dem Staunen nicht mehr heraus und fühlte mich sogar ein bisschen wohl.

Aber nun kam auch schon mein kleiner Engel, gewaschen und gekämmt, zum Frühstück. Sie war glücklich, ich konnte es ihr ansehen. »Guten Morgen, Mami!«, sie gab mir ein Küsschen. »Guten Morgen, Onkel Sebastian, wir dürfen doch noch ein bisschen bleiben, oder?« »Natürlich, ihr dürft so lange bleiben, wie es euch gefällt«, war seine Antwort.

Sebastians Schwester wohnte eine Etage unter ihm. Sie hatte zwei Kinder, die ungefähr im gleichen Alter von Brigitte waren. Tatsächlich klopfte es auch schon an der Tür, es waren Steffi und Jan. Sie hatten gehört, dass oben bei Onkel Sebastian ein Mädchen zu Besuch war, dem wollten sie guten Morgen sagen.

Nun kam auch noch Sebastians Mutter, begrüßte mich freundlich und sagte: »Ihre Tochter habe ich schon kennengelernt, wir haben uns gestern Abend angefreundet. Ich habe ihr noch eine schöne Geschichte vorgelesen, damit sie besser einschlafen konnte.« Mutter Else saß nun auch bei uns am Frühstückstisch, lächelte mich freundlich an und sagte: »Sie sind also die Frau, die mein Sohn sofort heiraten will.«

Ach du liebe Zeit, dachte ich, der meint es wirklich ernst. Und wie es schien, gefiel ich seiner Mutter auch. Doch mir waren die Worte im Hals stecken geblieben, ich sagte zu allem kein Wort, denn mir war gerade wieder Stefan eingefallen. Was würde er von mir denken? Ich sollte mich schämen, was hier gerade passierte. Dass ich still geworden war, bemerkte Sebastian jetzt auch. »Lass mal, Mutti, das werden wir noch alles genau besprechen. Jetzt werde ich Monika erst einmal unser Haus und den Garten bei Tag zeigen, denn gestern Abend war es schon zu dunkel dafür.«

Die Kinder tobten im ganzen Haus herum. Sebastians Schwester Barbara lernte ich auch noch kennen. Hier schien die Welt in Ordnung zu sein, hier würden wir uns auch wohlfühlen. Ich dachte sofort wieder an mein Kind, das auf seine Mama immer verzichten musste, wenn sie abends in der Kneipe stand. Das war genau das, was ich meiner Tochter eigentlich ersparen wollte.

Ich ließ mich von Sebastian und seiner Mutter überreden, eine Freundin anzurufen, die einen neuen Zettel an meine Kneipentür kleben sollte: »*Ich bin noch eine Woche krank.*«

Nun lernte ich das ganze Haus kennen. Es gab einen großen Pool in dem manchmal rauschende Feste mit der Familie, Freunden und ihren Kindern gefeiert wurden.

Doch viel zu schnell ging die schöne Zeit zu Ende. Ich musste wieder zurück, musste meine Kneipe wieder öffnen. Brigitte wäre zu gerne geblieben, schon lange hatte ich sie nicht so glücklich gesehen. Mit Sebastian hatte ich viel Zeit verbringen können, um ihn besser kennenzulernen. Wenn es uns auch noch so gut gefallen hatte, ich konnte nicht länger bleiben. Es gab einen großen Abschied, alle waren ein bisschen traurig, auch den Kindern aus dem Haus gefiel es nicht, dass wir wieder weg mussten.

Als ich ein Stück Richtung Sauerland gefahren war, die Stadt hinter uns lag, hörte ich plötzlich von Brigitte, die vorher so viel geplappert hatte, nichts mehr. Wie ich dann nach hinten auf die Rückbank meines Autos schaute, sah ich, dass sie vor lauter Müdigkeit eingeschlafen war. Nun hatte ich auf der langen Fahrt viel Zeit, um über alles nachzudenken, was in den letzten zwei Wochen passiert war. Ich stellte fest, dass Sebastian sicher ein guter Vater für mein Kind wäre, aber ich hatte doch Stefan mein Versprechen gegeben, auf ihn zu warten. Verflixt, hatte ich mich auch noch in Sebastian verliebt? Was war bloß los mit mir? Oder dachte ich wieder nur an mein Kind? War ich doch nicht verliebt? Oder war es, weil es so schön bei Sebastians Familie war? Fragen über Fragen. Doch eines stand fest, ich hatte Sebastian ein bisschen liebgewonnen.

Mein altes Leben begann wieder. Ich stand in der Kneipe, bediente nette Gäste und auch Arschlöcher, die mir mein Leben schwer machten. Immer wieder sollte ich Alkohol trinken, den ich nicht mochte. Stattdessen kippte ich viel schwarzen Tee in mich hinein, den ich in eine leere Asbach-Flasche gefüllt hatte, um nicht mit den Gästen Alkohol trinken zu müssen.

So vergingen die Tage, aber Sebastian gab nicht auf. Plötzlich stand er wieder bei mir in der Kneipe. »Na, was ist«, fragte er, »hast du es dir überlegt, willst du meine Frau werden?« Er meinte es wirklich ernst. Da ich mit meiner Antwort zögerte, fuhr er fort: »Morgen werde ich schon nachmittags zu dir kommen, dann habe ich alle Papiere dabei und werde sie zum Rathaus bringen. Du solltest das auch tun.« Er wollte mich überrumpeln, doch mir ging alles viel zu schnell. Hatte ich nicht schon einmal den Fehler gemacht, einen Mann zu heiraten, den ich gerade mal sechs Wochen kannte? Sebastian sprach weiter: »Wenn alles erledigt ist, können wir in vier Wochen heiraten.« Ich lachte ihn bei diesen Worten an: »Es muss doch nicht so schnell sein, wir haben doch noch so viel Zeit.« »Nein, die haben wir nicht. Wenn ich nächste Woche wiederkomme, hole ich deine Papiere ab und bringe sie selbst zum Amt. Bis dahin hast du genug Zeit, um noch einmal über alles nachzudenken. Vergiss es aber nicht, ich möchte den Weg nicht umsonst gemacht haben.«

Hörte ich damals nicht den Ton, in dem er mit mir sprach? Oder war ich mit dieser Sache total überfordert? Warum ich es tatsächlich tat, weiß ich bis heute nicht. Aber als er nach einer Woche wieder bei mir in der Kneipe stand, mich anlächelte, konnte ich seinem Drängen nicht widerstehen. Ich gab ihm meine Papiere, er brachte sie am nächsten Tag persönlich zum Amt.

Die richtige Entscheidung?

Genau vier Wochen lagen zwischen unserem Kennenlernen und dem Hochzeitstermin. Eine schöne Dorfhochzeit in einem der Nachbardörfer war geplant, Sebastians Mutter hatte bereits das ganze Dorf eingeladen. Doch plötzlich erreichte uns die Nachricht, dass Stefan zurückkommen würde. Ich erschrak sehr darüber: Was tat ich da gerade? Und was würde ich Stefan nur Schreckliches damit antun? Das alles und vieles mehr ging mir durch den Kopf. Für einen der beiden Männer musste ich mich entscheiden.

Ich entschied mich für Sebastian, denn seiner Mutter konnte ich es jetzt nicht antun, einfach zu gehen. Sie hatte sogar in diesem Dorf, in dem wir heiraten wollten, eine Ferienwohnung für sich und uns gemietet und besonders schön eingerichtet. Wir sollten hier nun immer unsere Wochenenden verbringen. Mir ging es nicht besonders gut bei dem Gedanken an die Hochzeit, aber es gab kein Zurück mehr, es waren so viele Gäste eingeladen, auch alle Jäger aus dieser Gegend. Denn Sebastian gehörte zu den Jägern, er wurde hier öfter zur Jagd eingeladen.

Durch meinen Kopf ging plötzlich ein Gedanke: Ich hatte noch etwas zu erledigen, Stefans Auto war noch bei mir. Ich wusste, dass ich das Auto selbst zu Stefans Schwester bringen musste, was mir sehr schwerfiel, aber ich war doch kein Feigling. Das war ich auch Stefan schuldig.

Als ich vor der Türe stand und klingelte, seine Schwester mir öffnete, sagte ich: »Das Auto von Stefan, ich möchte es zurückbringen.« Sie schaute mich böse an, da hörte ich ihre Worte: »Das wird dir mein Bruder nie verzeihen, du hast ihm doch die Ehe versprochen.« Kaum hatte sie das ausgesprochen, nahm sie mir den Autoschlüssel aus der Hand und schlug die Türe zu.

Mit dieser Reaktion hatte ich nicht gerechnet. Ich stand wie angewachsen mit zitternden Knien da und hätte noch zu gerne gesagt, wie leid es mir tat. Eine ganze Weile blieb ich noch mit meinem schlechten Gewissen vor ihrer Tür stehen. Was hatte ich da bloß getan? Ich fühlte, dass mir die Tränen über mein Gesicht liefen. Zurück blieb der Gedanke: Wie wird es Stefan gehen, wenn er das erfährt?

Zur Hochzeit trug Sebastian einen Jagdsmoking, ich ein langes, elegantes, zartgrünes Kleid. Ich sah in diesem Kleid und mit meinen schwarzen Locken, die mir über die Schultern fielen, so schön aus wie seinerzeit in meinem weißen Hochzeitskleid.

Da ich schon einmal im weißen Kleid und katholisch in der Kirche geheiratet hatte, kam eine kirchliche Trauung jetzt nicht mehr infrage. Wie heißt es doch: Was Gott verbindet, soll der Mensch nicht trennen. Bei diesem Gedanken wurde mir übel. Machte ich gerade alles falsch? Würde ich das vielleicht einmal heimgezahlt bekommen?

Ja, ich hatte ein schlechtes Gewissen. Tatsächlich hatte ich gehört, dass Stefan zwischenzeitlich bei seiner Schwester angekommen war. In den Dörfern machen Nachrichten schnell die Runde und es gibt immer Menschen, die sich an solchen Nachrichten erfreuen. Nun ging plötzlich das Gerücht durch das Dorf, dass Stefan so verletzt und traurig wäre, dass er entweder mich oder Sebastian zu unserer Hochzeit erschießen würde.

Ich wollte und konnte es mir nicht vorstellen, aber wie sagt man? Liebende, enttäuschte Menschen sind manchmal zu allem fähig. Stefan hatte nichts mehr zu verlieren, denn seine große Liebe heiratete einen anderen Mann.

Als das Fest begann, hatte sich die Angst nicht nur bei mir, sondern auch bei allen unseren Hochzeitsgästen breitgemacht. Sebastian blieb immer in meiner Nähe und passte auf mich auf. Alles feierte, tanzte, doch ich fühlte mich nicht wohl. Da Menschen nun mal das Abenteuer lieben, warteten alle gespannt darauf, was wohl geschehen würde. Ich muss sagen, dass mir nicht wohl dabei war, denn ich fühlte ein Zittern in mir.

Da sah ich plötzlich unter den Gästen meine Mama und meinen Stiefvater. Mit allem hätte ich heute gerechnet, nur nicht damit, dass Mama zu meiner Hochzeit kommen würde. Ich musste mich zusammennehmen, dass ich nicht weinte, denn meine Freude war so groß. Mama nahm mich in ihren Arm, gratulierte mir zur Hochzeit, doch im gleichen Moment sagte sie: »Ein Geschenk haben wir dir nicht mitgebracht, man weiß ja nicht, wie oft du noch heiratest.« Na ja, dachte ich, der Satz war nicht der schönste, aber besser als der, den sie mir sagte, als ich Gottfried heiratete: »Na, mein Kind, ob das wohl der richtige Mann für dich ist?« Für einen Moment war ich damals sehr enttäuscht gewesen, aber dass sie irgendwann Recht haben sollte, hatte ich da noch nicht gewusst.

Es wurde jetzt doch noch ein schönes Fest. Sebastians Mutter hatte eine nette, alte, ziemlich große Dorfkneipe gemietet und das Büfett zog sich durch alle Räume. Die Polonaise mit all unseren Gästen führte durch das ganze Dorf, es wurde getrunken, gegessen und viel gelacht.

Bei dem ganzen Trubel wollte ich mich für einen Moment ein wenig ausruhen Ich stellte mich an einen dicken Vorhang neben dem Tresen im Restaurant, denn dort fühlte ich mich unbeobachtet. Doch ich erschrak, denn hinter dem Vorhang sah ich plötzlich meinen Papa stehen, als ob er auf mich gewartet hätte. Er nahm mich sofort in seine Arme. Ich dachte, er wolle mir zur Hochzeit gratulieren, doch plötzlich küsste er mich leidenschaftlich. Er küsste mich, umklammerte mich, als wollte er mich nie wieder loslassen. Ich wollte mich wehren, aber seine Arme waren um mich geklammert und ich konnte mich nicht befreien. Ich zitterte vor Angst, dass es jemand sehen könnte. Doch er lachte, als er mich losließ, und die Worte, die er jetzt sagte, konnte ich kaum glauben: »Du gehörst nur mir, das wird so bleiben, auch wenn du noch so oft andere Männer heiratest.« Kaum hatte er mich losgelassen, ging ich eilig, mit zitternden Knien wieder zu den anderen Gästen, aber noch lange dröhnten seine Worte in meinen Ohren.

Nun war ich sehr still geworden und hoffte, dass heute nicht noch einmal etwas passiert. Ich blieb immer in der Nähe von Sebastian. Gut, dass niemand mitbekommen hatte, was da gerade geschehen war. Die Feier ging weiter, einen Mord gab es auch nicht.

Mein Mann und ich verließen heimlich unsere Gäste, fuhren in ein sehr schönes Hotel, in dem Sebastian für unsere Hochzeitsnacht ein schönes Zimmer gemietet hatte. Es wurde eine wunderbare Nacht.

Nach der Hochzeit blieben wir noch für einige Zeit in der Ferienwohnung. Meine Schwiegermutter hatte Brigitte mit nach Wuppertal genommen. Sebastian wurde zur Jagd eingeladen und ich ging oft im Wald spazieren. Da hatte ich viel Zeit, über so manches nachzudenken.

Stefan mein Seebär hatte durch seine Schwester bestellen lassen, dass er mich ein letztes Mal sehen möchte. Diesen Wunsch wollte ich ihm nicht abschlagen, das war ich ihm schuldig. In einem kleinen Café im Nachbarort waren wir verabredet. Als ich die Tür öffnete, sah ich ihn an einem Tisch sitzen, er wartete schon auf mich. Ich fühlte, wie mein Herz klopfte, mir war heiß geworden.

Höflich stand er auf, küsste meine Hand und hielt eine rote Anthurie in seiner linken Hand. Dann nahm er mich in seinen Arm, mit einem zarten Kuss auf meine Lippen begrüßte er mich. Keine Vorhaltungen, keine hässlichen Worte, nur die Liebe in seinen traurigen Augen. Worte, die mein Herz erreichten, hin und wieder ein Lächeln, seine Hand streichelte zart die meine. Wir tranken zusammen Kaffee, doch unsere Gespräche zogen sich wie Kaugummi, sie waren nicht wirklich wichtig. Ich glaube, wir wussten beide nicht, worüber wir reden sollten. Es war die Traurigkeit zwischen uns. Ich fühlte, dass wir noch viel Gemeinsames hatten. Er erkundigte sich nach Brigitte, da sah ich Tränen in seinen Augen. Für eine Weile schien die Zeit zurückgedreht, für ihn hätte es ewig so bleiben können, aber leider geht manchmal die Zeit viel zu schnell vorbei.

Beim Abschied nahmen wir uns in die Arme, ein zarter Kuss berührte wieder meine Lippen. Ich schmeckte das Salz seiner Tränen, aber ich ging und drehte mich nicht mehr um. Als ich in meinem Auto saß, weinte auch ich. Doch mein Leben ging weiter. Ich musste lernen, Stefan zu vergessen.

Eines Tages klingelte das Telefon, es war die Schwester von Stefan. Ein plötzlicher Schauer lief über meinen Rücken, als ich ihre Worte hörte: »Stefan ist tot, das hast du verschuldet, er ist aus Kummer herzkrank geworden und gestorben. Er lag in seinem Zimmer, mit einer roten Anthurie an seinen Lippen.«

Lange schaute ich noch das Telefon an, konnte es nicht glauben, was ich gerade gehört hatte. Lieber Gott, hörte es denn nie mehr auf? War ich jetzt auch noch schuld an dem Tod eines geliebten, wundervollen Menschen? Was war ich? Ein Monster, das Menschen traurig machte? Hatte ich nicht schon meinem ersten Ehemann Kummer gebracht? In mir drehte sich alles, ich weinte bittere Tränen.

Nach einiger Zeit ging ich zum Friedhof, mit einer roten Anthurie in meiner Hand, die von Tränen bedeckt war, und legte sie auf sein Grab mit den Worten: »Leb wohl, mein Seebär. Sicher bist du jetzt in einer besseren Welt. Denn deine Welt war die See, das Land hat dir kein Glück gebracht.« Mir schien, dass Liebe doch krank machen kann, denn Stefan hatte alles verloren. Er hatte seine Seefahrt aufgegeben und mit dem Verlust seiner großen, einzigen Liebe auch den Mut zum Leben. Man erzählte mir, er hätte monatelang in seinem Zimmer gesessen und die Briefe, die ich ihm geschrieben hatte, immer und immer wieder gelesen. Niemand hatte ihn mehr draußen gesehen. Ich fühlte mich schuldig, aber ich konnte es nicht mehr ändern.

Viele Jahre später machte mir dann auch noch mein Kind Vorwürfe, sie hätte Onkel Stefan so lieb gehabt, aber ich hätte ihn im Stich gelassen. Onkel Stefan hätte ihr erzählt, dass er nun endlich so viel Geld mit der Seefahrt verdient hätte, dass wir ohne Kneipe leben könnten. Ich machte mir nach diesen Worten schreckliche Vorwürfe. Wollte ich das Gute nicht? Zog ich vielleicht das Böse an?

Wieder bat ich des Nachts meinen Papa im Himmel um Hilfe, so wie ich es immer getan hatte, wenn ich in der schwarzen Baracke in Russland einen Stern am Himmel sah. »Lieber Papa, lass mich doch alles richtig machen«, waren mal wieder meine Worte.

Die ersten Ehejahre

Unsere Hochzeitsreise verbrachten Sebastian und ich in der Eifel. Sebastian war dort zur Jagd eingeladen. Doch leider ging es mir am Tag der Jagd nicht gut, ich hatte mir eine Blasenentzündung zugezogen. Sebastian sagte lachend: »Du wirst in der Pension bleiben, dich erholen, ein warmes Bad nehmen, dich gesund schlafen, dann wirst du am Abend wieder fit sein, wenn alle zum Essen da sind.« Mir kam der Tag sehr lang vor, aber ich tat alles, was Sebastian gesagt hatte, und schlief viel.

Plötzlich flog die Zimmertüre auf. Mein wilder Jäger, mit dem Gewehr über der Schulter und übel riechend, kam auf das Bett zu und ließ sich auf mich fallen. Er hatte sich keine Zeit genommen, seine Jagdklamotten auszuziehen, sein Gewehr lag neben mir im Bett. Ich atmete den Duft des Waldes ein und hatte das Gefühl, dass ich heute seine beste Jagdbeute sein sollte. Wir liebten uns und wären am liebsten die ganze Nacht liegen geblieben. Das war leider nicht möglich, weil die Jäger unten im Restaurant auf uns warteten.

Es wurde dann aber doch noch ein lustiger Abend mit den Jägern. Sie sprachen über ihr erlegtes Wild, dabei wurde natürlich auch viel getrunken. Als wir endlich ins Bett gingen, konnte ich schlecht einschlafen, das lag sicher daran, dass ich fast den ganzen Tag verschlafen hatte. Ich war hellwach, aber nun konnte ich meinen Gedanken nachgehen. Denn mich plagte ein schlechtes Gewissen. Schon wieder hatte ich mein Kind bei Oma gelassen, war ohne sie mit Sebastian in die Eifel gefahren. Vernachlässigte ich vielleicht jetzt auch noch mein Kind? War ich eine schlechte Mama? Kümmerte ich mich zu viel um Sebastian? Alles Fragen, die mich nicht losließen.

Aber ich war verheiratet, musste ja auch meinem Mann gefallen, ihm eine gute Frau sein. Vielleicht würde mein Kind das später einmal verstehen? Oder hätte ich mit meinem Kind alleine bleiben sollen? Oder hätte ich doch ihren geliebten Onkel Stefan heiraten sollen? Oder störte ein neuer Mann auch die Zweisamkeit zwischen Mutter und Tochter? Wie schwer es war, alles richtig zu machen.

Ich wollte immer alles richtig machen, aber tat ich es auch? Ich wollte meinem Kind doch nur ein schönes Leben bereiten, damit es in guten Verhältnissen aufwachsen konnte. Na ja, ich hoffte, doch etwas richtig gemacht zu haben, denn die Kneipe hatten wir nicht mehr. Nun sollte ein neues Leben in Wuppertal beginnen.

Nach der Heimreise aus der Eifel ging es mir nicht gut, mir war oft übel und ich erbrach, wenn es nach etwas Essbarem roch. Ich nahm ab, obwohl das nicht nötig war, denn ich war sehr schlank, hatte Kleidergröße 36. Bald bemerkte ich, dass ich schwanger war, obwohl das nicht möglich sein konnte, denn mein Arzt hatte mir nach der Geburt von Brigitte gesagt, ich würde nie wieder schwanger werden, wegen der Abtreibung von dem Kind meines Stiefvaters. Mir war es nur recht, denn die Geburt von Brigitte war so schwer, dass ich so etwas nie wieder erleben wollte.

Aber ich war tatsächlich schwanger, wie mein Arzt feststellte. Alle freuten sich über meine Schwangerschaft, auch ich war glücklich, dass Brigitte ein Geschwisterchen bekommen sollte. Da erfuhr ich plötzlich, dass Sebastian schon einmal verheiratet war und einen Sohn hatte, weshalb er sich jetzt eine Tochter wünschte. Ich sagte scherzend: »Wir haben doch schon ein Mädchen, ich möchte so sehr einen Sohn haben.«

Brigitte ging mittlerweile schon in die Schule. Zur Feier ihrer ersten heiligen Kommunion waren alle eingeladen: ihre Oma und ihr Opa aus Düsseldorf, meine Mama und Papa, auch Erich kam, denn er war Pate von Brigitte, ebenso wie Tante Rita. Sorgen machte ich mir nur wegen Papa, doch es gab Gott sei

Dank keine Gelegenheit, dass er mir zu nahe kommen konnte, wie bei meiner Hochzeit.

Eines habe ich nie verstanden: Warum blieb Mama trotz allem, was passiert war, bei diesem Mann? Tat sie es der Kinder wegen? Oder hatte sie Angst, allein zu leben? Oder suchte sie vielleicht die Schuld bei mir? Ich habe es nie erfahren, doch eines weiß ich genau: Dass ein 14-jähriges Kind nicht die Schuld an einer Vergewaltigung tragen kann. Wie auch immer, Mama blieb bei ihrem Mann, und das war für alle irgendwie gut.

Irgendwann lernte ich Sebastians geschiedene Frau Karin kennen. Sie war eine hübsche Frau, war Lehrerin in einer Grundschule. Es entwickelte sich ein nettes Verhältnis zwischen ihr und mir. Sie half Brigitte bei den Schulaufgaben und brachte uns oft ihren Sohn Alexander, wenn sie etwas Besonderes vorhatte. Alexander war zwei Jahre alt, als ich ihn das erste Mal sah, ein hübscher kleiner Junge, er wurde von uns allen geliebt. Ich schloss ihn sofort in mein Herz, und nach einiger Zeit war er für mich fast so wie ein eigener Sohn. Auch er sagte mir oft: »Ich hab dich lieb, Tante Monika.«

Eines Tages, als Karin mal wieder bei uns war und wir beide alleine Kaffee tranken, sagte sie zu mir, sie wüsste eigentlich nicht, warum sie überhaupt geschieden worden war, sie sei sich keiner Schuld bewusst. Als ich diese traurigen Worte hörte, tat sie mir leid. Ich machte mir viele Gedanken darüber.

Ein anderes Mal, als Karin und ich wieder allein in unserem Wohnzimmer saßen, kam es zwischen uns zu sehr vertraulichen Gesprächen. Nun erzählte Karin, dass Sebastian während ihrer Ehe eine Freundin gehabt hatte. Er hatte diese Frau im Geschäft seiner Mutter kennengelernt, wo sie arbeitete, und ihr eine Wohnung eingerichtet, in der er ständig Zeit mit ihr verbrachte. Als Karin ihren gemeinsamen Sohn bekam, besuchte Sebastian sie noch nicht einmal im Krankenhaus, sondern war bei seiner Freundin.

Als ich diese traurigen Worte hörte, bekam ich ein ganz anderes Bild von meinem Mann. Was war das? Hatte ich doch den falschen Mann geheiratet? Doch Karin erzählte weiter, dass Sebastians Mutter es nicht für gut hielt, was ihr Sohn damals tat, aber sie wollte sich nicht einmischen. Die Liebe zu ihrem Sohn war sehr groß, sie wollte sich auf keinen Fall mit ihm zerstreiten, so blieb sie still und sagte nichts. Doch etwas tat sie dann doch, sie entließ die Freundin ihres Sohnes aus dem Geschäft.

In mir war nun alles etwas durcheinandergeraten, ich konnte kaum glauben, was ich da gehört hatte. Karin weinte bei ihrer Erzählung, so wusste ich, dass sie die Wahrheit sagte. Als sie dann wiederholt erklärte, sie wüsste, nicht warum sie geschieden worden war, fühlte auch ich, dass ich den Tränen nahe war.

Als Sebastian am Abend aus dem Geschäft seiner Mutter nach Hause kam, fragte er nach dem Besuch seiner geschiedenen Frau. Er schaute mir dabei ins Gesicht und merkte gleich, dass etwas nicht in Ordnung war. Aber sofort hörte ich ihn auch schon sagen: »Schatz, ich muss dir noch etwas erzählen. Ich hatte mal eine Freundin in meiner ersten Ehe, aber das ist längst vorbei. Stell dir vor, wie ich es geschafft habe, sie loszuwerden.« Er redete und redete, aber sehr aufgeregt, sicher, um mich abzulenken. Oder wollte er, dass ich ihm glaubte? Was sollte ich dazu sagen, als er mich fragend ansah? Sebastian sprach schnell weiter: »Einer meiner Jagdfreunde war immer ganz heiß auf diese Frau; ich gab ihm 50 DM, er sollte sie zum Essen einladen, sie auch noch ein bisschen bürsten«, so waren Sebastians Worte, »damit ich sie loswerde. Und tatsächlich ging mein Plan auf. Sie wurde tatsächlich die Freundin meines Jagdfreundes. Ja, diese Frau«, sprach Sebastian weiter, »wollte in ihrem Leben nach oben, und da war ihr jeder, der mehr Geld hatte, recht.« So war Sebastian also seine Freundin losgeworden und hatte dann wieder die Möglichkeit, eine neue Frau kennenzulernen, und die war ausgerechnet ich – na toll! Würde er mich eines Tages auch mal so abservieren? Was war das für ein Mann an meiner Seite? Das musste ich erst einmal alles verdauen, was ich da gehört hatte. So langsam sollte ich wohl die mir unbekannten Seiten meines Mannes kennenlernen.

Sebastian war ein sehr unruhiger Mensch, alles musste schnell, am besten sofort passieren. Er war nicht zufrieden, wenn er nur mit mir allein war, immer mussten andere Menschen da sein, immer musste etwas los sein.

Eines Tages kam er aus dem Geschäft von Oma etwas früher nach Hause und sagte zu meiner Verwunderung: »Schatz, ich habe Kinokarten für einen Film in Gelsenkirchen geschenkt bekommen.« Ich Dummchen machte mir natürlich keine Gedanken, dass wir bis Gelsenkirchen ins Kino fahren sollten, und fragte Oma, ob sie auf Brigitte aufpassen könnte. Das wäre doch selbstverständlich, sagte sie sofort. Ich wusste mittlerweile, dass sie für ihren Sohn alles tat, nicht unbedingt mir zuliebe. »Wir wollen ins Kino gehen, Oma«, erklärte ich. Doch bei der Frage, was es für ein Film sei, konnte ich ihr keine Auskunft geben, denn ich hatte vergessen, Sebastian danach zu fragen.

Tatsächlich freute ich mich, mit meinem Mann einmal alleine ins Kino zu gehen. Mein kleines schwangeres Bäuchlein versteckte ich geschickt unter meinem Kleid. Auf der Fahrt nach Gelsenkirchen fragte ich neugierig, wie der Film denn heiße. Er sagte nur kurz: »Lass dich überraschen.« Da ich eine brave Ehefrau war, fragte ich auch nicht weiter. In Gelsenkirchen angekommen, stellte ich fest, dass mir das Kino schon von außen nicht gefiel, aber sicher lag es daran, dass es schon dunkel draußen war. Es sollte mir ja auch nicht das Kino, sondern der Film gefallen.

Als wir das Kino betraten, kam es mir seltsam vor, denn so ein Kino hatte ich noch nie gesehen: Tische, Stühle, runde

Bänke, an denen mehr Männer als Frauen saßen. Alle tranken Bier, auch noch andere Getränke, die ich aus der Entfernung nicht erkennen konnte. Es waren fast alle Plätze besetzt, wir hatten Platzkarten und saßen Gott sei Dank alleine an einem kleinen, runden Tisch. Ich fühlte mich nicht wohl, warum, wusste ich jetzt noch nicht. Doch ich fing plötzlich an, innerlich zu zittern, das geschah immer dann, wenn ich Gefahr spürte.

Kellnerinnen mit kurzen Röckchen, oben sehr offenherzig, gingen durch die Tische zum Bedienen. Ich hatte mich ganz nah an Sebastian gedrückt und bestellte ein Wasser ohne Kohlensäure, Sebastian bestellte ein Bier. Mir war unheimlich zumute, dieses leise Zittern, das mich in extremen Situationen überkam, wurde stärker und stärker, aber ich wagte keine Frage zu stellen. Wir saßen wie ein Liebespaar eng nebeneinander, mit zitternder Stimme sagte ich: »Nun kann der Film aber bald anfangen.«

Kaum hatte ich das ausgesprochen, war auch schon jede Menge Reklame zu sehen, dann aber plötzlich eine nackte Frau in Lebensgröße, ein nackter Mann und dazu spielte zärtliche Liebesmusik. Es kam alles anders, als ich mir gedacht hatte, denn ich hatte geglaubt, einen schönen Liebesfilm zu sehen, doch was ich jetzt sah, war alles andere als das. Zum ersten Mal in meinem Leben sollte ich mit übergroßen Bildern einen knallharten Pornofilm sehen. Ich wurde immer kleiner in meinem Sessel und schämte mich sehr, hier zu sitzen.

Doch plötzlich ging das Licht an und ein Micky-Maus-Film war auf der Leinwand zu sehen. Wieder liefen die Kellnerinnen mit ihren nun freien Busen herum, um Getränke zu verkaufen. Mir aber ging es schlecht, meine Übelkeit machte mir zu schaffen. Wie sollte ich das hier verstehen, diese verliebte Musik und das, was ich da auf der Leinwand zu sehen bekam? Und Sebastian fragte nun auch noch, ob es mir gefallen habe. Da er keine Antwort bekam, schaute er mich an. Meine Tränen konnte ich nicht mehr verbergen, ich wäre am liebsten vor Scham gestorben. »Lass uns noch einen Teil ansehen, der wird bestimmt besser. Wenn es dir nicht gefällt, fahren wir nach Hause.« Schon ging auch das Licht wieder aus, doch nun ging es erst richtig los, es wurden immer mehr Frauen und Männer, die es alle miteinander trieben. Ich zitterte nun richtig, meine Zähne klapperten aufeinander, ich konnte mich nicht mehr zurückhalten, stand auf und wollte gehen. Sebastian hielt mich zuerst fest, ging aber dann doch mit mir nach draußen.

Kaum hatten wir das Kino verlassen, musste ich so erbrechen als ob mein ganzer Magen mit hinauswollte. Auf der Fahrt nach Hause wurde kein Wort gesprochen, ich war stumm bis zum nächsten Morgen.

Eine gewisse Unruhe blieb in mir zurück, doch nach einiger Zeit hatte ich es dann auch wieder vergessen, nein, nicht vergessen, aber weit weggeschoben.

Wir hatten ein schönes Zuhause, und Probleme mit meinem Babybauch hatte ich auch nicht, bis auf das tägliche Erbrechen. Doch mein Arzt, der auch Freund des Hauses war, gab mir eine Tablette, die mir half. Nur wenn ich sie mal vergaß, war das Erbrechen wieder da. Keine Arbeit war mir zu viel, ich schaffte alles mit links, trotz der Schwangerschaft. Das Baby in meinem Bauch wollte wohl unbedingt in dieses Leben, so fest hielt es sich an mir fest. Es wurde eine sehr schöne Zeit der Schwangerschaft. Sebastian war ein guter Mann, wir hatten viel Spaß miteinander.

In dieser Zeit gab es auch noch die autofreien Wochenenden. Die ganze Familie war dann damit beschäftigt, in unserem Garten ein neues Gartenhaus zu bauen, während ich meistens dafür sorgte, dass es etwas Gutes zu essen gab. Mir wurde auch nicht schlecht beim Kochen, denn ich nahm immer brav meine Tablette. Sebastian sagte einmal im Scherz: »Wenn es so weitergeht mit deiner Tablette und wir ein Mädchen bekommen, muss sie nach diesem Medikament heißen: Lenotan.«

Eines Tages, als Sebastian mal wieder an unserem neuen Gartenhaus bastelte, schlug er sich mit dem Hammer auf den Daumen: »Ich blute! Mein Daumen ist ab!«, so rannte er schreiend durchs Haus. Alles lief zusammen, Oma, Barbara, die Kinder, nur ich saß über die Toilette gebeugt und kotzte mir die Seele aus dem Hals, nachdem ich das Schreien gehört hatte. Oma versorgte ihren jammernden Sohn, aber plötzlich stellten alle fest, dass es nicht so schlimm war, wie es aussah, der Daumen war auch nicht ab. Als ich dann von der Toilette kam, sah ich kreideweiß oder grün aus, da begegnete mir Sebastian mit den Worten: »Na, du hast aber kein Mitleid mit mir, wo warst du?« Doch als er dann sah, wie ich aussah, taten ihm seine Worte leid.

Gegen Ende meiner Schwangerschaft suchte ich einmal wieder unseren Freund Hans, meinen Frauenarzt, in seiner Praxis auf. Da erzählte er mir, dass er die kommende Woche in den Urlaub fahre, ich dann aber mein Baby bei einem anderen Arzt in der Klinik bekommen werde. Als ich seine Praxis verließ, beschloss ich, dass ich mein Kind auf keinen Fall bei einem anderen Arzt bekommen werde.

So schnell ich konnte, fuhr ich nach Hause, um mich in eine Badewanne mit heißem Wasser zu legen. Dann trank ich noch ein Glas Rotwein und tatsächlich: Ich hatte Glück, es setzten die Wehen ein. Sofort fuhr ich zurück in die Arztpraxis. Als Hans mich sah, lachte er und sagte: »Wie hast du das so schnell geschafft? Dann sei mal heute Abend bis spätestens zehn Uhr bei mir im Krankenhaus.« Glücklich fuhr ich nach Hause, sagte aber nichts von dem, was ich vorhatte, denn Sebastian hatte für den Abend noch Gäste eingeladen.

Alle Gäste waren gut gelaunt, das Essen hatte ihnen sehr gut geschmeckt. Doch fühlte ich plötzlich neue Wehen, da fiel mir wieder ein, dass ich um 22 Uhr im Krankenhaus sein sollte. Leise flüsterte ich: »Sebastian, wir müssen ins Krankenhaus, meine Tasche ist schon gepackt.« Noch saß er auf seinem Stuhl, aber kaum hatte ich es ausgesprochen, kam Panik auf. Laut fragte er: »Warum sollen wir ins Krankenhaus?« Ich lachte ihn an, streichelte ihm über seinen Kopf. »Warum wohl? Weil sich unser Baby anmeldet.«

Nun ging alles sehr schnell. Er brachte mich in Windeseile ins Krankenhaus. Unsere Gäste feierten mit Barbara weiter und warteten neugierig, bis Sebastian wieder zurückkam. Im Krankenhaus verging die Nacht schnell, denn ich konnte gut schlafen, aber Wehen hatte ich keine mehr.

Am Morgen wurde ich in den Entbindungsraum gebracht, in dem nur Krankenschwestern waren. Als ich sah, dass ich hier mit ihnen alleine war, gefiel es mir sehr gut. Nicht so wie damals, als ich Brigitte zur Welt brachte, wo hinter grünen Vorhängen Frauen lagen und warteten, bis sie ihr Baby bekamen, sich aber bei ihren Schmerzen keiner um sie kümmerte.

Da kam auch schon mein Arzt, er lächelte mich an: »Was soll ich mit dir nur machen? Ich gebe dir jetzt eine Spritze, du ruhst dich noch ein bisschen aus. Wenn die Wehen wieder da sind, komme ich zur rechten Zeit zu dir.«

Die Schwestern waren auch gegangen, nun hatte ich Zeit, mich hier ein bisschen umzusehen. Plötzlich bekam ich Wehen, drückte auf die Klingel, die mir die Schwestern auf meinen Kugelbauch gelegt hatten, und schon waren alle da. Ich sah noch gegenüber an der Wand eine Uhr: Es war kurz vor elf. Na ja, dachte ich, jetzt steht Sebastian mit Oma im Geschäft, sie bedienen ihre Kunden und warten aufgeregt auf eine Nachricht aus dem Krankenhaus. Ich bekam noch schnell eine Beckenboden-Spritze, und mit vereinten Kräften, ohne große Schmerzen kam mein Kind zur Welt. Mein Baby war da, ein kleines, süßes Mädchen.

Sebastian hatte es wohl sehr eilig, sein Mädchen zu sehen, denn mit einem großen Strauß roter Rosen stand er plötzlich neben meinem Bett. Wir waren in diesem Augenblick die glücklichsten Eltern der Welt, einfach nur glücklich über unser Kind. Sebastians Wunsch war nun doch in Erfüllung gegangen, er wollte ja unbedingt ein Mädchen haben, das hielt er nun in seinen Armen. Na ja, dachte ich, irgendwann werde ich schon meinen Sohn noch bekommen.

Nur drei Tage war ich im Krankenhaus und entließ mich dann selbst, obwohl mein Arzt es nicht erlaubte. Doch ich hatte gehört, dass Sebastian ein Fest in unserem Garten geben wollte, und hatte ein ungutes Gefühl, als ich davon erfuhr. Ich weiß nicht, warum, denn es war doch alles in bester Ordnung.

Ich ließ mich vom Krankenhaus nicht abholen, sondern bestellte ein Taxi. Ich wollte Sebastian überraschen, ihm damit eine Freude machen, wenn ich zu seinem Fest da war.

Zu Hause angekommen, stand ich auf wackligen Beinen vor meinem Spiegel. Als ich mein Kleid anziehen wollte, hoffte ich, dass es auch nicht zu klein geworden war. Aber es passte, ich hatte mir in der Schwangerschaft vorgenommen, nicht für zwei zu essen. Da ich Sebastian nur so kurze Zeit kannte, wollte ich immer schön für ihn sein. Tatsächlich, ich war so schlank wie vor der Schwangerschaft.

Langsam, mich am Treppengeländer festhaltend, ging ich in den Garten hinunter, in dem ich das laute Lachen der vielen Gäste schon hören konnte. Nein, mir ging es nicht gut, ich hätte im Krankenhaus bleiben sollen, jetzt machte ich mir Vorwürfe. Aber da waren in meinem Kopf noch immer die Worte von Karin, dass Sebastian sie im Krankenhaus, als sie ihren Sohn bekam, noch nicht einmal besucht hätte, da er mit seiner Geliebten im Bett lag.

Und tatsächlich, es bestätigte sich mein unruhiges Gefühl. Denn als ich in den Garten kam, sah ich Sebastian mit einer blonden Frau im Arm lachend stehen. Doch als er mich sah, löste er sich von ihr und kam zu mir. Aber leider konnte ich nicht lange bei unseren Gästen bleiben, meine Knie fingen an zu zittern, mir ging es schlecht. Wie lange das Fest noch dauerte, weiß ich nicht, denn ich hatte es doch schnell verlassen. Nein, Sebastian begleitete mich nicht nach oben in unsere Wohnung, sondern ließ mich alleine gehen.

Über das Fest wurde am nächsten Tag und auch später nicht mehr gesprochen. Ich stellte keine Fragen, er sagte nichts. Aber Sebastian freute sich sehr über unser Baby, schnell war mein Kummer vergessen. Mein Mann konnte nicht schnell genug einen Namen für sein kleines Mädchen finden. Wir griffen in unserem Bücherregal nach dem Buch mit den vielen Namen, das uns Oma in meiner Schwangerschaft geschenkt hatte. Sebastian durfte einen Namen aussuchen, weil wir ein Mädchen bekommen hatten. Wäre es ein Junge gewesen, hätte ich nach einem Namen suchen dürfen. Ich hielt ihm das Buch hin, er tippte mit geschlossenen Augen mit seinem Finger darauf. Als er die Augen öffnete, stand dort »Aylin«. Später erfuhren wir, dass der Name Aylin kein Geschlecht nachweisen konnte, so sagte Sebastian: »Dann heißt unsere Tochter eben Aylin Daniela.« Ich hatte keine Einwände, wir nannten das kleine Wesen aber immer nur Aylin.

Aylin wuchs in einem schönen Zuhause auf, die Welt war für sie in bester Ordnung. Auch Brigitte freute sich über ihr neues Geschwisterchen. Es kamen schöne Zeiten auf uns zu und wir fuhren oft ins Sauerland, wo Oma Else noch immer ihre Ferienwohnung hatte. Sebastian ging dort zur Jagd, während ich mit meinen Kindern durch den Wald spazierte.

Es waren immer sehr schöne Tage, die wir im Sauerland verbrachten. Doch es kam die Zeit, da wollte ich Sebastian auch einmal Düsseldorf zeigen. Dass das ein großer Fehler sein sollte, wusste ich jedoch noch nicht.

Die Ehe-Hölle beginnt

Eines Tages fuhren wir nach Düsseldorf in meine alte Heimat. Na ja, »Heimat« konnte ich es nicht unbedingt nennen. Es war die Stadt, in der ich mehrere Jahre gelebt hatte, die ich aber nie lieben lernte, denn es hing zu viel Schmerz für mich daran. Aber ich wollte Sebastian zeigen, wo ich überall gewohnt und gelebt hatte. Auch wenn ich in meinem bisherigen Leben an vielen Orten zu Hause war, so waren meine Wurzeln doch nirgends, so hatte ich wiederum kein Zuhause, leider.

Ich wollte Sebastian die Stadt, aber vor allem die Königsallee zeigen, die hatte er noch nie gesehen. Ich erzählte ihm, dass ich hier einmal gewohnt hatte, sagte aber nicht, dass ich sehr schlechte Zeiten hier erlebt hatte und mir die Erinnerung an all die schweren Jahre immer noch wehtat. Auf der Königsallee setzten wir uns in ein nettes Café und beobachteten die Menschen, die hin und her spazierten.

Doch plötzlich nahm das Unglück seinen Lauf. An nichts Böses denkend, sah ich eine Bekannte von früher: Uschi. Sie kam auf uns zu, begrüßte uns freundlich und erzählte so ganz nebenbei, dass sie mal mit Erich geschlafen hätte. Na ja, warum auch nicht, dachte ich. Uschi war eine Blondine mit übergroßem Busen, den sie immer noch mit einem tiefen Ausschnitt ihrer Bluse sehen ließ. Bei diesem Einblick konnte so mancher Mann schon schwach werden.

Da, plötzlich, wenn man vom Teufel spricht, kam auch Erich vorbei. Ich hatte vergessen, dass wir uns hier im Jagdgebiet für Frauen und Männer befanden. Auf der Königsallee traf sich alles, gute Menschen, Jäger, die das Stöckelwild jagten, Gangster, Ganoven, aber auch brave Leute, so wie wir.

»Na, habt ihr alle keine Arbeit?«, frotzelte Erich. Und zu Uschi sagte er: »Erzähle nicht so viel, das geht doch niemand etwas an.« Als Uschi dann doch anfing zu erzählen, wurden Sebastian und Erich neugierig. »Ich bin von Heinz geschieden«, hörte ich sie sagen, »aber die Kinder sind bei mir.« Ich war so erschüttert über ihre Worte, dass ich es kaum glauben konnte und sagte: »Eure Ehe war doch in bester Ordnung.« »Ja«, antwortete Uschi, »war sie auch, wenn da nicht die Sache mit den privaten Clubs gewesen wäre.« Sie ließ sich in ihrer Erzählung nicht unterbrechen. Beide Männer hörten ihr neugierig zu. »Wenn er diese verflixten Clubs nicht kennengelernt hätte«, hörte ich sie wieder sagen, »wären wir immer noch verheiratet.« Nun hatte sie aufgehört zu sprechen, ich sah, dass ihre Augen feucht geworden waren, es schien immer noch wehzutun, was damals geschehen war.

»Welche Clubs, wovon sprichst du?«, fragte Erich neugierig. »Ach, kennt ihr die denn nicht? Das sind Pärchen-Clubs, da kann man nur zu zweit hingehen«, erklärte Uschi. »Man bezahlt eine bestimmte Summe für den Eintritt, dann sind Essen und Trinken frei, nur Champagner muss extra bezahlt werden.«

Nun waren beide Männer richtig neugierig geworden. »Was passiert dort sonst noch?«, kam sofort die Frage. »Na, was schon?«, sagte Uschi etwas gereizt. »Rudelbumsen natürlich. Mein Mann Heinz hat dort seine neue Freundin gefunden.«

Uschi erzählte noch einiges, was ich widerlich fand, mich ekelte es an. Plötzlich fühlte ich wieder ein leises Zittern in mir, das bedeutete nichts Gutes. Was ich aber jetzt noch nicht wusste: Der Grundstein allen Übels war gelegt, der Feind schlich sich in unser Leben.

Als wir wieder zu Hause waren, dachte ich, dass Sebastian alles vergessen hätte, was er von Uschi gehört hatte. So etwas war in unserer Ehe nicht möglich, weil wir uns liebten, da konnte so etwas nicht passieren. Doch die Zweifel schlichen sich ein: Hatte Heinz nicht auch seine Uschi geliebt? Waren sie nicht ein tolles Paar gewesen?

Eines Tages sagte Sebastian, wie ganz zufällig: »Ich habe mich mal umgehört, ob es diese Clubs, von denen Uschi gesprochen hat, überhaupt gibt. Stell dir vor«, sprach er schnell weiter, »die gibt es wirklich, einer ist sogar ganz in unserer Nähe!« Na ja, was soll es, dachte ich, mich interessiert das nicht. Doch plötzlich hörte ich die Worte von ihm: »Lass uns doch einmal hinfahren, mich interessiert es, ob das, was Uschi erzählt hat, wirklich stimmt, denn ich kann es mir kaum vorstellen.« Schnell antwortete ich: »Nein, ich habe kein Interesse an solchen Dingen, lass uns lieber davon fernbleiben.« Aber er gab keine Ruhe, er fing an, alles rosig auszumalen: »Wir können es uns doch nur einmal ansehen, wir brauchen doch da nichts zu machen. Wenn es uns nicht gefällt, dann fahren wir eben sofort wieder nach Hause.«

Ich ging nicht darauf ein, aber am nächsten Tag begann er wieder mit dem gleichen Thema: »Lass uns doch nur einmal sehen, ob es stimmt, was Uschi da erzählt hat.« Sebastian gab sich alle Mühe, mich zu erweichen. Ich liebte ihn und ich wollte auch nicht, dass er mir böse war. So schaffte er es dann doch, mich zu überreden, obwohl ich noch von dem damaligen Kinobesuch in Gelsenkirchen geschockt war. Ich erinnerte Sebastian daran, aber er sagte: »Nein, so etwas ist das nicht, mach dir keine Sorgen.« Was sagte er da? Ich sollte mir keine Sorgen machen? Gerade zwang er mich mit seinen schmeichelnden Worten zu Dingen, die ich nicht wollte.

Mir fielen plötzlich meine Pflegeeltern ein. Wurde ich nicht streng katholisch erzogen? Wollte ich nicht einmal zu den Nonnen in ein Kinderheim gehen? Wollte ich nicht Kindern beistehen, die keine Eltern mehr hatten? Was war nur geschehen? Was passierte hier wieder einmal mit mir? Würde ich denn nie Ruhe finden?

Aber ich ließ mich von Sebastian einwickeln, wollte ihm seinen Wunsch nicht abschlagen. Er musste sich vorab gut informiert haben, denn als wir mit dem Auto unterwegs waren, kannte er die Strecke ganz genau. Ich hatte plötzlich das Gefühl, dass er diesen Weg schon einmal gefahren war. Mir wurde bei dem Gedanken schlecht. Hatte er mich etwa schon hintergangen?

Es war bereits dunkel, als wir vor einem Haus mit einem riesigen Parkplatz hielten. Es standen so viele Autos hier, dass wir Mühe hatten, noch einen Parkplatz zu finden. Wir gingen zu einer sehr großen, alten Tür, an der Sebastian klingelte. Da öffnete uns sofort eine junge Frau, die nur leicht bekleidet war. Sie trug ein Schürzchen, wie die Kellnerinnen es trugen, auf ihrer nackten Haut und begrüßte uns sofort mit einem Küsschen. Nein, das gefiel mir nicht, ich fühlte mich nach dieser Begrüßung schon nicht mehr wohl.

Freundlich wurden wir hineingebeten und betraten eine sehr große Eingangshalle. Ich hatte kaum Zeit, mich hier zurechtzufinden, da wurden uns auch schon die Regeln des Hauses erklärt. In der obersten Etage befand sich ein Raum, in dem man seine Garderobe ablegen konnte. Hier musste man sich ausziehen, bis auf das Unterhöschen. Nein, das mache ich nicht, fuhr es mir sofort durch den Kopf. Ich hoffte, dass es Sebastian auch nicht gefiel, dass man hier fast nackt herumlaufen sollte. Doch ich dachte falsch, denn er zog sich aus, gab mir einen kleinen Schubs und ich hörte, wie er leise sagte: »Nun komm schon, zieh dich aus, ich bin doch bei dir.« Ich war so durcheinander, dass ich tat, was er mir sagte. Ich wollte ihn nicht verärgern.

Durch das ganze Haus erklang Musik, lachende Stimmen waren zu hören. Von nun an könnten wir machen, was wir wollten, sagte die freundliche junge Frau, die uns die Tür geöffnet hatte. Als sie uns alles erklärt hatte, ging sie nach unten zu den anderen Gästen.

Ich schämte mich schrecklich, als mich Sebastian so halbnackt durch das Haus führte, und klammerte mich an seiner

Hand fest, doch er sagte nur: »Lass es uns nur einmal ansehen, dann können wir ja wieder nach Hause fahren.« Das sollte jetzt tröstend sein, doch ich zitterte, obwohl es hier nicht kalt, sondern eher sehr warm war.

Wir kamen an Räumen mit Whirlpools vorbei, in denen lachende Frauen und Männer saßen. »Kommt doch mit hier rein, es ist noch Platz für euch beide!«, wurden wir aufgefordert. Ich hielt die Hand von Sebastian so fest, dass er weitergehen musste. Dann kamen wir zu einem Raum, in dem ein kaltes Büfett aufgebaut war, doch essen wollte ich hier auf keinen Fall.

Wir blieben nun eine Weile stehen und kamen ins Gespräch mit anderen Paaren. Alle waren sehr freundlich, lachten, scherzten, nur ich war stumm wie ein Fisch. Da sagte plötzlich ein Mann neben mir: »Du bist sicher das erste Mal hier, pass auf, es wird dir später schon noch gefallen.« Scherzend fügte er hinzu: »Sicher wird es dir besonders gefallen, wenn wir beide mal ein bisschen verschwinden.« Sebastian sagte nichts zu dem, was er gerade gehört hatte.

Wir gingen weiter, um uns die anderen Räume anzusehen. Da kamen wir in einen großen Raum mit einem Kamin, an einer Bar saßen lachende Paare auf Barhockern. Doch an der Seite sah ich Frauen, die nicht gerade glücklich schienen, denn sie tranken teilnahmslos vor sich hin, sprachen nur selten. Noch hatte ich keine Ahnung, was das bedeutete, aber lange dauerte es nicht. Ich stand auf einmal neben ihnen und konnte unbemerkt ein Gespräch mithören. Plötzlich taten mir diese Frauen leid, es ging ihnen wie mir, sie wollten hier nicht sein, sondern saßen aus Liebe zu ihrem Partner an der Bar und warteten.

Während Sebastian und ich noch herumstanden und einen Drink nahmen, fühlte ich mich so richtig von Paaren eingekreist. Da merkte ich plötzlich eine fremde Hand, die mich von hinten berührte. Noch fester drückte ich mich an Sebastian, flüsterte ihm ins Ohr: »Lass uns bitte gehen, wir haben doch schon alles gesehen.« »Ja, noch einen Moment«, sagte er, »bleib doch noch ein Weilchen hier an der Bar stehen, ich schaue mir schnell die anderen Räume an, dann können wir fahren.« Ich ließ ihn gehen, obwohl es mir nicht gefiel.

An der Bar veränderte sich das Publikum ständig, immer wieder kamen andere Paare, um einen Drink zu nehmen. Doch es schien mir ein wenig lange zu dauern, dass Sebastian nicht wiederkam. Langsam ging ich los, um ihn zu suchen. Als ich ihn endlich fand, stand er neben einem dicken Samtvorhang, den er etwas geöffnet hatte. Ich machte mir Platz, um zu sehen, was da so interessant war.

Ich erschrak über das, was ich jetzt sah: Ein riesiger Saal, auf dem Fußboden Matratzen, die mit weißen Laken bezogen waren, auf denen sich nackte Frauen und Männer in Liebesspielen tummelten. Hinten war eine große Leinwand, wie ich sie damals in dem Pornokino in Gelsenkirchen gesehen hatte. Wie damals tönte Liebesmusik, begleitet von lautem Stöhnen durch den Raum. Es war ein großes Durcheinander, alle Paare vergnügten sich miteinander. Für mich war es ein schockierender Anblick, ich hatte Mühe, nicht zu erbrechen.

Ich lief einfach weg, versteckte mich in einer Ecke und weinte. Wieder einmal hatte mich der Ekel erfasst, ich zitterte, als wäre es bitterkalt. Waren das Menschen? Tiere konnten es nicht sein, die tun so etwas nicht.

Plötzlich spürte ich eine Hand, die nach mir fasste. Ich erschrak so sehr, wollte sie gerade wegstoßen, da fühlte ich, es war die Hand von meinem Mann. Als er mich hier in der Ecke weinen sah, sagte er: »Komm, wir fahren nach Hause.«

Kein Wort sprachen wir auf dem Heimweg über all das, was wir gesehen hatten, auch die nächsten Tage nicht, und irgendwann hatte ich tatsächlich alles vergessen. Es schien, als wäre dieser Spuk nun vorbei und unser ganz normales, glückliches Leben würde weitergehen.

Doch ich sollte mich irren, nichts war vorbei. Eines Tages meinte Sebastian: »Lass uns doch noch einmal in den Club fahren.« Ich traute meinen Ohren nicht und erwiderte scherzend: »Du machst doch Spaß, oder?« »Nein«, sagte er ernst, »es ist kein Spaß.« Doch ich ging nicht weiter darauf ein.

Von nun an begann eine sehr schlechte Zeit für mich. Sebastian fing immer öfter an zu stänkern, was die Kinder alles falsch machten, dass es hier langweilig sei und so vieles mehr. Um ihn von seinen Gedanken an den Club abzulenken, lud ich ständig Gäste ein. Doch es änderte nichts, er brachte es sogar fertig, dass wir nicht mehr mit- einander sprachen, so sehr ich mich auch anstrengte. Dieser Zustand wurde unerträglich, da sagte ich eines Tages: »Na ja, dann lass uns doch noch einmal hin- fahren.«

Kaum hatte ich das ausgesprochen, waren sein Lächeln und seine Freundlichkeit wieder da. Er nutzte die Gelegenheit, damit ich es mir nicht noch anders überlegte, und wir fuhren los. Doch zuvor sagte er noch: »Nimm deine schönen Ketten und dein kleinstes Höschen mit, damit du besonders schön aussiehst.«

Ich tat, wie er wollte. Auf der Fahrt gab sich Sebastian große Mühe, mich durch Gespräche abzulenken, sprach über die Kinder, dass Oma auf sie aufpasse, wenn wir nicht da seien, und vieles mehr. Man konnte glauben, wir wären auf einer Vergnügungsfahrt, so lieb war er zu mir.

Dieses Mal lief er nicht lange durch den Club, sondern steuerte, nachdem wir uns ausgezogen hatten, direkt auf den großen Saal hinter dem Vorhang zu. Er hielt meine Hand ganz fest und zog mich auf eine der Matratzen, die gerade frei war. Ich klammerte mich an ihn wie ein kleiner Affe, der an seiner Mama hängt. Sebastian aber sah allen zu, die sich hier vergnügten. Es schien ihm zu gefallen.

Ich hatte für einen Moment Zeit, mir Gedanken darüber zu

machen, wie ich es schaffen könnte, hier nicht unter irgendwelche anderen Männer zu fallen. Mein Körper zitterte vor Angst, ich brauchte keinen anderen Mann, auch keine andere Frau. Im Gegenteil, ich hatte ein riesiges Problem mit den vielen nackten Körpern. In meiner Gefangenschaft im Kinder-Gulag hatte ich gesehen, wie die nackten Mädchen vergewaltigt wurden, schrien und dann endlich totgequält dalagen. Diese Bilder sah ich nun wieder vor mir.

Hatte ich doch immer noch ein großes Problem damit, mich von einem Mann anfassen zu lassen, musste ich jetzt viele Menschen nackt sehen. Das war das Schlimmste, was mir passieren konnte. Was sollte ich tun? Ich wandte einen Trick an und verführte meinen Mann, mit mir an Ort und Stelle Liebe zu machen. Da ihn diese Situation so reizte, ging auch alles sehr schnell vorbei. Ich fühlte noch die Hände anderer Männer und Frauen über meinen Körper streicheln, aber ich wusste, dieses Spiel war für heute zu Ende.

Ich war sehr still auf der Heimfahrt, aber Sebastian war glücklich, er ließ es mich fühlen, indem er meine Hand zärtlich in die seine nahm. Meine Gedanken aber überschlugen sich: Monika, was tust du da? Was lässt du mit dir machen?

Ich glaubte, meinen Mann verlassen zu müssen, noch einmal würde ich das alles nicht aushalten. Doch da war wieder die Angst: Was mache ich, wenn ich gehe, mit meinen Kindern? Nehme ich ihnen ihr Zuhause? Nehme ich ihnen den Vater? Bin ich womöglich egoistisch? So viele Fragen, doch keine Antwort.

Aber dieses Spiel hatte ich vorerst gewonnen und ich hoffte, wir würden nie wieder in einen Club fahren. Was dort passiert war, musste seine Männlichkeit angekratzt haben: Er hatte nur mit seiner eigenen Frau Sex gehabt, wo doch so viele andere Frauen da waren, die er dann aber nicht mehr wollte.

Unsere Welt schien wieder in Ordnung zu sein, doch leider

nur nach außen hin, denn ich war sehr unglücklich. Wir waren noch nicht so lange verheiratet, aber ich fragte mich, ob ich bereits anfing, meinen Mann nicht mehr zu lieben. Er hatte mich zu sehr verletzt und mir sehr wehgetan. Unsere Liebe hatte einen Sprung bekommen, doch Sebastian verstand es, mich wieder aufzubauen. Ich glaube, er ahnte etwas von meinen Gedanken.

Es verging eine lange Zeit. Wir hatten viel Freude mit unseren Kindern, fuhren mit Freunden in den Urlaub nach Korsika. Tatsächlich, die Welt war wieder heil, meine Liebe zu Sebastian kam langsam wieder.

Doch der Spuk war leider nicht vorbei, Sebastian fing irgendwann an, mich zu manipulieren. Er schwärmte davon, was wir doch für eine tolle Ehe führten, wie gut ich es doch hätte, denn er würde mir jeden Mann schenken, den ich haben möchte: »Stell dir mal all die anderen Ehen vor: Die Frauen werden von ihren Männern beschissen, die gehen fremd oder haben nebenbei noch eine Freundin. Und denke an die Männer, deren Frauen sich einen Geliebten halten, allen werden Hörner aufgesetzt.« Manche hätten so große Hörner, dass sie kaum noch durch ihre Türen passten. Er sprach, ohne wirklich Luft zu holen: »Oder möchtest du so etwas haben? Ist es nicht besser so, wie wir das machen? Welche Frau kann sich das schon leisten, sich die besten Männer aussuchen zu dürfen und dabei niemanden zu verletzen?«

Während er so sprach, liefen mir die Tränen über mein Gesicht, aber er verstand es nicht. Er säuselte weiter, wie schön wir es doch hätten, wie glücklich wir doch wären. Doch das waren alles nur Worte, um mich davon zu überzeugen, dass es doch toll wäre, wenn wir wieder in den Club fahren würden. Er hatte sich bereits erkundigt, wo es andere Clubs gab, und tatsächlich einen neuen gefunden.

Ich hörte mir wieder seine Schmeicheleien an: »Wir wollen

ihn uns doch nur einmal ansehen, das verspreche ich.« Hatte ich diese Worte nicht schon einige Male gehört? Aber ich ließ mich wieder einmal erweichen, denn ich hatte Angst vor seiner schlechten Laune, die wir alle ertragen müssten, wenn ich ihm nicht den Gefallen täte.

Schon als wir den neuen Club betraten, hatte ich ein ungutes Gefühl. Nicht nur wegen der Menschen, die sich hier trafen, sondern das gesamte Haus machte einen schlimmen Eindruck. Oh Schreck, was war das denn hier? Ein Raum, in dem ein Tisch stand, darauf Brötchen mit Wurst und Käse, die auf nicht besonders ansehnlichen Tellern lagen. Auf der anderen Seite des Tisches stand ein großer Topf, in dem heiße Brühwürste schwammen. Nein, das gefiel mir nicht, ich fühlte Ekel in mir aufkommen.

Die Räume waren alle sehr klein und unsauber, das Publikum ebenfalls. Aber ein Raum mit Matratzen, auf die man sich besser nicht gelegt hätte, war auch da. Sebastian hatte einen Platz auf einer der Matratzen gefunden und zog mich einfach zu sich.

Kaum lagen wir auf der Matratze, kam eine dicke Frau mit ihrem dicken Mann, sie legten sich zu uns auf die Nachbarmatratze. Die dicke, nach Schweiß riechende Frau krabbelte sofort auf ihren dicken Mann. Ich schaute die beiden vorsichtig an, weil ich etwas hörte, was ich im ersten Moment nicht richtig einordnen konnte. Aber was jetzt kam, hätte ich besser nicht gesehen und gehört. Sie sprach mit vollem Mund, in dem noch der Rest eines Brühwürstchens steckte, während sie den anderen Teil des Würstchens in ihrer dicken Hand mit den rot lackierten Fingernägeln hielt: »Los, Dickerchen, zeig der nebenan doch mal, wie man richtig fickt«, und noch vieles mehr, was ich nicht wiederholen möchte, kam aus ihrem vollgestopften Mund. Ich war so geschockt und konnte meinen entsetzten Blick nicht von ihr lassen, als sie wieder von ihrer Wurst abbiss und dabei stöhnte, wie gut ihr Mann sei.

Plötzlich riss ich mich von Sebastian los, sprang entsetzt auf und lief, so schnell es ging, zur nächsten Toilette. Ich erbrach alles, was ich in mir hatte. Es schien, als würde mein Magen mit herauskommen. Als ich dann im Umkleideraum saß, mich langsam anzog, hörte ich die Schritte von Sebastian. »Gott sei Dank«, sagte er, aber sonst nichts. Das war auch gut so, denn ich glaube, dieses Mal wäre ich ausgeflippt. Weinend ging ich zum Auto, sagte unter Tränen: »Das machst du nie wieder mit mir.«

Aber er konnte es einfach nicht lassen. Wir fuhren hin und wieder in den Club, in dem wir das erste Mal waren. Und ich ging mit, damit unsere Ehe nicht zerbrach, in unserer Familie Frieden herrschte und Sebastian uns alle mit seinem Psychoterror in Ruhe ließ. Ich litt jedes Mal wie ein Tier, nahm Beruhigungstabletten, musste mit ansehen, wie ältere Männer auf den Matratzen umherrutschten oder -krochen, um irgendeiner Frau zwischen die Beine zu fassen oder bei einem Liebesakt mit den Fingern teilzunehmen.

Es war schrecklich und ich wurde immer dünner. Aber ich ertrug es, denn wenn ich nicht mitgegangen wäre, hätten auch meine Kinder darunter leiden müssen.

Nach einer geraumen Zeit bat ich Sebastian wieder, diese Clubs doch aufzugeben, aber es sollte mir nicht gelingen, so sehr ich auch bettelte: »Ich halte es nicht mehr aus, ich kann es nicht mehr, ich leide darunter, wenn mich die geilen Männer mit ihren Händen berühren wollen.« Da Sebastian keine Antwort darauf gab, wurde ich direkt und sehr ernst: »Wenn du mein Bitten nicht erhören willst, werde ich mich von dir scheiden lassen.«

Stille, keiner sagte ein Wort. Doch plötzlich erwiderte er böse: »Das kannst du nicht. Ich werde mit meiner Mutter sprechen, in welche Sache du mich hineingezogen hast. Dann wird sie alle weiteren Schritte für mich erledigen. Unsere Tochter wird dir weggenommen und du wirst auch das Haus verlassen müssen.« Nach einer kleinen Pause: »Du solltest dir genau überlegen, ob du das willst. Deine andere Tochter wird dir ebenso weggenommen, wenn man erfährt, wo du dich als ihre Mutter so herumtreibst.«

Nein, ich wollte meine Kinder nicht verlieren oder die Geschwister trennen müssen. Ich ging in unser Schlafzimmer, kniete mich auf den Fußboden, faltete meine Hände: »Lieber Gott«, flehte ich, »hilf mir doch, meinem Mann habe ich mich doch nun lange genug unterworfen, ich kann nicht mehr, was soll ich bloß tun?« Ich weinte: »Ich möchte doch nichts mehr als eine gute Frau und eine gute Mutter sein. Warum geht das bei anderen Menschen? Warum muss ich das alles ertragen, warum nur, lieber Gott, warum? Habe ich denn nicht schon genug gelitten? Hört das denn nie auf?«

Plötzlich ging die Schlafzimmertüre auf, Sebastian kam herein. »Was soll das?«, fragte er. Ich warf mich vor seine Füße, umklammerte seine Beine, flehte und flehte, aber alles Flehen half mir nichts. Ihm war sogar eine neue Idee gekommen: Wenn ich mich weigerte, mit in die Clubs zu fahren, würden ich und die Kinder es zu spüren bekommen.

Ich wusste mir keinen Rat mehr. Da beschloss ich eines Tages, zu unserem Arzt zu fahren, der mir geholfen hatte, meine Tochter Aylin zur Welt zu bringen und auch ein Freund des Hauses war. »Hans, du musst mir Tabletten verschreiben, unbedingt!«, bat ich ihn. »Nun erzähle erst einmal, was los ist, wofür du die Tabletten brauchst.« Ich erzählte alles und weinte. Hans gab mir tatsächlich Tabletten, die gut für meine Nerven waren. Vor dem Clubbesuch sollte ich sie einnehmen, dann ginge es mir besser. Beim Abschied nahm ich Hans noch in den Arm und bedankte mich. Ich hatte die Klinke der Praxistüre schon in der Hand, da hörte ich, wie er mir noch nachrief: »Was hast du gesagt, wo ist dieser Club?«

Meine Güte, dachte ich auf dem Nachhauseweg, bin ich verrückt oder doch die anderen? Leider bekam ich auf diese Frage nie eine Antwort. Das einzig Gute an meinem Arztbesuch war: Die Tabletten halfen mir wirklich. Ich war wie in einem Rausch, nachdem ich sie genommen hatte, doch machten sie auch sehr müde.

Einmal, als wir wieder im Club waren und auf einer dieser Matratzen lagen, sagte Sebastian: »Ich muss mal schnell raus, sei aber brav, ich bin gleich zurück.« Was sollte denn das? Was sollte ich schon machen? Jetzt hatte ich noch mehr Angst, dass mir jemand zu nahe kommen könnte. Das erste Mal lag ich nun allein zwischen stöhnenden, nackten Körpern vor der großen Pornoleinwand mit den schönen Liebesliedern. Die Musik störte mich besonders, denn Liebeslieder verband ich mit Zärtlichkeit und Zweisamkeit. Mir war nicht kalt, aber ich zitterte und hoffte, dass sich niemand auf die freie Matratze neben mir legen würde.

Aber da hatte ich falsch gedacht. Plötzlich lag ein schlanker, großer Mann neben mir. Er rutschte nahe an mich heran, schmiegte seinen Kopf an den meinen und flüsterte mir ins Ohr: »Hab keine Angst, ich tue dir nichts, aber du gehörst hier nicht hin, denn so ein anständiges, ängstliches Mädchen gehört nach Hause. Ich habe dich schon öfter gesehen, dich beobachtet, du tust mir so leid. Und wenn du heute Abend nicht die angesagte Feier mitmachen willst, musst du jetzt aufstehen und gehen, denn das Spiel, das heute hier stattfinden soll, wird dir sicher nicht gefallen.«

Er flüsterte mir noch seinen Namen in mein Ohr, gab mir einen kleinen Schubs, dass ich aufstehen sollte, und ich tat es. So schnell war ich noch nie in den Umkleideraum geflüchtet. Mir war jetzt sogar egal, wo Sebastian sich befand. Als er die Treppen heraufkam, fragte er, was ich hier mache. Ich sagte nur, ich müsse nach Hause, mir ginge es sehr schlecht. Ohne eine weitere Frage fuhren wir tatsächlich nach Hause. Sehr lange Zeit machte ich mir noch Gedanken über die Worte, die mir der fremde Mann im Club in mein Ohr geflüstert hatte.

Unternehmerin in einer Männerwelt

Eines Tages sagte Oma Else: »Fahrt doch mal wieder ins Sauerland in meine Wohnung, dort wart ihr schon lange nicht mehr.« Ob sie wohl ahnte, dass mit mir etwas nicht in Ordnung war? Mütter haben ja oft einen sechsten Sinn. Tatsächlich war auch Sebastian sofort mit Omas Vorschlag einverstanden.

Es wurde eine schöne Zeit im Sauerland. Sebastian ging oft mit seinen Jagdfreunden zur Jagd. Nur zum Schießen kam er nicht, wenn er mich mitnahm, ich konnte es nicht mit ansehen, wenn ein Tier erschossen wurde und dann womöglich tot neben mir lag. Noch immer verfolgte mich die Gefangenschaft im Gulag, wo der Tod mein täglicher Begleiter war.

Sebastian nahm mich dann immer öfter auf einen Hochsitz mit, von dem aus wir gemeinsam das Wild mit dem Fernglas beobachten konnten. Und ich hatte heißen Kakao in einer Thermoskanne dabei. Endlich, meine Nerven hatten Urlaub. Ich war für diese Zeit dankbar und glücklich.

Eines Tages trafen wir Franz, unseren Freund und Heiratsvermittler, im Wald bei einem Spaziergang wieder. Es sah fast so aus, als hätte er uns gesucht, denn er holte nach unserer Begrüßung einen kleinen Gegenstand aus seiner Jackentasche, den er mir reichte.

Erst wusste ich damit nichts anzufangen, doch schnell stellte ich fest, dass es ein kleiner durchsichtiger Becher war. Wir lachten, weil wir im Moment nicht wussten, was er mit diesem Ding vorhatte. Aber nun sagte Franz: »Ihr kennt doch einen Mann aus der Lebensmittelbranche, ihr seid doch mit ihm befreundet, wie ihr einmal erzählt habt. Kann der nicht diese kleinen Becher für seine Firma gebrauchen? In den Verkaufsniederlassungen werden doch öfter Likörverkostungen gemacht.« Was Franz alles noch wusste! Aber lange brauchte ich nicht zu überlegen und hörte mich auch schon sagen: »Wir können ihn ja mal fragen.« Dann Franz: »Ihr wisst doch, dass ich eine Kunststoffspritzerei betreibe, doch leider passt dieser Artikel nicht in unser Programm, er macht uns zu viel Arbeit. Vor allem besteht er aus einem Material, das nur mit Heißgussmaschinen und -Formen hergestellt werden kann, aber die haben wir nicht in unserer Firma.« Plötzlich, zu mir gedreht, sagte er: »Du bist doch intelligent? Zeit hast du auch, diese Arbeit wäre etwas für dich.« Ich schaute noch immer ein wenig verdutzt, doch Sebastian war plötzlich sehr interessiert an dieser Sache. Nun kamen Fragen über Fragen.

»Der Auftrag ist schon da«, sagte Franz plötzlich lächelnd, »ihr müsst euch nur noch das O.k. abholen.« Aha, sagte ich lachend, du hast schon alles in die Wege geleitet du Gauner. In meinem Kopf drehte sich alles, denn das hieße ja, ins Sauerland zu ziehen, weit weg von allen Clubs! Ein Jubelschrei war in mir, sollte der liebe Gott mich erhört haben? Hatte ich diese Hürde jetzt überwunden, nie mehr Club, nie mehr nackte, geile Männer, nie wieder angefasst werden? Es wäre ein Traum, dafür würde ich alles tun.

Als wir wieder in Wuppertal waren, trafen wir uns mit Harald, unserem Freund aus der Lebensmittelbranche, und zeigten ihm den Becher. Wir erzählten ihm von unserem Vorhaben, diesen Artikel selbst herzustellen, besser gesagt, von meinem Vorhaben. Sebastian sollte noch eine Weile bei seiner Mutter im Geschäft arbeiten, denn einer musste ja das Geld verdienen. Was ich da vorhatte, würde erst einmal viel kosten, das war klar. Harald sagte zu mir: »Das ist gut, wir haben gerade eine Verkostung von Likören in der Vorbereitung und würden eine Million von diesen Bechern brauchen können. Du hast Zeit bis zum nächsten Jahr, den genauen Termin werden wir dir noch mitteilen.« Meine Freude war riesengroß. Doch nun fing die Arbeit erst einmal an. Allerdings konnte es für mich nicht so schwer werden wie die Aufenthalte in diesen Clubs.

Doch welche Frau hatte damals schon eine Vorstellung von Heißluftmaschinen und den dazu passenden Formen? Ich auf keinen Fall, ich hatte nur so viel Ahnung, dass der Stecker meines Bügeleisens in eine Steckdose gehörte, so wie der Fön und andere Haushaltsgeräte auch.

Franz erklärte uns eine Menge über Maschinen und die dazu passenden Formen. Wir bekamen sogar die Adresse einer Firma, bei der wir eine Maschine für unsere Becher kaufen konnten. Es war die Firma Dr. Boy in Fernthal. Ich war so glücklich, dass ich mich besonders schön machte, als wir dorthin fuhren. Ich wollte meinem Mann gefallen, aber auch in der Maschinenfirma einen guten Eindruck machen. Meine langen, dunklen, gelockten Haare fielen auf meine Schultern, ich hatte meine schwarzen Nylonstrümpfe angezogen, die hinten mit einer schwarzen Naht verziert waren, dazu trug ich Schuhe mit besonders hohen Absätzen und einen eng geschlitzten Rock – alles genau so, wie es mein Mann liebte. Dass ich genau richtig angezogen war, erkannte ich an seinem Lächeln. Natürlich sah ich gut aus, doch heute würde ich sagen, alles ein bisschen nuttig. Sebastian aber liebte es an mir, nur das war mir wichtig, denn ihm wollte ich gefallen.

Als wir in der Firma Dr. Boy ankamen, staunte ich. Alles war in Blau und Gelb gehalten, es sah aus, als ob die Sonne hier zu Hause wäre. Wir wurden sehr höflich begrüßt, doch ich stellte fest, dass ich mich in einer Männerwelt befand. Es kam mir vor, als wäre ich ein seltenes Wesen, das sich hierher verirrt hatte.

Da stand ich nun und erkundigte mich nach einer Maschine für den kleinen Becher, den ich mitgebracht hatte. Viele Fragen, auch viele Antworten bekam ich, es dauerte Stunden. Der Kaffee, den ich immer wieder neu hingestellt bekam, musste mir schon aus den Ohren herauslaufen und ich glaubte, mein Herz würde bald im Doppeltakt schlagen. Aber nach langen

Verhandlungen über eine passende Maschine wurden wir dann doch einig. Der Mann, der uns beriet, drehte den kleinen Kunststoffbecher in seinen Händen hin und her, schließlich sagte er: »Für diesen Artikel brauchen Sie eine Maschine von 25 Tonnen Zuhaltekraft.« Mit dieser Aussage von einem Fachmann kauften wir die Maschine.

Als wir uns verabschiedeten, sahen uns aus allen Ecken die Männer verschmitzt hinterher, sie dachten wohl: Na, was soll das denn werden? Will der Mann seiner Frau ein Geschenk machen? Oder was will eine solche Frau mit dieser Maschine? Das schafft sie nie, denn sie ist eine Frau, aber das mit der Technik ist eine andere Sache.

Mir war egal, was alle dachten, ich wusste: Ich schaffe es, koste es, was es wolle.

Nun sollte ein neues Leben beginnen! Brigitte blieb mit Sebastian vorerst zu Hause in Wuppertal, bei Oma Else, denn sie konnte nicht sofort die Schule wechseln. Sebastian musste auch noch Geld verdienen, bei seiner Mutter im Geschäft. Nur Aylin nahm ich mit. Unsere kleine neue Firma musste nun erst einmal entstehen.

Also zog ich mit Aylin in Oma Elses Ferienwohnung im Sauerland und ging auch sofort auf die Suche nach geeigneten Räumlichkeiten. Da Franz mit seiner Firma hier im Dorf ansässig war, dachte ich: Warum soll ich nicht auch meine Firma hier eröffnen? Das wäre ein großer Vorteil für mich, dann könnte ich mir so manchen Rat von ihm holen.

Tatsächlich fand ich etwas, das meinen Vorstellungen entsprach und sogar zu Fuß von Omas Ferienwohnung aus erreichbar war. Es handelte sich um alte Stallungen bei einem früheren Kleinbauern, die er schon länger nicht mehr brauchte. Sie gefielen mir auch sofort und lagen direkt an der Hauptstraße des Dorfes. Ich sprach mit dem Besitzer, wir wurden uns sofort einig. Nun musste ich nur noch eine passende Wohnung finden, denn Omas Ferienwohnung war für uns alle zu klein. Aylin war ja schon bei mir, aber Sebastian und Brigitte sollten später natürlich auch nachkommen.

Zuerst aber mietete ich den Stall mit der anschließenden Scheune für meine Firma. Nun gab es für mich sehr viel zu tun. Ich bat ein paar Handwerker aus dem Dorf, ob sie mir beim Ausbau helfen würden. Alle sagten sofort ja. Ich schuftete wie eine Verrückte und riss die alten Wände mit den Fenstern heraus. Weil ich selbst so viel arbeitete, ging natürlich alles schnell voran. Die Halle, in der die Maschine stehen sollte, strich ich bei Nacht, wenn alle Handwerker weg waren. Meine Firma bekam natürlich die Farben Blau und Gelb, wie meine neue Maschine. Als ich fertig mit dem Anstrich war, sah alles toll aus, die Farben passten sogar zu dem Holzfußboden, den wir gelegt hatten. Mein neuer Maschinenraum war so groß, dass auch noch mehr Maschinen Platz gehabt hätten.

Die alte Scheune, die an den Maschinenraum anschloss, ließ ich als Lagerhalle umbauen. Als alles fertig war, merkte ich erst, dass es für mich doch sehr anstrengend gewesen war. Ich war total fertig, aber als ich am Abend in meiner neuen kleinen Firma stand, war ich der glücklichste Mensch, die Freudentränen liefen mir über das Gesicht! Der Anfang war erst einmal geschafft, es konnte der nächste Schritt beginnen.

Franz, unser Freund, hatte in den letzten Wochen alles im Auge behalten. Er machte mir ein Kompliment mit den Worten: »Ich wusste, du schaffst es.« Ja, er kannte mich genau, denn er war jedes Mal, wenn er nach dem Rechten sah, neu von mir begeistert.

Nun kam auch meine Maschine aus Fernthal. Ein Anwendungstechniker und ein Maschinenbauer waren sehr beschäftigt, um die neue Maschine aufzustellen. Als dann alles getan war, die Maschine an ihrem Platz stand, erklärte mir der Techniker alles, so gut er konnte. Er füllte den Trichter, der sich auf der Maschine befand, mit Kunststoffgranulat, das er zum Probelauf mitgebracht hatte. Nun war auch das geschafft, der Monteur sagte: »Ich komme wieder, wenn du deine Form für die Maschine bekommst.« Er verabschiedete sich auch schnell, denn es war spät geworden.

Ja, ohne Form war keine Produktion möglich, aber auch da hatte mir Franz wieder geholfen, denn er hatte mir einen Formbauer empfohlen, den er schon länger kannte. Als die Form für meinen kleinen Becher fertig war, bestellte ich den Formbauer, den Monteur und den Anwendungstechniker wieder in meine Firma.

Es wurde ein langer, ein sehr langer Tag, bis die Maschine das tat, was wir wollten. Doch ein bisschen frustriert zogen dann alle ab, nur der Anwendungstechniker war noch etwas länger geblieben. Er war zwar nicht zufrieden mit dem, was aus meiner Maschine kam, fuhr aber trotzdem irgendwann nach Hause.

Nun war ich mit allem allein. Mir kamen die Männer, die an meiner Maschine gearbeitet hatten, alle ein bisschen unzufrieden vor. Mir schien, als hätte ihnen das alles zu lange gedauert.

Ich muss für mein Kind kämpfen

Zu dieser Zeit kam noch eine weitere Herausforderung auf mich zu, denn Brigitte hatte in der Schule Probleme.

Meine Tochter war ein sehr ruhiges, braves Kind und in ihren Schulheften stand immer der Satz: »Soziales Verhalten lobenswert.« Das war keineswegs übertrieben, denn eines Tages erfuhr ich von ihrer Klassenlehrerin, dass Brigitte ihre Butterbrote einem anderen Kind gab, das aus schlimmen Familienverhältnissen kam und zu Hause ans Bett gebunden wurde, weil die Mutter keine Lust hatte, auf ihr Kind aufzupassen; der Alkohol war ihr wichtiger. Da Brigitte ihr Schulbrot an dieses Mädchen verschenkte, aß sie einfach ihr Butterbrotpapier, weil sie auch Hunger hatte. So wurde es mir von ihrer Lehrerin mitgeteilt. Das Gleiche machte sie mit ihren Schulheften, die sie ebenfalls dem armen Mädchen schenkte, doch zu Hause erzählte sie von alledem nichts. Ich hatte mich schon immer gewundert, wo sie ihre Schulhefte gelassen hatte, aber mir keine großen Sorgen darüber gemacht. Ich glaubte, sie würde sie in der Schule liegen lassen. Doch kaufte ich ihr neue Hefte für zuhause.

Mittlerweile war Brigitte in der vierten Klasse. Die Lehrerin hatte eigentlich kein Problem mit meiner Tochter, aber ein sehr großes Problem mit uns, den Eltern. Sie glaubte, dass in unserer Gegend nur reiche Leute wohnen, sie hingegen lebte mit ihren vier Kindern in einer etwas einfacheren Wohngegend. Anscheinend gab es für sie nur »Die da oben« und »Die da unten«. Da wir ihrer Meinung nach zu den Ersteren gehörten, sagte sie mir bei einem Versetzungsgespräch, dass meine Tochter nicht sehr intelligent sei. Darum könne sie auch nur in eine Sonderschule gehen.

Ich wusste nicht, was das Ganze sollte, doch diese Aussage

der Lehrerin nahm ich nicht einfach hin. Sollte es meinem Kind womöglich so ergehen wie mir? Sollte sie ebenso viel ertragen müssen wie ich? Hatte ich doch nie eine Möglichkeit gehabt, eine Schule zu besuchen. Nein, das kam nicht infrage! Mein Kind hatte eine Mama, die musste für sie kämpfen! Also meldete ich Brigitte kurzerhand in einem mir bekannten Internat an, das Internat Schloss Eringerfeld.

Das geschah alles im Jahr 1977 Brigitte wechselte ins Internat und wiederholte die vierte Klasse. Da die kleineren Klassen nicht im Schloss unterrichtet wurden, wurden die Kinder jeden Tag mit dem Schulbus nach Steinfurt in eine Grundschule gebracht.

Als das Schuljahr endete, rief mich der Direktor des Internats an: »Wir werden Brigitte im Schloss in das Gymnasium gehen lassen, wir haben mit ihr einen IQ-Test gemacht, ein Ergebnis von 125 wurde festgestellt. Das ist mehr, als sie braucht, um in das Gymnasium zu gehen.« Ihr Lehrer war der Überzeugung, dass das Gymnasium doch die richtige Schule für Brigitte sei. Ich war überglücklich, dass ich für mein Kind gekämpft hatte. Brigitte schaffte es, sie machte ihr Abitur und ging dann anschließend zur Uni. Sie wählte das Fach BWL.

Ich arbeite wie wild

Nun wieder zurück zu meiner kleinen Firma. Die Maschine musste Tag und Nacht laufen, sonst hätte ich den Auftrag nicht erfüllen können, einen Liefertermin hatte ich bereits. Doch mit dem, was jetzt alles auf mich zukam, hatte ich nicht gerechnet. So gut meine Maschine auch aussah, so viele Probleme machte sie mir.

Eine kurze Erklärung, warum das so war: Oben auf der Maschine befand sich ein großer, blauer Trichter, in den Granulat eingefüllt wurde. Von dort aus lief der Kunststoff in die Form der Maschine. Wenn alle Becher fertig geformt waren, öffnete sich die Form und die fertigen Becher fielen auf eine Ausfallklappe. In diesem Fall waren es immer sechs Becher, die in einem großen Karton unter der Maschine landeten. Ich war davon überzeugt, dass es eine ganze Weile dauern würde, bis der Karton voll war, denn es passten eine Menge Becher hinein.

Dem war jedoch nicht so. Dies lag an dem Material, das ich verwendete: Polesterol. Es war für feine Klarsichtprodukte wie meine kleinen Dreißigmilliliter-Becher zwar gut geeignet, aber sehr empfindlich in der Bearbeitung. Aufgrund der statischen Anziehungskräfte des Materials fielen die Becher nicht so in den Karton, wie ich es geplant hatte. Sie stapelten sich zu einem Turm, wurde dieser zu hoch, stießen sie an die Ausfallklappe der Maschine, alles stoppte. Es gab nämlich eine Sicherung in der Maschine: Wenn nicht alle sechs Becher aus der Form fielen, hielt die Maschine an.

Was sollte ich nun machen? Die Maschine musste Tag und Nacht laufen, sonst würde ich ein Problem mit dem Liefertermin bekommen. So stellte ich mir nachts einen Wecker neben mein Bett. Jetzt hieß es: alle zwei Stunden rein ins Auto, im Schlafanzug in die Firma fahren. Das wurde mir aber schnell zu stressig. Ich kaufte mir ein einfaches Sprechgerät, welches aus zwei Kästen bestand. Einen stellte ich an die Maschine, den zweiten neben mein Kopfkissen. Das Geräusch, das die Maschine von sich gab, wenn alle sechs Becher herausfielen, kannte ich mittlerweile. Wie es sich anhörte, wenn sie stoppte, ebenfalls.

Aber das konnte kein Dauerzustand sein, es musste sich etwas ändern, denn so ging es nicht weiter. Daher beschloss ich, dass ich größere Kartons für die Becher bräuchte. Also sammelte ich mehrere Kartons und klebte sie aneinander. Aber was war mit der statischen Aufladung? Denn auch bei dem großen Karton stapelten sich die Becher wieder zu einem Berg. Nun dauerte es zwar etwas länger, ich hätte längere Zeit wegbleiben können, doch ich stellte fest, dass auch das keine gute Lösung war, denn die Becher mussten weiter in den Karton rutschen.

Also besorgte ich mir Holzlatten und dünnen Maschendraht. Ich bastelte eine Rutsche mit Beinen und stellte sie schräg unter die Maschine in die Kiste. Tatsächlich, die Becher rutschten auf der Schräge nach unten, der Becherberg verteilte sich jetzt besser.

Hätte ich jetzt länger schlafen können? Nein, das ging nicht, denn der Trichter musste von mir alle zwei Stunden neu mit Granulat befüllt werden. Außerdem mussten alle Becher, die aus der Maschine in den Karton fielen, noch verpackt werden. Es sollten immer 2.000 Stück in einen Karton einsortiert werden.

Ich wurde immer dünner, weil ich keine Zeit hatte, um mir und Aylin Essen zu kochen. Mein kleines Mädchen, die erst dreieinhalb Jahre alt war, brauchte ihre Mama. Doch alles auf einmal ging einfach nicht, denn die neue Firma verlangte mir alles ab. Aylin, mein armes Kind, musste sich oft alleine morgens anziehen, weil ich in der Firma durch ein Problem festgehalten wurde. Der Weg zur Firma war nicht weit, man musste nur einen kleinen Berg hinunterlaufen, und schon war man da. Oft kam meine kleine Maus nur halb angezogen oder mit einem roten und einem grünen Söckchen an den Füßen zu mir in die Firma und fragte: »Mama, wann kommst du denn?« Ich nahm sie auf den Arm, sagte ihr mit einem Küsschen: »Guten Morgen«, und beeilte mich dann, um mit ihr zu frühstücken.

Allerdings hatte sie schnell herausgefunden, dass bei ihren Kindergartenfreundinnen immer mittags gekocht wurde. So ging sie nach dem Kindergarten vom einen zum anderen Haus, und dort, wo ihr das Essen am besten schmeckte, blieb sie. Aylin war ein sehr braves, unkompliziertes Kind. Selbst im Winter stand sie alleine an der Haltestelle und wartete, bis sie der Bus zu ihrem Kindergarten brachte. Der Busfahrer kannte sie längst und half ihr jedes Mal beim Einsteigen.

Trotzdem, so ging es auf Dauer mit der Maschine nicht weiter, es musste eine Lösung her. Ich rief Sebastian an und sagte: »Wir müssen uns etwas einfallen lassen.« Gleich am darauffolgenden Wochenende kam er. Wir entwarfen einen Plan, wie der Trichter mit Granulat befüllt werden konnte, ohne dass ich alle zwei Stunden aufstehen musste.

Über dem Maschinenraum befand sich unser Lager für den Kunststoff. Dort bauten wir eine große Holzkiste, deren Innenraum wir mit Kunststofffolie bespannten, damit das Granulat nicht verunreinigt werden konnte. Gemeinsam mit ein paar Freunden machten wir ein Loch in den Fußboden des oberen Lagerraums und auch eines in den Boden der großen Kiste. Durch dieses Loch führten wir einen dicken Kunststoffschlauch bis in den Trichter der Maschine. Meine Freude war groß, ich konnte nun länger schlafen.

Doch eines Tages, als es mal wieder ein Problem mit der Maschine gab, musste ich unseren Formbauer anrufen. Die Maschine hatte gestoppt, ich wusste nicht warum. Er kam auch sofort, fuhr die Maschine auf, damit er sich die Form ansehen konnte, da passierte es: Der Schlauch, der in dem Trichter der Maschine steckte, war zu kurz. Das Granluat, das sich in der riesigen Holzkiste über der Maschine befand, bedeckte nun in Windeseile den gesamten Boden. Dass ich keinen Herzkasper bekam, war ein Wunder! Das Granulat war nun unbrauchbar für meine Becher, jedes Staubkörnchen oder Schmutzteilchen veränderte die Farbe in der gesamten Produktion, deshalb hatten wir auch oben im Lager die Holzkiste mit Folien abgedeckt.

Nun aber musste die Halle erst einmal von dem heruntergefallenen Granulat befreit werden. Es war eine schlimme Arbeit. Auf den kleinen Kunststoffkügelchen war es glatt wie auf einer Schlittschuhbahn.

Aber es sollte nicht das letzte Problem sein. Eines Morgens lag ich in meinem Bett und hörte über mein Sprechgerät eigenartige Geräusche, die sich wie ein Zischlaut beim Schließen der Maschine anhörten. Schnell zog ich etwas über und fuhr mit dem Auto nach unten. Als ich die Tür zur Firma öffnete, mit einer Hand nach dem Lichtschalter greifen wollte, hätte ich beinahe einen schlimmen Sturz hingelegt. Ich rutschte durch die Tür und landete in einer Flüssigkeit, die nach Öl roch.

Schlitternd fand ich dann doch den Lichtschalter, nun aber konnte ich meine Tränen nicht mehr zurückhalten. Die gesamte Halle war von einer riesigen Öllache bedeckt. Öl aus der Maschine, das mir mit zischenden Lauten weiterhin entgegenspritzte. Es soll ja gesund sein, die Füße in Öl zu baden, aber nach diesen Wünschen war mir jetzt nicht zumute. Ich stellte erst einmal die Maschine aus, ging rutschend in die angrenzende Lagerhalle, dort hatte ich auf den Rat von Franz einige Säcke Sägespäne gelagert. Damals hatte ich ihn verständnislos angelächelt, nun konnte ich sie jedoch gut gebrauchen.

Sebastian kam immer an den Wochenenden, wenn zwischenzeitlich nichts Besonderes passierte. Er lachte mich aus, dass ich mich so fertigmachte, aber er hatte ja keine Ahnung von all dem, was hier ständig los war, wie viel Kraft mich alles kostete. Aber ich tat es gern, ich wusste ja, warum. Am Sonntagabend fuhr Sebastian wieder nach Hause.

Einmal hatte er vor seiner Abreise noch neue Kartons bestellt. Am darauffolgenden Montagmorgen stand ein Lkw vor meiner Firma. Ach du liebe Güte, jetzt war mein Mann nicht da, ich hatte bisher nur einmal versucht, unseren kleinen Gabelstapler zu fahren. Der Schlüssel für den Gabelstapler hing immer neben der Tür in unserer Firma, das wusste ich, doch dieses Mal war er nicht da. Sebastian hatte vergessen ihn dorthin zu hängen, ihn aus Versehen mitgenommen. Der Lkw-Fahrer hatte bereits die Planen geöffnet und meinte: »Es kann losgehen, wo ist denn Ihr Mann?« Als ich ihm erzählte, was passiert war, sagte er: »Ja, was nun? Dann müssen Sie eben die Kartons mit der Hand abladen.« »Wie das denn? Den ganzen Lkw?«, fragte ich. »Ja, wer soll es denn sonst machen, ich doch wohl nicht?«, erwiderte er. »Ich kann ihnen ja etwas behilflich sein, den Draht an den Paletten schon mal aufschneiden.«

Sofort nahm er eine Zange, machte sich daran die Eisenbänder aufzuschneiden, da war plötzlich ein Schrei zu hören. Der Mann tanzte auf dem Wagen wie Rumpelstilzchen und schrie immer: »Mein Auge ist weg, mein Auge ist weg!« Tatsächlich floss Blut durch seine Hände, die er vor sein Auge hielt.

Sofort holte ich ein Handtuch, gab es dem Mann, der auf seinem Auto verrücktspielte. »Los«, fuhr ich ihn energisch an, »runter vom Wagen, ich bringe Sie zum Arzt!« Ich schrie ihn richtig an, denn er schien nicht recht bei Sinnen zu sein vor lauter Panik.

Der Arzt hatte seine Praxis im nächsten Dorf. Als wir dort ankamen, sagte der: »Sofort hier hinein mit dem Mann. Und Sie setzen sich erst einmal ruhig hin, ich möchte nicht, dass Sie mir hier schlappmachen.« Ich muss scheußlich ausgesehen haben. Es dauerte eine Weile, bis der Arzt mit dem Mann wieder aus seinem Behandlungszimmer kam. »Es ist halb so schlimm«, sagte er, »es ist eine kleine Schnittwunde, die habe ich genäht.« »Kann er wieder Auto fahren Herr Doktor? oder muss er heute Nacht hierbleiben?«, fragte ich schnell. »Nein, das braucht er nicht«, der Arzt hatte sich zu mir umgedreht, »aber Sie sollten sich ein bisschen ausruhen, Sie sind immer noch blass.«

Ich versprach es, aber ich hatte keine Zeit. Wie sollte ich das machen? Zu Hause stand ein ganzer Lastwagen voller Kartons, die mussten noch abgeladen und in meine Halle gebracht werden.

Den Mann nahm ich erst einmal mit zu mir in die Wohnung, kochte einen starken Kaffee und machte ihm noch ein paar Wurstbrote. »Legen Sie sich ein bisschen auf mein Sofa, ich mache da unten in der Zwischenzeit alles fertig.« Dieses Angebot ließ er sich nicht zweimal sagen, ich aber fuhr in meine Firma und entlud den Lkw.

Ausgeschlafen kam der Mann wieder aus meiner Wohnung in die Firma. »Ihr Wagen ist bereit zur Abfahrt«, sagte ich, um ihn loszuwerden. Er fuhr auch schnell weg.

Nach diesem Vorfall wurden bei allen Kartonlieferungen, egal wohin sie auch gebracht wurden, nur noch Kunststoffbänder zum Verschnüren verwendet, keine Eisenbänder mehr. Die Kartons wurden für den Transport immer so fest verschnürt, dass die Kartons beim Zerschneiden der Bänder in die Höhe sprangen.

Ich arbeitete in meiner kleinen Firma weiter wie eine Wilde. Kurz vor der Auslieferung unserer Becher kam die Mitteilung, dass es besser wäre, lieber kleinere Kartons mit einer geringeren Stückzahl an Bechern zu packen. Die großen Kartons könnte niemand heben. Dies hieß für mich: Wieder neue Kartons bestellen, Tag und Nacht arbeiten, eine Million Becher umpacken! Doch als der Tag kam, an dem das Geld auf meinem Konto einging, war aller Stress vergessen.

Wir bekamen sogar neue Aufträge für die Fertigung anderer Produkte. Da die Aufträge so groß waren, mussten wir eine neue Maschine kaufen. Doch in unserer kleinen Firma war kaum noch Platz.

Immer wenn Sebastian am Wochenende hier war, hatten wir Zeit, ein bisschen mit unseren Kindern durch die Gegend zu fahren. Auch Brigitte holten wir jeden Freitag aus dem Internat nach Hause. Wir fuhren dann durch Wald und Feld, gingen mit den Kindern spazieren. Diese Tage waren für mich wie Urlaub, ich dankte Gott.

Ein neues Domizil

Da kamen wir eines Tages an einer alten Domäne vorbei, die inmitten von Feldern und Wäldern lag. Sie hatte mir so gut gefallen, dass wir uns im Dorf erkundigten, wem sie wohl gehörte. Wir erfuhren, dass eine junge Frau den Hof mit ihren beiden Kindern bewirtschaftete, denn ihr Mann sei im vergangenen Jahr verstorben. Wir hörten auch, dass diese Frau lieber in einem Haus im Dorf wohnen würde, wegen ihrer Kinder, der Schulweg wäre dann nicht so weit. Zu der Landwirtschaft hätte sie auch keine Lust, so alleine, ohne Mann. Bei all den Erkundigungen erfuhren wir, dass die Domäne in der Verwaltung eines Fürsten lag.

Ich kümmerte mich sehr intensiv darum, diese Domäne zu erwerben. Wir hatten Glück. Nach mehreren Gesprächen mit der Verwaltung konnten wir sie pachten. Dass wir unsere Maschinen aufstellen konnten, weil sie keine Lärmbelästigung darstellten, war ein Wunder.

Nun kam eine sehr schöne Zeit auf uns zu, vor allem auf mich, denn einen Club gab es hier nicht, ich hatte sogar in der letzten Zeit gar nicht mehr daran gedacht.

Wir rissen mal wieder Wände ein und bauten neue auf. Eine Firma mit einem Sandstrahlgebläse wurde bestellt. Sie reinigten die Wände des Kuhstalls vom Ammoniakgeruch, denn aus dem Kuhstall sollte unser neues Wohnzimmer werden. Ich arbeitete mit dem Presslufthammer, um die Podeste der Kuhanbinder zu entfernen, verlegte Kabel im Sand und kroch auf Knien durch die Gegend so dass sich unsere Handwerker kaputt lachten. Doch dann sollte es erneut ein Problem geben, plötzlich schoss mitten im Kuhstall, dem geplanten Wohnzimmer, eine Wasserfontäne hinter mir in die Höhe. Das Wasser konnte nur aus einem bereits still gelegten Wasserrohr kommen sagte ein Handwerker, der auch Kleinbauer war und mir half.. Bei einer derart alten Domäne hatte sicher so manch ein Bauer die Wasserrohre von einer zur anderen Stelle verlegt.

Unsere Gedanken waren richtig. Gemeinsam mit unseren Handwerkern gaben wir uns alle Mühe, das Wasserrohr zu finden, aber es gelang uns nicht. Das Wasser sprühte weiter wie eine Fontäne bis oben an die Decke. Plötzlich kam mir ein rettender Gedanke: Es gab doch Wünschelrutengänger, ich kannte sogar einen, der hin und wieder bei uns auf der Baustelle arbeitete. Tatsächlich, wir konnten es nicht glauben, aber der alte Mann fand mit seiner Wünschelrute die alte Wasserleitung.

Ich war sehr beliebt unter den Arbeitern, sie bewunderten mich, da ich so viele Arbeiten mit ihnen gemeinsam machte. Der kleine Mann mit seiner Wünschelrute wollte noch ein bisschen Geld verdienen und fragte, ob er noch ein paar Planierarbeiten machen könnte. Und ob er das durfte! Jede Hand konnten wir gebrauchen.

Auch für unsere Töchter war die alte Domäne ein Erlebnis. Es gab unterirdische Erdkeller, in denen sie Verstecken spielen konnten. Sogar die Kinder aus dem Dorf wurden dazu eingeladen. Es war schön mit anzusehen, wie die Kinder in den Kellern spielten, in denen einmal Esel und Ziegen untergebracht waren oder im Winter Kartoffeln und Gemüse gelagert wurden. Hier gab es Spinngewebe überall, immer wenn eins der Kinder wieder sichtbar wurde, hingen die Spinnweben über ihm, als hätte es sich einen alten, schmutzigen Schleier übergeworfen. Nur ich konnte in diese Keller nicht gehen, sie erinnerten mich an den alten Keller, in den ich als Kind von meinem Pflegevater eingesperrt worden war. Doch die Keller der Domäne wurden später zugeschüttet, wir konnten sie nicht mehr gebrauchen, es sollte hier alles schöner werden. Meine Erinnerungen an dunkle Keller und das Eingesperrt sein sollten verschwinden

Als wir mit dem Umbau fast fertig waren, konnten wir mit unseren Maschinen langsam einziehen. Unsere kleine Firma überstand den Transport sehr gut. Auch hier in den neuen Firmenräumen wurden die Wände in einem schönen Gelb gestrichen, die Maschinen passten mit ihrem Blau wieder dazu und wurden, wie immer, von mir sehr gepflegt. Den Fliesenboden, der nun in dieser Maschinenhalle gelegt war, konnte ich besser säubern. Sollte es mal wieder zu Öl- oder Kunststoffkatastrophen kommen, wäre ich schneller mit der Reinigung fertig.

Unsere kleinen Probierbecher mussten auch weiterhin nachts verpackt werden, denn die Maschinen durften nicht still stehen, sonst hätten wir unsere Aufträge nicht erfüllen können.

Nun blieb Sebastian endlich auch für immer hier. Jetzt verdienten wir unser eigenes Geld, obwohl uns Oma Else immer größere Geldgeschenke machte, welche wir dann in unser neues Zuhause steckten.

Wir waren angekommen, es hätte schöner nicht sein können. Aus dem Nebenhaus war nun eine schöne Pension geworden, um die ich mich kümmern musste. Ein Gästeraum für die späteren Pensionsgäste war ebenfalls schon fertig.

Doch ab jetzt wurde die Arbeit etwas anders aufgeteilt: Sebastian war für die Firma verantwortlich; ich half ihm aber, wo ich konnte. Für die Kinder, den Haushalt, die Pensionsgäste, die Jagdessen, eben für alles, was so auf einem großen Anwesen zu machen ist, war ich verantwortlich. Sebastian hatte nun auch seine eigene Jagd, denn diese gehörte zur Domäne.

Auch für Tiere war hier eine Menge Platz. Unseren Hirtenhund Bläcky hatten wir vom Vorbesitzer übernommen. In den Stallungen hielten wir Pferde und Ponys, die auf den großen Wiesen viel Auslauf hatten.

Es war ein wunderbares Leben, ich war sooo glücklich. Wir hatten viel Arbeit, die uns aber gutes Geld brachte, wir hatten Zeit für die Kinder und für uns beide. Oft ging ich mit

Sebastian und den Kindern im Wald spazieren. Dabei zeigte Sebastian mir die Vögel des Waldes, die singend auf den Ästen saßen. Wir verharrten, wenn es im trockenen Laub raschelte, sahen hin und wieder Rehe vorüberhuschen, wenn wir leise waren. Die wilden Erdbeeren auf unserem Weg ließen uns immer eine kleine Pause machen. Als ich noch klein war, hatte ich die Beeren und Pflanzen des Waldes gekannt, doch es war viel Zeit inzwischen vergangen. All das hatte ich schon lange vergessen. Diese Pflanzen und Beeren hatten mir im Gulag in Sibirien geholfen zu überleben.

Doch die Winter, die ich damals in Sibirien verabscheut hatte, lernte ich nun wieder lieben, selbst den Schnee, den ich immer mit roten Blutspuren verbunden hatte, lehrte mich Sebastian anders zu sehen. Der Schnee, der nicht nur kalt und grausam sein konnte, sah jetzt aus, als hätte ihn der liebe Gott mit Silberstaub besprüht, wenn die Sonne auf die Wiesen und durch die Bäume schien.

Aber wenn es Sommer war, die Sonne strahlte, ließen wir uns ins Gras fallen, schauten zum Himmel, wie die Wolken über uns hinwegzogen, die Vögel uns begleiteten, während sich unsere Hände berührten, unsere Blicke sich trafen. Da dachte ich: Was ist er doch für ein stattlicher Mann in seiner grünen Jagdkleidung. Lieber Gott, könnte es doch nur für immer so sein, ging es durch meinen Kopf.

Doch scheinbar war es zu viel Glück, was ich in diesen Momenten fühlte, denn eines Tages hörte ich wieder Worte, die mich erschreckten.

Ja, er fragte erneut, ob es denn hier in der Nähe auch einen Club gäbe. Ich hatte gehofft, dass er alles vergessen hatte, was mich unglücklich machte. Aber nein. Da war sein zweites Ich wieder. Das »Ich« mit dem Psychoterror und seiner Perversität.

Auf seine Frage gab ich ihm keine Antwort, sondern beschäftigte mich mit anderen Dingen. Diese Frage hatte mich zu sehr erschüttert. Würde er denn nie mehr Ruhe geben? Was sollte ich denn noch alles tun, damit er glücklich sein konnte?

Doch ich fühlte mit der Zeit, dass Sebastian oft sehr unruhig wurde. Weil ich nichts anderes wusste, meldete ich uns kurzerhand eines Tages in einem Tennisclub an. Sebastian hatte früher schon einmal Tennis gespielt, mit seiner ersten Frau, vielleicht fehlte ihm das?

Tatsächlich, für eine Zeit war alles wieder in Ordnung. Es waren immer viele Menschen im Tennisclub, ich nahm sogar Unterrichtsstunden und bekam einen sehr gut aussehenden Tennislehrer. Jens war verheiratet und hatte drei Töchter, mit denen sich meine Kinder schnell anfreundeten. Ja, man kann sagen, es hatte sich bald eine Freundschaft zwischen unseren Familien entwickelt. Oft war die ganze Familie von Jens bei uns eingeladen. Wir besuchten sie dann auch in Münster in ihrem Haus. Ihre Kinder gehörten schon fast zu unserer Familie; sie liefen gemeinsam im Winter im Sauerland Ski.

Doch was so schön begonnen hatte, sollte nun erneut zerstört werden. »Gefällt dir Jens?«, fragte mich Sebastian eines Tages. Ich wusste nichts mit dieser Frage anzufangen und antwortete: »Ja, die ganze Familie gefällt mir, aber das weißt du doch, Sebastian.« Er sprach schnell weiter, sodass ich kaum über seine Frage nachdenken konnte. »Du wirst ja schon wissen«, hörte ich ihn sagen, plötzlich rauschte es in meinen Ohren, als ob ich durch einen Sturm laufen würde, »dass es in unserer Nähe keinen Club gibt.« Und jetzt kam etwas, was ich in den schlimmsten Träumen nicht geträumt hätte: »Deshalb könntest du doch Jens mal fragen, ob er mit uns zusammen ins Bett gehen will?«

Die Luft zum Atmen blieb mir plötzlich weg, ich hatte das Gefühl, ich würde gleich in Ohnmacht fallen. Was ich da gerade gehört hatte, konnte und wollte ich nicht glauben. Machte er jetzt alles wieder kaputt, was ich aufgebaut hatte, eine Freundschaft mit einer netten Familie und Freundinnen für unsere Mädchen?

Doch er ließ sich nicht beirren: »Ich habe doch auch bereits gesehen, dass du Jens gefällst.« »Ja«, sagte ich, »ich gefalle ihm, aber nur als Freundin der Familie. Wenn du aber solche Sachen mit ihm vorhast, wird die Freundschaft zerbrechen, unsere Mädchen werden ihre Freundinnen verlieren.« »Das muss doch keiner wissen, du brauchst es ja nicht zu erzählen.« »Aber wie soll so was gehen? Ich liebe ihn doch nicht!« »Das sollst du ja auch nicht, ich möchte ihm als Freund nur die Möglichkeit geben, meine Frau einmal im Bett zu haben. Dir könnte es doch auch gefallen, mit einem tollen Mann und mir eine schöne Nacht zu verbringen?« »Bitte, Sebastian, hör auf, an solche Dinge zu denken. Ich liebe dich und will keine anderen Männer in meinem Bett haben, also lass diese dummen Gedanken sein!«, bat ich ihn und hoffte inständig, es würde damit erledigt sein.

Unser Schweinchen Boris

Alle Spieler unseres Tennisclubs kamen aus verschiedenen Städten, konnten daher leider nur an den Wochenenden spielen. Eines Tages brachte einer der Gäste einen Holzkarton als Geschenk für uns mit. Alle standen verwundert um den Tisch herum, der in unserem Vereinshaus stand. Ich erschrak, in dieser Kiste saß verschüchtert ein kleines rosa Schweinchen. Wir sollten es als Spanferkel essen.

Da heute ein Sonntag war aber alle wieder nach Hause fahren mussten, kam die Frage auf, wo das Schweinchen so lange bleiben sollte. Nach einigem Hin und Her schlug jemand vor, dass das Schweinchen bis zum nächsten Wochenende zu uns auf die Domäne gebracht werden sollte. Lange brauchte ich nicht zu überlegen: »Zuerst werden wir dem Schweinchen einen Namen geben, es soll Boris heißen. Ja, wir werden es mit auf unsere Domäne nehmen.« Nach diesen Worten hörte ich ein Aufatmen. Doch ich hatte nicht zu Ende gesprochen: »Wenn Boris auf unsere Domäne gebracht wird, soll er nicht auf einem Spieß enden. Er wird sein Leben behalten, doch ihr werdet verantwortlich für sein Futter sein. Denn jedes Tier auf unserer Domäne bekommt sein Leben geschenkt.«

Da niemand Einspruch erhob, nahmen wir Boris am Abend tatsächlich mit zu uns. Aber was nun? Wohin mit diesem kleinen Kerl? Da war noch eine Milchkammer, die der Bauer damals für seine Milch Kannen als Kühlraum nutzte, wir aber zur Zweitküche ausgebaut hatten, um für alle Tiere das Futter zubereiten zu können. Unser Hirtenhund Bläcky verbrachte darin nachts die Winterzeit. Das war erst einmal die einzige Möglichkeit, Boris unterzubringen. Wir holten Heu und Stroh aus den Pferdeställen und legten die Milchkammer damit aus. Boris wurde nun endlich aus der kleinen Holzkiste befreit.

Bläcky begrüßte ihn sofort, ein schönes, lustiges Spiel begann. Wir waren glücklich, dass sich die beiden sofort verstanden.

Am nächsten Morgen wurden beide gefüttert. Boris fraß wie ein Schwein, wir mussten aufpassen, dass er Bläcky nicht alles wegfraß. Nun kam jedoch die Frage: Was machen wir mit Boris? Er musste doch auch einmal nach draußen geführt werden. Also nahm ich von einem Haken an der Wand eine Longier Leine für Pferde und ein altes Hundehalsband, das noch vom Vorgänger der Domäne stammte. Bläcky brauchte keines zu tragen, denn sie lief nie weg, sondern blieb immer auf dem Grundstück.

»Also Schweinchen Boris, nun geht es los!« Mit diesen Worten öffnete ich die Milchkammertüre. Bläcky war zuerst draußen, dann sofort Boris, er riss an der langen Leine und los ging's. Aber wer war hier an der Leine? Kein Schweinchen, sondern ich! Wir stürmten zu dritt über unsere Wiesen an den aufgeschreckten Pferden vorbei. Ich sah noch, wie die Pferde plötzlich wie angewachsen stehen blieben und ihren Augen scheinbar nicht trauten.

An den nächsten Tagen bekamen wir Zuwachs, die Pferde schienen Spaß an der wilden Kreuz-und-quer-Rennerei gefunden zu haben, sie rannten hinter uns her. Ich sah, wie sie lustig ihre Köpfe hin und her schlugen, ihre Schweife standen in die Höhe. Es schien allen zu gefallen – nur einer nicht, das war ich. Denn ich konnte bei dem Tempo nicht mithalten, saß mehr auf meinem Hintern, als ich laufen konnte. So sah ich dann auch immer aus, wenn der Spaziergang zu Ende war.

Da kam mir eine Idee, wie das geändert werden könnte. Bläcky hatte neben der Milchkammer ihr Hundehaus – ich sage »Hundehaus«, weil ihre Hütte so groß und geräumig war, dass ich selbst manchmal in ihrem Häuschen auf dem Stroh und den schönen warmen Decken saß, um mit ihr eine Schmusepause zu machen.

Bläcky war ein wunderbarer Hirtenhund, der von seinem früheren Herrchen nicht gut behandelt wurde. Der Hund sollte eingeschläfert werden, weil es keine Verwendung mehr für ihn gab. Die Kühe waren verkauft, die Landwirtschaft aufgelöst, doch von den Ratten sollte Bläcky nun auch nicht satt werden.

Also wurde Bläcky von mir erst einmal gewaschen, die verfilzten Haare abgeschnitten, und sie brauchte keine Ratten mehr zu fressen, sondern bekam normales Essen, das von uns übrig geblieben war. Besonders wichtig für das arme Tier war, dass es leben durfte, und es bekam sehr viel Liebe, nicht nur von mir, sondern von der gesamten Familie. Bläcky war ein sehr dankbares Tier, sie schenkte uns Gehorsam und Anhänglichkeit. Auf sie konnte ich mich in jeder Hinsicht verlassen.

Nun sollte unser Hund von mir eine Aufgabe bekommen. Ich nahm das Schweinchen und kroch mit ihm in Bläckys Hütte, die groß genug war, dass auch noch für Bläcky Platz blieb. Es war Schmusestunde. Als ich mich nach einer Weile nach draußen bewegte, sagte ich zu Bläcky: »Du kannst schneller laufen als ich, von nun an wirst du auf diesen kleinen wilden Burschen aufpassen.« Kaum war ich draußen, rechnete ich mit dem Schlimmsten, doch ich staunte, denn die beiden neuen Hüttenbesitzer sorgten erst einmal für die Platzordnung und ließen mich gehen. Als ich ins Wohnzimmer zu Sebastian kam, der mal wieder über seinem Kreuzworträtsel saß, sprang ich auf ihn zu: »Das musst du dir ansehen!« Ich nahm ihn an die Hand, sagte aufgeregt: »Komm schnell, das musst du sehen, es haben sich zwei Freunde gefunden!«

Sebastian traute seinen Augen nicht, als er in die Hütte hineinsah: Schweinchen links, Bläcky rechts. Mit einem kleinen Grunzer und einem Schwanzwedeln sagten beide »Hallo«, blieben aber auf ihren Plätzen liegen. Mein Rennen hatte ein Ende, Bläcky ging mit unserem Schweinchen nicht nur spazieren, sondern auch zu den Pferden. Von nun an spielten alle zusammen auf den Wiesen, wer wohl der Schnellste ist.

Doch bald war Boris nicht mehr der Schnellste, mit einem lauten Grunzen schimpfend lief er hinter allen her. Es kam die Zeit, als Boris anfing, mit seiner Schnauze Löcher zu buddeln und Erde aufzuwerfen. Eines Morgens stand ich mit Sebastian an unserem Schlafzimmerfenster, wir wollten sehen, wo Bläcky und Boris sich herumtrieben. Ach du lieber Schreck! Als wir über die Wiesen unseres Nachbarbauern sahen, trauten wir unseren Augen nicht. In weiter Ferne sahen wir unser Schweinchen gerade Pflugarbeiten auf Nachbars Wiesen erledigen. Mit seiner kleinen, rosafarbenen Schnauze ließ er die Wiesenstücke durch die Luft fliegen. Wie auf Kommando rasten wir die Treppen nach unten, riefen »Boris, Boris!«, so laut wir konnten. Da Boris sich normalerweise wie ein Hund benahm, kam er im Galopp auf uns zu gerannt. Es gab keine Schimpfe, eher Streicheleinheiten, dass er so brav gehört hatte, als wir ihn riefen.

Sebastian hatte den Tierarzt angerufen. Boris bekam nun in seine Schnauze einen Ring eingesetzt, damit er nicht mehr Pflugarbeiten machen konnte. Die Trauer war groß. Boris legte sich beleidigt unter einen Holunderbusch. Er bekam Fieber, doch meine kalten Umschläge machten ihn wieder gesund. Sebastian baute einen Schlagbaum vor unser Grundstück, damit Boris nicht mehr zum Nachbarn konnte. Ich sage lieber nicht, was uns die Wiese vom Nachbarn gekostet hatte. Wir hätten dafür sicher ein neues Schwein bekommen, doch die Liebe zu Boris war mit der Zeit sehr groß geworden.

Unser Tennisclub brachte oft Futter für ihn mit, alle hatten dabei ebenso viel Freude an ihm wie wir. Sie waren froh, dass er nicht auf dem Spieß gelandet war. Nun war er unser Tennis-Maskottchen.

Langsam kam der Winter, es schneite. Als wir wieder einmal aus unserem Schlafzimmerfenster schauten, sahen wir Boris im Schnee herumlaufen, auf seinem Rücken lagen dicke Flocken. Nun war guter Rat teuer, wir konnten ihn doch nicht einsperren?

Ich nahm einen grünen Bademantel von Sebastian, zog ihn so gut es ging Boris an. Es sah sehr komisch aus, doch er ließ es geschehen. Auf seinem Rücken hatte ich den Gürtel vom Bademantel zu einen dicken Knoten gebunden damit er den Mantel nicht verliert. Während wir frühstückten, schaute ich immer wieder nach draußen. Da sah ich den Schnee dick auf unserem Schweinchen liegen. Nein, das war keine gute Lösung. Ich ging hinaus und zog Boris den Bademantel wieder aus. Eine andere Lösung musste her.

Es gab bei uns einen Teich, eingezäunt mit einem Jägerzaun. In dem Gehege standen Nurdachhäuser für Enten, Gänse, Hühner, Kaninchen. Dem Geflügel wurden die Federn nicht gestutzt, sie sollten ihre Freiheit behalten. Oft saßen die Gänse oder Enten auf unseren Haus- und Stalldächern. Eines der Nurdachhäuser war unbewohnt. Dieses Haus sollte nun im Winter für Boris sein.

Es folgte eine große Schufterei: Strohballen, Heuballen, alles musste in das Nurdachhaus. Als ich so bepackt entweder mit Stroh oder Heu hin- und herlief, sah ich plötzlich, wie Boris seine Schnauze im Heu hin- und herschob, bis die Schnauze voll mit Heu war. Dann lief er hinter mir her und half mir bei dieser Arbeit. Es muss ein Bild für die Götter gewesen sein: Voraus ich, dahinter ein arbeitendes Schwein. Selbst die Pferde trauten ihren Augen nicht, was da im Schneetreiben passierte. Aber wir schafften es bis zum Abend. Boris warf sich wie ein Kind in das Lager. Vorsichtig legte ich mich auf ihn, hauchte ihm warme Luft in seine Ohren. Ich fühlte, dass es ihm gefiel, er ließ sich von mir mit dem Stroh und Heu zudecken. Ich streichelte ihm noch über sein Köpfchen und sagte: »Schlaf gut, bis morgen.«

Als ich am nächsten Morgen mit Bläcky zu ihm kam, lag er immer noch an der Stelle, wo ich ihn hingelegt hatte. Nun stand er auf, freute sich über sein Futter, das ich ihm mitgebracht hatte. Bläcky nahm ihn sofort wieder mit nach draußen. Wenn es ihnen kalt wurde, gingen sie gemeinsam in Bläckys Hütte. Es war zwischen Bläcky, Boris und mir eine schöne Freundschaft entstanden, fast unzertrennlich.

Es gab noch viele schöne Erlebnisse auf unserer Domäne, besonders mit den Tieren. Wenn Kurgäste an unserem Hof vorbeikamen, sahen sie sich das Hundehaus mit einem Lachen und staunend an, ein Schweinekopf und ein Hundekopf schauten ihnen freundlich entgegen.

»Schicksal, nimm deinen Lauf«

Unser Schweinchen Boris hatte eine Zeitlang für Ablenkung gesorgt, aber wie ich bald bemerken musste, gab Sebastian nicht auf. Irgendwann begann er wieder mit dem gleichen Thema: Jens.

»Nein«, sagte ich ärgerlich, »ich bin doch keine Hure. Ich frage keinen Freund, ob er mit mir Sex haben will, und das auch noch zu dritt!« Für mich war diese Aussage endgültig, ich wollte schnell vergessen, was Sebastian von mir verlangt hatte.

Wieder kamen schlechte Zeiten auf mich zu, Sebastian erfand eine neue Schandtat. Die betraf meine Tochter Brigitte. Sie wohnte in einer kleinen Wohnung oben im Pensionshaus aber ich hatte keine Lust, immer dort oben nachzusehen, ob sie ihr Zimmer aufgeräumt hatte. Doch da sagte Sebastian eines Tages: »Hast du schon einmal gesehen, welche Schlampe deine Tochter ist? Wie es da oben aussieht?«

Ich erschrak bei diesen Worten, was hatte er jetzt schon wieder vor? Das hörte ich mir eine Zeitlang an doch eines Tages wurde ich ärgerlich über seine Anschuldigungen, ich glaubte ihm nicht. Dann wurde es mir zu dumm, ich wollte ihn Lügen strafen, lief die vielen Treppen nach oben, klopfte bei Brigitte an, öffnete dann die Türe und erschrak über das, was ich da sah. Sebastian hatte tatsächlich Recht, hier sah es aus, als ob ein Sturm gewütet hätte. Dieses Mal schimpfte ich mit ihr, war sehr böse über ihre Unordnung, gab ihr eine Woche Zeit aufzuräumen. Brigitte hatte nicht nur ein Zimmer, sondern wirklich eine kleine Wohnung mit Schlafzimmer, Bad und einem eigenen Fernseher in ihrem Wohnzimmer. Sicher könnte man sagen, dass das für ein Mädchen, das noch zur Schule geht, oder besser gesagt ins Internat, zu viel Arbeit ist. Das stimmte, aber wir hatten ein Hausmädchen, das sich auch oft durch das Chaos kämpfte, wie sie mir erzählte. Mir tat das aber leid, so nahm ich mich selbst dieser Arbeit an, ging heimlich am nächsten Tag zu Brigitte ins Zimmer und räumte alles auf. Ich hängte einen Zettel an ihre Türe, auf dem stand, ich käme nur noch zum Putzen zu ihr, wenn alles vom Fußboden verschwunden wäre.

Doch das Ganze wurde schlimmer. Sebastian musste sich die Mühe gemacht haben, öfter zu Brigitte nach oben zu gehen, dann bekam ich den Ärger von neuem zu spüren, wenn wieder einmal der Sturm in ihrer Wohnung für Unordnung gesorgt hatte. Nun sah ich mich bei ihr im Zimmer um, ob es eine Möglichkeit gäbe, es ihr leichter mit dem Aufräumen zu machen. Ich öffnete den Bettkasten, um dort etwas zu verstauen. Doch was war das! Darin lagen Teller von unserem Geschirr, auf denen mir der Schimmel schon entgegenkam. Da riss mir nun doch der Geduldsfaden. Als ich die Treppen aufgeregt nach unten lief die Wohnzimmertür öffnete sah ich Brigitte mit Sebastian scherzen, da holte ich wütend einen Kochlöffel haute ihr auf den Po, zählte eins, zwei, drei und ließ sie weinend auf den Fußboden fallen. Ich wusste zwar, dass es nicht wehgetan hatte, aber es hatte ihre kleine Seele getroffen. Mir ging es dabei viel schlechter als ihr, es tat mir so leid, aber ich musste sie strafen, weil Sebastian es von mir verlangte.

Irgendwann stellte ich fest, dass Sebastian immer, wenn ich Brigitte vor seinen Augen bestrafte, so wie er das wollte, später zu ihr hinaufging. Er nahm sie in den Arm, tröstete sie und machte ihr klar, was sie doch für eine böse Mutter hätte. Aber von all diesen Dingen wusste ich damals noch nichts, das sollte ich alles erst viel, viel später erfahren.

Sebastian nutzte jede Gelegenheit um auch mit Aylin Ärger zu machen. Doch bei ihr gab es keinen Sturm im Zimmer, der für Unordnung sorgte, sie war sehr ordentlich so ließ er sie mit der Zeit in Ruhe.

Zudem ließ Sebastian mir keine Ruhe, immer wieder tauchte die Frage auf: »Hast du Jens schon gefragt, ob er mit uns schlafen will?« Ich verneinte jedes Mal. Dann stellte ich plötzlich fest, dass diese ganze Stänkerei mit den Kindern nur daran liegen konnte, dass ich seinen Wünschen nicht nachkam.

Lieber Gott, dachte ich, wie soll das nur weitergehen? Werde ich jetzt noch zur Hure gemacht, nur um Ruhe in meiner Familie zu haben? Kann ich denn meinen Kindern diese Dinge, die ihr Vater mit ihnen und mit mir macht, zumuten? Haben sie nicht längst bemerkt, dass etwas nicht stimmt?

Die viele Arbeit in unserer Firma, unsere Hausgäste, das Schüsseltreiben für seine Jäger, alles und wirklich alles machte ich für Sebastian und beschwerte mich nie. Meinen Kindern versuchte ich immer eine gute Mutter zu sein. Das alles reichte ihm aber nicht, er wollte anderen Männern zeigen, was für eine tolle, schöne Frau er hat, nicht nur bei der Arbeit, sondern auch im Bett.

Ich betete zu Gott, wenn ich alleine war und nicht mehr weiter wusste: »Lieber Gott, habe ich dir nicht gesagt, dass ich alles für meine Kinder tun werde, sie sollen doch in einem guten Elternhaus aufwachsen, nicht so wie ich, ohne Schulausbildung, ohne Eltern. Niemals sollen sie ihr Aussehen oder ihren Körper benutzen müssen, um in ihrem Leben weiterzukommen.« Nein, Kummer und Leid wollte ich ihnen ersparen, ich liebte meine Kinder mehr als mein Leben, sie sollten es besser haben als ich. Wenn ich alleine war, weinte ich viele Tränen der Verzweiflung. Konnten wir nicht eine gute Familie sein, tat ich nicht alles dafür? Scheinbar immer noch nicht genug, denn was Sebastian jetzt von mir verlangte, ging über meine Kräfte. Ich betete weiter: »Lieber will ich Tag und Nacht arbeiten, aber bitte, bitte, lieber Gott, nicht noch Männer für mein Bett ansprechen müssen.«

Es wurde wieder Herbst. Der Winter kam hier früher als

in den Städten. Jens, mein Tennislehrer, stand eines Tages lächelnd vor unserer Tür. Freundlich wie immer nahm er mich zur Begrüßung in seinen Arm, küsste mir die Wange und sagte: »Dein Mann hat mich angerufen, an seinem Tennisschläger ist eine Saite nicht in Ordnung. Ich will nur seinen Schläger holen, dann bekommt er ihn am Wochenende zurück, damit wir zusammen Tennis spielen können.« Kaum hatte Sebastian Jens gesehen, sagte er: »Komm doch rein, Monika kocht uns bestimmt Kaffee.« Ich dachte mir nichts dabei, dass Jens ohne Anmeldung gekommen war, denn er war öfter hier, um seine Töchter abzuholen. Jedes Mal schaute er zuerst aus dem großen Wohnzimmerfenster zu unseren Pferden hinaus. Er liebte es, die Pferde auf dem Hof und auf den Wiesen laufen zu sehen.

Sebastian kam zu mir in die Küche. Ich dachte, er wollte mir beim Kaffeekochen behilflich sein, aber nein, ich hatte mich geirrt, leise sagte er: »Heute wirst du ihn fragen, vergiss das nicht!« Mir zitterten plötzlich die Knie, aber ich wusste, er meinte es ernst. Wenn ich nicht wollte, dass es heute großen Ärger gab, musste ich Jens fragen.

Wir tranken gemeinsam Kaffee, alles war wie immer, wir lachten viel, weil Jens immer etwas Lustiges zu erzählen hatte. Doch ich konnte seinen Erzählungen nicht richtig folgen, ich hatte Angst vor dem, was ich machen musste.

Plötzlich stand Sebastian auf, ging zur Terrassentür. »Ich muss mal nach den Pferden im Stall schauen, da scheint etwas nicht in Ordnung zu sein. Trinkt ruhig weiter Kaffee, ich bin gleich wieder zurück.«

Jens flirtete hin und wieder ein bisschen mit mir, aber ich glaube, er hatte keine Hintergedanken dabei. Wie sollte ich es bloß anfangen, ihn zu fragen, ob er mit mir schlafen wolle? Doch das Schicksal machte es mir plötzlich etwas leichter, denn Jens hatte meine Hand in die seine genommen und sagte: »Weißt du eigentlich, dass ich dich sehr gerne habe?« Ein paar

Worte wechselten noch hin und her, dann stellte ich doch die Frage, die mir so schwerfiel, sagte aber sofort, dass ich den Auftrag von Sebastian bekommen hatte.

Jens staunte über diese Frage, doch als ich ihn dann ansah, sagte ich schnell: »Sei mir bitte nicht böse, das ist nicht meine Art, Männer anzumachen, aber Sebastian will mit uns beiden ins Bett. Wenn ich das nicht schaffe, wird er es mich und die Kinder spüren lassen. Vor allem werden es die Kinder auf eine hässliche Art ausbaden müssen.« »Lass mir ein bisschen Zeit«, sagte Jens, »so etwas ist auch für mich neu, mit dir alleine wäre ich sicher zu überreden, aber so?«

Nun war Sebastian auch schon wieder da, sofort sagte ich laut, sodass er es auch hörte: »Jens braucht noch ein bisschen Zeit, um sich das zu überlegen, was du von ihm willst, er hat so etwas noch nie gemacht.« Jens blieb noch eine Weile, wir unterhielten uns über den Tennisclub, auch über andere belanglose Dinge, doch die Unterhaltung war nicht mehr so ungezwungen wie sonst. Als Jens gegangen war, wusste ich, dass mir wieder etwas Zeit blieb, um alles zu verarbeiten, was geschehen war. Ich hoffte sehr, dass Jens irgendwann nein sagen würde.

Alles, was in der nächsten Zeit bei uns anstand, zog ich in die Länge und sorgte für viel Besuch, damit wir nicht zu oft zum Tennisspielen gehen mussten. Vor allem, wenn sich in unserer Pension viele Gäste anmeldeten, hatte ich eine gute Ausrede. Eines Tages aber hörte ich dann doch von Sebastian, dass Jens tatsächlich ja gesagt hatte.

Je näher der Tag kam, zu dem sich Sebastian und Jens verabredet hatten, desto schlechter ging es mir. Ich hatte das Gefühl, mal wieder vergewaltigt zu werden, aber dieses Mal würde es eine Vergewaltigung meiner Seele, meines Stolzes, meines Körpers sein.

Zu schnell war der Tag da, an dem es passieren sollte. Es war draußen schon dunkel geworden, doch es war nicht an einem

Wochenende, so wie sonst, wenn Jens mit seiner Familie kam. Was mag er nur zu Hause gesagt haben, dass er mitten in der Woche ins Sauerland fährt, ging es mir durch den Kopf, als ich ihm die Türe öffnete.

Jens nahm mich in den Arm, so wie sonst, wenn er zu Besuch kam. Aber als er mich jetzt in seinem Arm hielt, fühlte ich, dass nicht nur ich zitterte, sondern auch er.

Sebastian saß wie immer an unserem Esstisch, den ich sehr schön gedeckt hatte, der Kamin brannte. Es war sehr warm in allen Räumen, denn die vielen Kerzen verbreiteten ein schönes, warmes Licht. Sebastian hatte das Radio angestellt. Da hörte ich sie wieder, diese Schmuselieder, genau wie damals im Club. Am liebsten wäre ich weggelaufen, doch ich wusste, dass ich das nicht konnte, ich war doch hier zu Hause, was würde mein Mann dann mit mir machen? Ich hatte schreckliche Angst.

Rehbraten, Knödel und Rotkohl hatte ich extra für Jens gekocht, er aß es immer sehr gerne, wenn er bei uns zu Besuch war. Somit war ich auch noch für eine Zeit in unserer Küche, die in unseren Wohnraum integriert war, mit den Essensvorbereitungen beschäftigt, konnte aber den Gesprächen der beiden Männer zuhören. Ich sah, wie Sebastian eine Flasche unseres besten Rotweins öffnete. »Denn zu Wildessen gehört auch ein guter Rotweitwein«, meinte er.

Wir tranken und ließen uns das Essen schmecken, obwohl ich nur wenig aß, denn ich wurde meine Gedanken, auch mein schlechtes Gewissen nicht los. Während des Essens führten Sebastian und Jens sehr nette Gespräche, Jens hatte wieder viel zu erzählen, vom Tennisclub und so vielem mehr.

Aber der Abend wurde lang. Eine Flasche Rotwein reichte nicht aus. Wie viele Flaschen Sebastian öffnete, weiß ich nicht mehr. Die Stimmung wurde sehr gut, wir lachten viel, ich hatte sogar kurzzeitig vergessen, was hier eigentlich passieren sollte.

Doch da war plötzlich alles wieder da, als Sebastian zu mir

sagte: »Tanz doch einmal unserem Gast etwas vor, Jens möchte sicher auch sehen, wie gut du tanzen kannst.« Ja, tanzen konnte ich wirklich gut. Gehorsam, steif wie eine Marionette stand ich auf, mit meinem zartblauen etwas durchsichtigen, langen Kleid, welches bei jedem Schritt um meinen Körper herum wehte.

Mit nackten Füßen, einem Schwips vom Wein schwebte ich zu unserem Kamin. Unser Wohnzimmer hatte die Größe eines mittleren Saales, somit war hier sehr viel Platz für meinen Tanz. Ich sah, als ich mich etwas zur Seite drehte, dass Sebastian und Jens von ihren Plätzen aufgestanden waren. Sie hielten jeder ein Glas in der Hand, kamen auf mich zu und setzten sich in die Sessel neben dem Kamin.

Sebastian hatte, ohne dass ich es bemerkte, die Musik geändert, er wusste, ich liebe Zigeunermusik. Das muss ich wohl von meiner Mutter geerbt haben, denn sie sang, wenn sie Kummer hatte, Zigeunermusik. Zu dieser Musik tanzte ich nun.

Mein Tanz war wild, meine Gedanken auch. Ich wollte alles vergessen, nahm zwischen meinem Tanz die Gläser aus den Händen der beiden Männer, trank sie aus, tanzte und tanzte. Während ich dabei alle Sorgen vergessen wollte, konnte ich die begeisterten Gesichter der beiden Männer sehen. Plötzlich fühlte ich etwas Weiches unter meinen Füßen und stellte fest, dass es das Fell meiner großen Fuchsdecke war, die sonst immer auf dem Sofa lag. Aber jetzt war sie weit vor dem Kamin ausgebreitet. Vom Tanz nassgeschwitzt, ließ ich mich sanft zur Erde fallen. Mit ausgebreiteten Armen, meinen langen, zerzausten Locken, lag ich nun in dem Fuchsfell. Ehe ich etwas sagen konnte, lagen beide Männer neben mir.

Die Musik spielte und spielte. Ich bekam hin und wieder ein Glas Sekt an meine Lippen gereicht, trank, als würde ich dem Verdursten nahe sein, ich wurde zum Spielball zweier heißblütiger Männer.

Als ich am Morgen langsam wach wurde, stellte ich fest, dass ich noch immer auf meiner Felldecke vor dem Kamin lag. Als ich die Augen vorsichtig öffnete, sah ich schon den ersten Sonnenstrahl, hörte leises Klappern, stand verschlafen auf und ging nach vorne zum Esstisch. Da sah ich, dass Sebastian schon Frühstück gemacht hatte.

Er küsste mich, hielt mich für einen Moment fest in seinen Armen. Als er mich sanft losließ, sagte er: »Setz dich doch, lass uns beide gemütlich frühstücken.« »Kaffee kann ich jetzt gut gebrauchen«, erwiderte ich leise, weil ich mich für die letzte Nacht schämte. Nach Jens wagte ich nicht zu fragen, aber da hörte ich, als hätte Sebastian meine Gedanken lesen können: »Jens ist schon nach Hause gefahren.«

Nur nicht nachdenken, was heute Nacht geschehen war, nur keine Fragen stellen, so raste es in meinem Kopf. Mein Mann war wie ausgewechselt in der nächsten Zeit. Er war, wie man sich einen liebenden Mann und Vater vorstellt.

Als ich Jens das erste Mal nach dieser Nacht im Tennisclub wiedersah, er mich wie immer vor allen Leuten mit Küsschen begrüßte, fühlte ich ein leichtes Zittern in mir. Ich schämte mich für das, was bei uns zu Hause passiert war.

Doch leider, Sebastian beließ es nicht bei dieser einen Nacht. Es folgten noch viele. Nein, es gefiel mir nicht, aber ich ließ es geschehen, weil ich wusste, dass der Frieden in unserer Familie nur so immer wieder hergestellt wurde.

Für mich war es eine unangenehme Sache, wenn ich Jens in der Öffentlichkeit traf, ich schämte mich sehr, verlor aber kein Wort darüber. Wir taten alle so, als wäre nie etwas passiert. Allerdings hatte ich jetzt noch ein weiteres großes Problem: Immer wenn Jens' Familie bei uns zu Besuch war, wenn seine Kinder bei uns spielten, wenn seine Frau Margret mir ein Küsschen zur Begrüßung gab, dann wäre ich am liebsten im Erdboden versunken.

Oft, sehr oft, bat ich die beiden Männer, doch aufzuhören mit den nächtlichen Treffen, und sagte: »Ich kann es nicht mehr, ich verletze zu viele Menschen, die mich gern haben.« Sebastian aber war sehr glücklich. Er versuchte es mit allen Tricks und lieben Worten: »Es weiß doch keiner, mach dir keine Gedanken. Wenn es keiner weiß, kannst du auch keinem wehtun.«

Langsam bekam ich das Gefühl, dass es tatsächlich beiden Männern sehr gefiel, was sie mit mir machten. Da sagte Sebastian eines Tages zu mir: »Du hast es gut, du hast gleich zwei Männer und ein schönes Geheimnis.« Böse antwortete ich: »Soll das jetzt ein Witz sein? Wenn ich dir doch nur wieder alleine gehören könnte, wäre ich die glücklichste Frau der Welt. Ich brauche keine anderen Männer.«

Keine Antwort bekam ich, er ging weg und ließ mich einfach stehen. Doch ich war unendlich traurig über seine Reaktion.

Sebastian hatte mich den ganzen Tag nicht angesehen, auch ich war immer noch böse über seine Worte, darum ging ich an diesem Abend einfach ohne ihn ins Bett. Ich nahm sogar eine Beruhigungstablette, um besser schlafen zu können. Doch irgendwann in der Nacht wurde ich durch Geräusche gestört, rührte mich aber nicht, weil ich dachte, es wäre mein Mann, der jetzt ins Bett käme. Er hatte kein Licht im Schlafzimmer angemacht, das war gut, so war ich auch nicht wirklich wach geworden.

Aber plötzlich, was war das? Da waren mehr als zwei Hände an meinem Körper. Im Halbschlaf dachte ich, es wäre Jens, den er wieder mitgebracht hätte. Doch wie anders war dieses Mal alles, welches Parfüm war das? Ich kannte es, aber wusste nicht mehr, woher. Ja, das wurde eine Vergewaltigung, denn in meinem Bett war ein fremder Mann.

Als dann alles vorbei war, machte ich meine Nachttischlampe an. Es war Hans, ein Freund des Hauses, der zufällig zu Besuch gekommen war. Hans sah mich mit einem Blick an, als wollte er sagen, es täte ihm leid, doch schon stieg er aus unserem Bett und verschwand. Er wohne in einem Gästezimmer unserer Pension, hörte ich ihn noch sagen.

Aber ich blieb mal wieder viel zu lange im Badezimmer, ließ das Wasser aus der Dusche über mich laufen und laufen, wischte und wischte an mir herum, um alles von mir abzuwaschen, so wie ich es immer nach dem Club tat, wenn ich endlich nach Hause durfte.

Ich hoffte, dass nun die Sache mit Jens ein Ende hätte, weil ihm Sebastian sicher von dem Besuch mit Hans erzählt hatte. Ich hoffte auch, dass sich mein Mann nun wieder normal verhalten würde, sich wieder mehr mit anderen Dingen, zum Beispiel mit seiner Firma, beschäftigen würde. Aber nein, es sollten die Nächte mit Jens immer öfter geschehen.

Etwas aber war aus der Sache mit Jens und mir entstanden, denn mir fiel es immer leichter, Zärtlichkeiten von ihm anzunehmen, ich fühlte mich nicht mehr vergewaltigt.

In unserer Familie war alles in bester Ordnung, die Frage nach einem Club war nie wieder gekommen, selbst zu unseren Kindern war Sebastian ein lieber Vater.

Aber so sollte es nicht weitergehen, denn eines Tages sagte Jens leise zu mir: »Weißt du, was ich mir wünsche? Einmal, nur ein einziges Mal mit dir alleine sein, dich in meinen Armen zu halten, dir sagen zu können: Ich habe mich in dich verliebt. Dass ich einmal nur fühlen kann, wie es ist, wenn wir beide allein sind und ich in deinen Armen alles vergessen kann.«

»Nein!«, sagte ich schnell, weil mich seine Worte erschreckten. »Das dürfen wir nicht, wir sind doch beide verheiratet, ich liebe meinen Mann, das wäre Betrug; so möchte er es doch nicht, er will mir doch nur zeigen, wie großzügig er ist, was er mir alles gönnt, das, was eben andere Frauen nicht haben können, so sagt er es jedenfalls.«

Es verging eine längere Zeit, die Dreiergeschichte ließ nach. Ich war glücklich darüber, denn alles lief nun so, als wäre nie etwas passiert. Jens kam weiter mit seiner Familie zu Besuch, wir gingen wieder samstags und sonntags zum Tennisspielen.

Der Sommer verging viel zu schnell. Es war wieder November geworden. Überall, auch in unserer Firma gab es schon Weihnachtsvorbereitungen. Bis Weihnachten musste unsere Ware geliefert sein, dann konnten sogar unsere Kunststoffmaschinen für eine kurze Zeit abgeschaltet werden.

Im November hatte Jens Geburtstag. Wir boten ihm an, seine Geburtstagsfeier bei uns zu veranstalten, weil wir den meisten Platz in unserem Haus hatten. Jens und seine Familie nahmen dieses Angebot gerne an. Ich schmückte den Frühstücksraum, in dem normalerweise die Pensionsgäste speisten. Im Moment war meine Pension nicht besetzt, somit hatten auch alle seine Geburtstagsgäste bei uns Platz. Die Küche war gleich neben dem Frühstücksraum.

Während der Geburtstagsfeier lief ich immer hin und her, um neuen Kaffee zu kochen. Endlich hatte ich ein bisschen Zeit, setzte mich neben Jens, der am Ende eines langen Tisches auf einer Eckbank saß. Weil es so wenig Platz wegen der vielen Gäste gab, berührten sich plötzlich unsere Pos, wir lächelten uns dabei an. Leise sagte ich zu ihm: »Du weißt, dass ich für dich kein Geburtstagsgeschenk habe? Mein Geschenk für dich ist diese Feier.«

Jens kam nun noch etwas näher zu mir gerutscht, die Worte, die er mir in mein Ohr flüsterte, waren sehr leise, aber ich konnte sie verstehen, obwohl es sehr laut war. »Ich habe doch noch einen Wunsch zu meinem Geburtstag«, hörte ich ihn sagen, »ich wünsche mir, dich einmal ganz allein in einem Bett in meinen Armen zu halten.« Ob ich jetzt rot geworden war, weiß ich nicht, aber mein Herz klopfte plötzlich wie wild.

Ich war so nervös geworden, dass ich schnell aufstand und laut sagte: »Wer möchte denn noch einen Kaffee?«

Die Tage vergingen, alle waren mit den Weihnachtsvorbereitungen beschäftigt. Doch Jens nutzte jede Gelegenheit, seinen Wunsch immer wieder neu auszusprechen. Ich tat jedes Mal so, als würde ich es nicht hören.

Ende November kam auch mein Geburtstag. Nein, ich bin kein Skorpion wie Jens, sondern ein Schütze. Wieder feierten wir bei uns im Gästeraum. Es war auch jetzt wieder viel Besuch gekommen, es ging sehr lustig zu. Es wurde viel gegessen, viel getrunken, sogar getanzt, keiner achtete besonders auf mich oder auf Jens. Wie sollte es auch anders sein, keiner wusste etwas von unserem Geheimnis.

Jens aber nutzte die Gelegenheit, er hatte ein Geschenk für mich. Heimlich drückte er mir ein kleines Kästchen in die Hand, ich verschwand schnell damit in meiner Küche.

Gut, dachte ich, dass es keiner gesehen hatte. Ich lehnte mich noch einen Augenblick mit Herzklopfen und dem kleinen Päckchen in meiner zitternden Hand an die Küchentür. Anscheinend war es keinem aufgefallen, dass Jens mir gefolgt war. Er schob mich von der Tür weg, machte sie schnell hinter sich zu. Als ich mit zitternden Händen das kleine goldene Päckchen mit der roten Schleife öffnete, sah ich darin einen schönen goldenen Ring, der an den Enden übereinander verschlungen war, auf denen je ein Edelstein in den Farben Rot und Blau befestigt war. Der Ring in dem Kästchen gefiel mir sehr gut. Jens nahm ihn heraus, steckte ihn mir zärtlich an meinen Finger, mit den Worten: »So wie dieser Ring ineinander geschlungen ist, wollen auch wir, solange es uns das Schicksal erlaubt, verschlungen sein, denn ich liebe dich.«

Leidenschaftlich küsste er mich, ließ mich aber schnell wieder los, denn wir hatten Schritte gehört, die sich der Küche näherten. Es war Sebastian. Doch er ahnte nichts von dem, was da gerade geschehen war. Das Ringkästchen hatte ich schnell in meine Hosentasche gesteckt, damit er es nicht sah, meine Hand mit dem Ring war in meiner Tasche geblieben. »So, ihr beiden, macht euch aus der Küche, ich muss für meine Geburtstagsgäste das Abendessen vorbereiten!«, sagte ich lachend. Beide zogen ab und ich konnte mich von dem Schreck erst einmal erholen.

Das Ringkästchen zog ich aus meiner Tasche, um es zu verstecken, öffnete es aber noch einmal, um es genauer anzuschauen. Es erschien mir etwas zu groß für diesen Ring. Ich stellte fest, dass ich vorher recht gesehen hatte, denn es steckte ein Stückchen Papier in dem Kästchen, auf dem stand: *»Bitte löse mein Geburtstagsgeschenk ein, ich sehne mich nach dir.«* Schnell versteckte ich das Kästchen mit dem Briefchen in meiner Küche, ging wieder zu den anderen Gästen und war froh, dass keiner bemerkt hatte, was gerade geschehen war. Es wurde noch lange gefeiert, es war spät geworden.

Ich verabschiedete mich von allen Gästen und war froh, dass ich nun wieder mit meinem Mann alleine war. Ich räumte wie immer auf, Sebastian war einfach schlafen gegangen. Mir war das nur recht, ich brauchte jetzt auch ein bisschen Ruhe.

Endlich hatte ich Zeit, den Brief von Jens zu lesen und den Ring an meiner Hand genauer zu betrachten. Als ich dann alles aufgeräumt hatte und endlich auch zur Ruhe kam, setzte ich mich noch in unser Wohnzimmer und machte mir Gedanken, wie das gehen sollte, wenn Jens mit mir alleine sein wollte. »Was sollen diese Gedanken«, sagte ich laut zu mir, »bin ich verrückt geworden? Das wäre auch nicht richtig, wenn ich das meinem Mann antäte.« Ich wollte das alles nicht mehr, auch nicht diese Dreiergeschichte. »Ach, lieber Gott«, betete ich, »wenn doch mein Mann wieder normal würde! Ich würde ihm sogar versprechen, alles zu vergessen, was er mir angetan hat.«

Aber all mein Beten und Betteln half nicht. Jens kam wieder, denn Sebastian hatte ihn angerufen, alles fing von neuem an.

Doch eines Tages klingelte das Telefon, ein Anruf von Jens. »Monika, ich habe auf halber Strecke von dir zu mir ein Hotelzimmer für morgen Mittag gebucht«, begann er. »Bitte sage jetzt nicht nein, ich werde keine Ruhe geben, dich immer wieder fragen.«

Als ich den Hörer auflegte, spielten die Gedanken in meinem Kopf verrückt. Ich war hin- und hergerissen. Wenn wir schon immer zu dritt ins Bett gingen, konnte ich auch einmal mit ihm alleine sein, dann würde es mir sicher später nicht mehr so schwerfallen. Aber andererseits kämpfte ich mit mir: Nein! Was machte ich da gerade? Das war doch nicht das, was mein Mann so liebte! Er wollte doch immer nur zeigen, was für eine tolle Frau er hatte.

Schon lange hatte ich bemerkt, dass mein Mann in dieser Richtung nicht richtig tickte. Ich war fest entschlossen, Jens zu sagen, dass ich mich nicht mit ihm treffen wollte, wenn ich ihn das nächste Mal wiedersah. Es wäre doch Betrug, ich wollte doch meinen Mann nicht betrügen.

Es war viel Zeit nach dem Anruf von Jens vergangen und ich hatte ihn auch länger nicht mehr gesehen. Zum Tennisspielen ließ ich Sebastian die nächste Zeit immer alleine gehen, mir fiel immer eine neue Ausrede ein. Doch eines Tages, an Jens hatte ich kaum noch gedacht, klingelte unser Telefon wieder. Ich dachte, es wären Gäste, die sich in meiner Pension anmelden wollten. Aber ich erschrak, als ich die Worte hörte: »Du bist nicht gekommen. Bitte, lass mich nicht mehr so lange warten, ich liebe dich.« Er redete und redete, doch plötzlich, ich weiß nicht warum, sagte ich einfach »Ja«, aber legte den Telefonhörer schnell auf.

Ich kam mir schrecklich vor, als ich mit zitternden Knien das kleine romantische Hotel betrat. Mit einem Lächeln erwartete mich Jens und nahm mich in seine Arme. Als ich oben im Hotelzimmer den Rosenstrauß auf dem Tisch sah, fing ich an zu zittern, denn ich hatte noch nie so etwas getan. In meinem Kopf kreisten schreckliche Gedanken. Betrog ich gerade meinen Mann? Aber ich tröstete mich: Nein, ich betrog ihn nicht, hatte ich nicht schon so viele Nächte mit Jens schlafen müssen?

Es wurde ein schöner Tag, aus diesem einen Mal wurden von nun an viele Male. Wir liebten uns immer, als wäre es das letzte Mal in unserem Leben. Denn auch ich hatte mich nun in Jens verliebt. Für uns beide war es eine schwere Zeit. Immer wieder suchten wir nach anderen Möglichkeiten, uns zu treffen. Wir fanden kleine versteckte Hotels, wenn es Abend wurde, fuhr jeder wieder nach Hause. Manchmal kam ich mir schlecht vor, in diesen Hotels abzusteigen, aber ich wollte Jens immer wieder sehen, brauchte seine Zärtlichkeit, um in meiner Familie alle glücklich zu machen. Ja, wenn ich von Jens kam, war ich glücklich, vergaß für eine Zeit meinen Kummer.

Jeder von uns hatte immer eine gute Ausrede parat, wenn wir wieder in unserem Zuhause ankamen. Doch ich fragte mich oft, wie das nur weitergehen sollte. Denn zu dritt ins Bett gehen, das wollte Jens nun auch nicht mehr, genauso wenig wie ich. Leider fanden wir noch keine Lösung, so musste es hin und wieder doch geschehen, um nicht aufzufallen.

Jens hielt es eines Tages nicht mehr aus, er ging zu Sebastian und sagte ihm, dass er diese Dreiergeschichte nicht mehr mitmache. Sebastian fragte enttäuscht: »Gefällt dir Monika nicht mehr?« Nein, das wäre es nicht, antwortete Jens, aber er wolle es eben nicht mehr. Damit musste sich Sebastian nun abfinden.

Es verging eine ganze Zeit, in der bei uns zu Hause Ruhe eingekehrt war. Ich glaubte, Sebastian wäre nun geheilt. Doch leider hatte ich mich zu früh gefreut. Er wurde wieder nervös und die Kinder bekamen es zu spüren, besonders Brigitte mit ihrer Unordnung. Wieder das alte Spiel: Er hetzte mich auf Brigitte, ging wieder zu ihr, wenn ich es nicht sah, tröstete sie und erklärte ihr, wie böse ich doch immer sei und kein Verständnis für sie hätte.

Mit Jens traf ich mich weiterhin, war glücklich mit ihm und konnte so das Theater zu Hause besser ertragen, denn er gab mir Kraft und Zufriedenheit für ein paar Stunden. Ich tankte in seinen Armen Glück und war der liebste Mensch, wenn ich zu Hause ankam.

Eines war mir klar geworden: Die Liebe zu meinem Mann hatte längst Kratzer bekommen. Ich litt unter seinem Psychoterror, mit dem er mir immer wieder erklärte, wie gut ich es doch hätte, denn ich könnte mit jedem Mann schlafen, der mir gefiele. Auch wenn ich immer wieder sagte: »Ich will keinen anderen haben«, er verstand es nicht oder er wollte es nicht verstehen.

Wenn ich Jens nicht gehabt hätte, mit dem ich alles besprechen konnte, weiß ich nicht, was passiert wäre. Von zu Hause wegzulaufen wäre nicht infrage gekommen, das wollte ich meinen Kindern nicht zumuten. Aber vielleicht hatte Sebastian ja sogar Recht, wenn er sagte, mir ginge es doch gut?

Wieder Gerüchte

Es gab auch wirklich schöne Zeiten bei uns auf der Domäne. Jedes Kind hatte sein eigenes Pony, wir hatten viele Freunde und ich bekam zum neunten Hochzeitstag ein pechschwarzes Friesenpferd von Sebastian geschenkt. Darüber hinaus hatten wir noch viele Tiere mit denen ich glücklich war.

Ich hatte ja auch immer noch meine Gästepension, die mir viel Abwechslung bot. In den umliegenden Dörfern hatte ich einen sehr guten Ruf, man sprach darüber, wie fleißig ich sei, wie toll unsere Domäne gepflegt sei, sogar als gute Gastgeberin wurde ich gelobt. Nur Sebastian bekam selten ein Lob, er hatte sich oft mit irgendjemand überworfen. Aber das ließ ihn kalt, ihm war egal, was die Leute über ihn sagten.

Es war mal wieder eine ruhige Zeit in unserer Pension. Da sagte Sebastian plötzlich: »Ich werde heute die Einkäufe erledigen.« Für mich war das erstaunlich, denn er drückte sich sonst immer davor. Ich hatte aber nichts dagegen, denn wenn er weg war, hatte ich immer ein bisschen Zeit für meine Kinder und meine Pferde.

An Ruhe war heute aber nicht zu denken, denn ich sah schon bald sein Auto, das sich wieder dem Haus näherte. Schade, dachte ich, es wäre schön gewesen, wenn Sebastian noch ein bisschen länger weggeblieben wäre. Ich kam gerade aus dem Pferdestall, in dem ich mich gerne aufhielt, denn ich liebte meine Pferde und die Ponys meiner Töchter sehr und nutzte jede freie Minute, um mit ihnen zu schmusen. Langsam ging ich auf unser Haus zu.

Als ich eintrat, erschrak ich erst mal, denn in unserem Wohnzimmer standen fünf Frauen, die nicht gerade fein aussahen. Freundlich wurde ich von allen begrüßt. Eine von ihnen sagte sofort: »Wir können nichts dafür, das hat dein Mann so gewollt, er hat uns einfach mitgenommen.« Sebastian kochte schon mal Kaffee und lud alle Damen ein, an unserem Wohnzimmertisch Platz zu nehmen.

Jetzt erfuhr ich, dass es Frauen aus einem Bordell waren und dass sie Probleme mit ihrem Zuhälter hätten, der sie mit einer Waffe bedroht hätte. Ich lauschte angestrengt ihren Worten. Aber was machte mein Mann denn in einem Bordell? Lange konnte ich mir nicht darüber Gedanken machen, denn Sebastian sagte sofort: »Wir haben doch in unserer Pension so viel Platz, die Zimmer sind leer, die können doch die Mädchen mieten und ihre Freier auch hierher bestellen.«

Ich muss ganz schön blöd dreingeschaut haben, meine Stimme war kaum zu hören, als ich sagte: »Das können wir nicht machen, da bekommen wir Ärger mit den Leuten in den Dörfern, wenn sich das herumspricht. Ich möchte keinen Puff in unserem Haus haben und meinen guten Ruf auch nicht verlieren.« Sebastian aber war in seinem Element, er wollte unbedingt Geld verdienen. Denn ich hatte schon seit einiger Zeit bemerkt, dass unsere Kunststoffmaschinen nicht alle liefen. Sebastian sagte: »Lass sie heute Nacht hierbleiben. Wir werden von jeder 100 DM pro Tag nehmen, dann kann ich sie ja auch irgendwann wieder zurückbringen.« Ich ließ mich überreden. Schon am nächsten Morgen traf uns der Schock.

»Auf der Domäne ist jetzt der Puff eingezogen.« Ich erschrak sehr, als ich das in der Zeitung las, doch erstaunlicherweise Sebastian auch. Nun aber ging alles sehr schnell. Mein Mann brachte die Frauen wieder in ihr Bordell zurück.

Für mich gab es nun aber einige Probleme. Immer wenn ich ins Dorf zum Einkaufen kam und Bekannte traf, fragte man mich frech nach dem Puff in unserem Haus. Ich musste dann mit meinem Charme und meinem guten Ruf, den ich ja trotzdem noch hatte, alles wieder geradebiegen.

Doch kaum hatte ich alles wieder so gestaltet, wie es sich

für eine Pension gehörte, ließ mich Sebastian in sein Büro kommen und sagte: »Wir müssen reden.« Wie er das sagte, ließ mich unruhig werden. Doch nicht schon wieder eine Clubgeschichte, dachte ich. Aber ich kam dann doch seinem Wunsch nach und ging zu ihm ins Büro.

»Wir haben nicht mehr genug Aufträge für unsere Firma«, informierte Sebastian mich. Schnell sprach er weiter, als hätte er Angst, dass ich weglaufen würde: »Darum wäre mir das mit den Frauen aus dem Puff gerade recht gewesen.«

Es kam für mich nicht unbedingt überraschend, denn ich vermutete schon lange, dass irgendetwas nicht mit unserer Firma in Ordnung war. Doch Sebastian hatte mich ständig damit getröstet, das Material wäre so teuer geworden, darum hätten wir keine Aufträge, er bräuchte noch etwas Zeit, das zu regeln.

Aber das war nur eine Ausrede. Er war kein Geschäftsmann, und ich sollte mich nur um das kümmern, wofür er mich brauchte: um die Kinder, die Pension, das Ausmisten der Pferdeställe und alles, was so um unseren Hof herum passierte. Das hatte er mir des Öfteren zu verstehen gegeben. Normalerweise war das auch genug, er hatte viel weniger Aufgaben als ich, zu diesen gehörte, dass er die Firma im Griff hatte. Denn schon lange hatte ich ihm die Firma überlassen, ihm aber immer noch geholfen, seine Produkte zu verpacken. Doch seit einiger Zeit wollte er die Firma allein stemmen, ich hätte doch genug zu tun. Aber ich merkte, dass er sich immer wieder mit den Kunden überwarf. Selbst unser Formbauer hatte sich mal bei mir beklagt, dass die Maschinen von Sebastian nicht so gut gewartet würden wie damals bei mir. Doch ich wagte nie, etwas zu sagen, diesen zusätzlichen Ärger wollte ich mir ersparen.

Leider war es nun so weit gekommen: Die Firma war pleite, die Maschinen standen eine nach der anderen still, und die Pension hatte im Moment keine Gäste, denn auch die hatte er vergrault. Er wollte nicht, dass fremde Leute auf unserem Hof herumliefen, in der Sonne lagen und unser Privatleben störten. Ich wusste nicht, wie es weitergehen sollte.

Auch die Geschichte mit dem Bordell war noch nicht ausgestanden, wie ich bald darauf erfahren musste. Denn eines Abends, wir saßen vor dem Fernseher, sah ich vom Fenster aus eine hell erleuchtete Autoschlange auf unser Haus zukommen. Ich dachte mir sofort, dass das nichts Gutes bedeuten konnte, und versuchte, meine Nervosität zu unterdrücken. Zu Sebastian sagte ich: »Du bleibst hier sitzen, ich werde es regeln.«

Langsam öffnete ich die Tür unseres Pensionshauses, da sah ich plötzlich viele Autos auf unserem Parkplatz stehen. Alle waren in Reih und Glied ordentlich geparkt, lauter Männer stiegen aus den Autos. Den größten Teil von ihnen kannte ich. Ich nahm meinen ganzen Mut zusammen, sah mir die Männer alle nacheinander an und sagte freundlich und scherzhaft zu ihnen: »Das hätte ich mir denken können, dass ihr alle die Anzeige in der Zeitung gelesen habt. Aber dass ihr alle Puffgänger seid, das hätte ich nicht von euch gedacht.« Einige versuchten, sich stotternd zu entschuldigen, andere sagten schnell: »Na, da hat euch aber einer böse mitgespielt, denn wir konnten uns das auch nicht denken, dass du so etwas machst.«

»Nun gut«, sagte ich, »wenn ihr schon einmal alle hier seid, dann kommt doch rein. Auf den Schreck werde ich euch ein Bier spendieren.« Bevor ich zur Tür gegangen war, hatte ich noch schnell alle Gästezimmertüren ein großes Stück weit geöffnet, damit man gut hineinsehen konnte. Brav kamen alle Männer hinter mir her. Tatsächlich, frech wie sie waren, sagten sie: »Wir haben noch nie deine Pension gesehen, aber schon viel Gutes darüber gehört.«

»Na, dann mal zu, schaut sie euch doch heute einmal an, das ist doch jetzt die Gelegenheit!« Ich sah, wie sie alle mehr als genau die Zimmer betrachteten. Um dem allem die Krone aufzusetzen, sagte ich: »Nun kommt doch auch noch in den Gäste Frühstücksraum, an der Bar werden wir ein Bier trinken.«

Keiner traute sich, Platz zu nehmen, alle standen um den Tresen herum. Da kam nun auch Sebastian aus dem Wohnzimmer. Er hatte alles mit angehört und ließ die Wohnzimmertüre extra weit offen stehen. Nun konnten alle Männer in unser Wohnzimmer mit der integrierten Küche hineinsehen. Mit den Biergläsern in der Hand bestaunten sie auch unsere Privaträume.

Als dann alle wieder an der Bar standen, sagte ich lachend: »Na, meine Herren, sieht so ein Puff aus, in dem sich Frauen tummeln? Eigentlich Pech für euch, wenn ihr diese Hoffnung hattet«, scherzte ich noch frech. Ich glaube, so schnell hatten die Männer noch nie ihr Bier ausgetrunken. Beim Weggehen verabschiedeten sich alle sehr höflich und entschuldigten sich noch einmal für ihr Kommen.

Das ist nun auch überstanden, dachte ich, während ich die Bar wieder aufräumte. Sebastian saß längst wieder vor dem Fernseher, ich setzte mich zu ihm, doch über das, was da gerade geschehen war, sprachen wir kein Wort. Es dauerte noch eine ganze Weile, bis das Gerede in den Dörfern aufhörte.

Doch Sebastian hörte nicht auf zu nörgeln und herum zu stänkern. Sollte nun die ruhige Zeit der eingekehrten Harmonie und der schönen Stunden mit den Kindern erneut vorbei sein? Oder fehlte ihm vielleicht doch wieder der verflixte Club?

»Was würdest du sagen«, fing er eines Tages an zu säuseln, »wenn wir uns etwas einfallen ließen, womit wir wieder Geld verdienen könnten?« Ich merkte schon an seinem liebevollen Verhalten, dass er sich wieder etwas Schreckliches ausgedacht hatte. Nein, er kam nicht etwa auf die Idee, zu unseren Kunden zu fahren, um neue Aufträge hereinzuholen. Denn mit den Kunden hatte er sich vor einiger Zeit überworfen und den Mut, noch einmal bei ihnen vorzusprechen, hatte er nicht.

Aber ihm wäre etwas Besseres eingefallen, sagte er: »Wir könnten doch einen Pärchen-Club bei uns in der Pension eröffnen, Platz hätten wir doch genug, wir können es auch ein bisschen schöner gestalten als in den Clubs, die wir kennen. Die Pärchen könnten bei uns ein ganzes Wochenende verbringen, und wer Pferde hat, kann ein Reitwochenende daraus machen. Platz in unseren Ställen ist noch genug und Geld können wir damit auch verdienen.« Bei diesen Worten hatte ich mich so erschrocken, dass ich wie angewachsen auf meinem Stuhl am Esstisch saß und kein Wort herausbrachte. In mir schrie alles: Nein, nein, nicht schon wieder unser Haus beschmutzen!

In den nächsten Tagen ließ Sebastian keine Ruhe, da meldete sich erneut sein Psychoterror, den er wieder einmal an uns allen ausließ. Doch ich machte mich stark, komme, was da wolle. Jetzt ging er zu weit.

Missbrauch auch in der nächsten Generation

Doch wie schon so oft, änderte sich mal wieder vieles. Sebastian nutzte erneut unsere Kinder als Vorwand, stänkerte besonders mit Brigitte. Er wusste genau, wie weh er mir damit tat, wenn er hässlich über meine Tochter sprach.

Was mir aber eines Tages auffiel: Aylin hatte bisher noch nicht einmal eine Ohrfeige bekommen. Warum war immer Brigitte der Sündenbock? Ich hoffte, dass mein Kind mir das alles nicht eines Tages vorwerfen würde und mir verzeihen könnte, wenn sie älter war. Viele Nächte, in denen ich nicht schlafen konnte, weinte ich leise in mein Kissen und betete. Ich stand dann auf, ging zum Fenster, suchte meinen Stern am Himmel und schaute ihn an. Ich fragte meinen Papa, wie lange ich das alles noch ertragen könne: »Hilf mir doch bitte, bitte«, flehte ich.

Mit Brigitte wollte ich einmal ganz alleine in die Stadt fahren, um etwas für sie einzukaufen und auch ein bisschen Zeit mit ihr zu verbringen. Ich hatte ein so schlechtes Gewissen ihr gegenüber, weil ich sie jedes Mal mit dem Kochlöffel der dem Teppichklopfer vor den Augen Sebastian strafen musste. Nur dann gab er für eine Weile wieder Ruhe. Doch für mich war dieses so schrecklich. Ich tat ihr nicht wirklich weh. Ich zählte jedes Mal bis drei und ließ sie gehen. Das war für mich einfacher als meinem Mädchen ins Gesicht zu hauen. Und gottseidank war auch diese Zeit plötzlich vorbei. Sebastian hörte eines Tages die Stänkerei auf, was mich sehr wunderte. Ich wollte sie nie hauen, doch danach war jedes Mal der Frieden in der Familie wieder hergestellt. Heute wollte ich ihr einfach mal wieder sagen, wie lieb ich sie doch hatte. Den Weg nach

Brilon kannte ich sehr gut, viel Verkehr gab es heute nicht, also fuhr ich ein bisschen schneller, um Brigittes kleine Wünsche zu erfüllen und unsere Zeit zu nutzen. Während der Fahrt hatten wir uns viel zu erzählen. Langsam erholte ich mich auch von dem Stress, den Sebastian noch gemacht hatte, bevor wir fuhren. Ich war froh, dass Brigitte mein verweintes Gesicht offenbar nicht sah.

Brigitte war nun schon 18 Jahre alt. Je länger ich mich jetzt mit ihr unterhielt, desto stärker fühlte ich, dass sie etwas auf dem Herzen hatte, was sie mir erzählen wollte. Wir sprachen nun über Sebastian, den sie auch »Papa« nannte. Sebastian hatte Brigitte immer sein Kind genannt, es auch so behandelt, wenn er nicht gerade wieder seinen Anfall bekam, um mich zu ärgern.

Doch plötzlich, mein Herz tobte, mein Puls schlug heftig, als ich hörte, was ich nie im Leben vermutet hätte. »Mama«, sagte Brigitte, »was ich dir jetzt erzähle, darfst du nie Papa sagen, bitte versprich es mir.« Ich versprach es, denn ich fühlte, es musste etwas Schlimmes passiert sein. »Weißt du noch«, hörte ich ihre Worte, »als du im Krankenhaus warst, eine Unterleibsausschabung machen musstest?« »Ja, natürlich weiß ich das, mein Kind.« Aber Brigitte sprach schnell weiter, als wenn sie etwas loswerden wollte: »Da wollte ich mit Papa ein bisschen fernsehen in eurem Schlafzimmer, so wie wir es immer taten, wenn du da warst. Ich fühlte mich alleine und fand es schön, dass Papa es mir erlaubte, in deinem Bett mit ihm fernzusehen. Plötzlich zog er seine Bettdecke hoch, er hatte keine Unterhose an, aber sein Glied stand. Er zeigte es mir, ich sollte es doch einmal anfassen. Dann sagte er: ‚Du weißt doch, wie glücklich deine Mama immer mit mir ist? Wie sie vor lauter Wollust oft stöhnt? Das hast du doch sicher auch schon einmal gehört? Dann weißt du auch, wie gut ich bin, welche Erfahrungen ich in diesen Dingen habe. Lass es dir von mir zeigen, wie es geht, denn ein junger Mann kann das alles noch nicht so wie ich. Mama, als er mir plötzlich sehr nahe kam, hatte ich schreckliche Angst und lief weg. Ich war doch noch so jung und ein Kind!«

Stille. Ich hatte das Gefühl, Brigitte drückte sich sehr vorsichtig mit ihren Worten aus, um mir nicht wehzutun. Was ich da gerade gehört hatte, musste ich erst einmal verarbeiten. Ich wendete mein Auto und fuhr auf den nächsten Parkplatz. Da sah ich, dass mein Kind weinte. Ich nahm sie in meine zitternden Arme und versuchte, sie zu trösten. In meinem Kopf tobte ein Gedankensturm. War es nicht gerade das, was meinen Kindern nie passieren sollte? War es nicht genug, dass ich durch die Hölle gegangen war, als mich mein Stiefvater vergewaltigt hatte, wie er mich drei lange Jahre zu seiner Sklavin gemacht hatte, wie er mir die Liebe zu meiner Mutter zerstört hatte, wie ich immer litt unter dieser Situation? Wie mich all diese schlimmen Sachen immer noch verfolgten!

Wir beide saßen noch eine lange Weile fest umschlungen im Auto, bis ich mich ein wenig beruhigt hatte. Während ich langsam mein Kind aus meinen Armen löste, hörte ich sie sagen: »Bitte Mama, sag nichts davon zu Papa. Ich habe es sonst noch schwerer als jetzt.«

Nun endlich wusste ich auch, was dieser Psychoterror bedeutete, den er mit meinem Kind ständig veranstaltete, die Geschichten mit dem Aufräumen des Zimmers, damit sie von mir gestraft wurde und er als der Gute sie trösten konnte. Das waren die Vorarbeiten auf das, was es werden sollte. Man konnte sagen: Na ja, er hat ihr ja nichts getan – aber stimmte das auch? Brigitte erzählte nun, dass er es schon nach ihrem 15. Lebensjahr immer wieder versucht hatte, ihr näherzukommen, dass sie sich immer in ihrem Zimmer eingeschlossen hätte, um nicht mit ihm alleine zu sein.

Und ich, die Mutter dieses Kindes, habe nichts davon gewusst, nicht einmal einen Gedanken in dieser Richtung gehabt!

Hatte ich Sebastian doch alles gegeben, war an meine Grenzen gegangen, hatte ihm zuliebe seine Sex-Clubs mit ihm geteilt, mir Männer ins Bett legen lassen, mich schmutzig gefühlt, dass ich manchmal glaubte, einen ganzen See Wasser zu verbrauchen, um alles von mir abzuwaschen. Ich hatte mich für das geschämt, was ich tat, und Gott angefleht, mir zu vergeben. Meine Ehe wollte ich retten, meinen Kindern nicht den Vater und ihr Zuhause nehmen. Hörte es denn nie auf? Und was wollte er mir noch antun?

Nun würde auch mein Kind ein Leben lang einen Alptraum träumen müssen. »Mein liebes Kind«, sagte ich jetzt zu ihr, »lass uns wieder nach Hause fahren, ich kann jetzt nicht mit dir einen Stadtbummel machen, lass es uns das nächstes Mal nachholen.« Die Fahrt nach Hause verlief sehr ruhig. Keiner von uns beiden sprach ein Wort, ich griff nur hin und wieder nach der Hand meiner Tochter. Tränen liefen mir übers Gesicht und verschleierten meine Augen. »Nicht weinen, Mama«, versuchte mich Brigitte zu trösten, aber schon weinten wir beide wieder.

Als wir zu Hause ankamen, hatte ich mir so sehr vorgenommen, nichts von all dem zu erzählen, weil ich es doch meinem Kind versprochen hatte. Aber es tobte in meinem Kopf, ein wilder Sturm der Gedanken. Als ich meinen Mann wieder am Tisch sitzend Kaffee trinken sah, wie er seiner Lieblingsbeschäftigung nachging und Kreuzworträtsel löste, konnte ich mich nur schwer beherrschen. Brigitte ging schnell hinauf in ihr Zimmer. Ich setzte mich zu Sebastian an den Tisch, tat so, als wäre alles in bester Ordnung. Aber als er sagte: »Euer Stadtbummel war aber schnell zu Ende«, da kochte es in mir. Doch ich beherrschte mich weiterhin, wir unterhielten uns über ziemlich unwichtige Dinge. Dann fing ich plötzlich an, gegen mein Versprechen zu handeln. »Sag mal, Sebastian«, begann ich, »deine Mutter hat doch früher immer gefragt, aus welchem Hause die Frauen oder die Männer für ihre Kinder kamen, das stimmt doch, oder?« »Ja«, sagte er gelangweilt, »was soll denn das jetzt?« Aber ich sprach gereizt weiter: »So seid ihr doch eine Familie, die auf ein gutes Zuhause Wert legt, ihr besitzt selbst auch einen tadellosen Charakter und seid ehrenvoll? Sogar auf einen guten Ruf seid ihr bedacht? Das stimmt doch, oder?« »Ja, das stimmt«, sagte er so ganz nebenbei, »aber was soll das jetzt alles, hast du schlechte Laune mitgebracht?« »Nein, ich habe keine schlechte Laune, es ist eher eine große Enttäuschung, die mich belastet, denn ich weiß nicht, warum der einzige Sohn deiner Mutter so ein Schwein ist und sich an seinem Kind vergreift.«

Jetzt hatte ich ihn endlich so weit, dass er von seinem heißgeliebten Kreuzworträtsel abließ. Aber ich sprach zornig weiter: »Das ist doch so, wie ich gerade sagte, du wolltest mit meinem Kind ins Bett, oder?« Gespannt wartete ich auf seine Antwort. Er bestätigte mir wahrheitsgemäß meine Frage. Da sagte ich: »Na, Mut hast du ja, die Wahrheit zu sagen.« Im selben Augenblick sprang ich auf, warf alles auf dem Tisch durcheinander, schmiss mit Tellern und Tassen nach ihm, ich wollte vor lauter Wut den Tisch umwerfen.

Aber in diesem Moment stand er auf und schlug mir ins Gesicht. Noch nie hatte er mich geschlagen. Ich verlor das Gleichgewicht, stürzte mit dem Kopf gegen den Küchentresen und fiel hin. Als ich wieder zu mir kam, hörte ich die Worte: »Das wollte ich nicht, ich liebe dich doch.«

Für mich war von nun an nichts mehr so, wie es einmal war, er hatte mir endgültig zu sehr wehgetan, sodass es keine Hoffnung mehr für unsere Ehe gab.

Ich zog in eines unserer Gästezimmer, denn bei ihm schlafen wollte ich nicht mehr, ich hätte es nicht ertragen, ihn atmen zu hören.

Das Ende?

Doch irgendwie ging es wieder weiter mit unserer Ehe, wir teilten nur das Schlafzimmer nicht mehr. Unsere Kinder sollten von allem nichts mitbekommen, denn ich hätte Aylin, unserer gemeinsamen Tochter, sehr wehgetan, aber das wollte ich auf keinen Fall.

Mit meinem Kummer fuhr ich zu meiner Freundin, die ein paar Dörfer weiter wohnte. Als ich bei Helga ankam, fühlte sie sofort, dass ich Sorgen hatte, fragte aber nicht danach, denn sie wusste, jetzt würde ich ihr nichts erzählen. Wir tranken in ihrem Restaurant gemeinsam Kaffee, da sagte sie plötzlich: »Du, ich weiß etwas. Ich wollte mit meinem Mann in den Urlaub nach Tunesien fliegen, aber leider können wir unser Restaurant im Moment nicht schließen. Und aus dem Urlaubsvertrag kommen wir nicht heraus. Was hältst du davon, wenn du mit mir kommst? Dann hast du ein bisschen Abstand von zu Hause, könntest ja auch ein bisschen Ruhe vertragen, denke ich.«

Spontan sagte ich zu und freute mich sogar, dass ich ein bisschen weg konnte. Brigitte und Aylin brachte ich bei Freunden unter und flog mit meiner Freundin nach Tunesien. Wir hatten eine schöne Zeit, doch von meinem Problem sprachen wir nicht, auch nicht, dass ich aus dem gemeinsamen Schlafzimmer ausgezogen war.

Die tunesischen Männer mit ihrem Charme trugen noch ein bisschen zu unserer Erholung bei. Obwohl mir nach Männern nicht zumute war, hatten wir doch eine schöne Zeit. Leider ging der Urlaub viel zu schnell vorbei. Unser Flug hatte keine Verspätung, sondern startete pünktlich. Wir nahmen uns einen Leihwagen am Flughafen und fuhren zuerst zu Helgas Restaurant, denn von dort sollte der Leihwagen am nächsten Tag wieder abgeholt werden. Fröhlich stiegen wir aus, ließen die Koffer noch im Auto. Wir wollten Helgas Mann überraschen.

Neben der Eingangstüre zu Helgas Restaurants war ein Fenster mit bunten Glasscheiben, hinter diesem Fenster befand sich der Tresen. Wie zufällig schauten wir zum Fenster hinein, in der Hoffnung, dass Helgas Mann uns nicht kommen sieht, denn dann wäre es ja leider keine Überraschung mehr für ihn. Plötzlich blieben wir beide wie angewachsen stehen. Was wir durch dieses Fenster sahen, war nicht Helgas Mann, sondern es war Sebastian, der leidenschaftlich eine Frau küsste. Helga fing sich zuerst wieder. »Komm«, sagte sie, »das wollen wir uns erst einmal näher ansehen, was das zu bedeuten hat.«

Wir gingen sofort auf den Tresen zu. Helgas Mann freute sich sehr über uns, nun sah uns auch Sebastian, der in seinem Arm eine junge Frau hielt und frech lachend sagte: »Da seid ihr ja schon, ihr wolltet doch später kommen.« Ich war so entsetzt über sein Verhalten, dass ich mich umdrehte und gehen wollte. Da kam Helgas Mann auf mich zu, hielt mich fest: »Du wirst doch jetzt nicht weglaufen, das hier geht doch schon eine ganze Weile so, oder hast du das etwa nicht gewusst?«

Nein, das hatte ich nicht gewusst, es traf mich sehr. Weinend fuhr ich nun aber doch nach Hause. Ich stand in unserem Haus und wusste nichts mit mir anzufangen, fühlte mich in meinem Körper wie eine Marionette. Ich kochte mir einen Kaffee, setzte mich an den Esstisch. Meine Tränen hätten einen See füllen können. In meinem Kopf war es wie bei einem Wirbelsturm. Ich wusste nicht mehr, was da zu machen war. War es vielleicht doch Liebe, dass es mich so traf?

Nein, Liebe war es nicht, ich war gekränkt und verletzt. Was hatte ich für diese Ehe alles ertragen! Was hatte ich für diesen Mann alles gemacht! Hatte ich ihm nicht jeden Wunsch erfüllt? Hatte ich mich nicht genug demütigen lassen? Meinen Körper misshandeln lassen? Hatte ich für ihn nicht auch mein

Rückgrat verbiegen lassen? Ich schämte mich für all das, was ich für ihn getan hatte, sollte ihm das alles noch nicht gereicht haben?

Hatte er mir nicht immer erklärt, wie schrecklich es sei, wenn Eheleute sich betrügen? Hatte er doch für all diese Sprüche, die ich ihm immer glaubte, meine Persönlichkeit, meine Ehre und meine Liebe zerstört.

Ja, ich war verletzt, ich war unendlich verletzt. Mit allem hätte ich gerechnet, aber nicht, dass er sich ein junges Mädchen aus dem nächsten Ort nimmt. Er versuchte, mich damit zu quälen oder mich zu strafen, weil ich seine Clubgänge nicht akzeptieren konnte. Und dann auch noch erfahren hatte, dass er mein Kind gerne zu seinem Werkzeug gemacht hätte.

Als wäre nichts geschehen, kam Sebastian gegen Abend nach Hause. Ich versuchte, mein verweintes Gesicht zu verstecken, aber das hätte ich nicht gebraucht, denn ihm schien alles recht zu sein, was passiert war. Er lachte, als er mich so verweint sah, sprach kein Wort mit mir, ging zum Fernseher, schaltete seine Sendungen ein. Ich saß noch immer am Tisch und starrte Löcher in die Luft. Dann ging ich nach draußen zu meinen Pferden, in der Hoffnung, dass es mir dann besser ginge. Während ich sie streichelte, fühlten sie sofort, dass mit mir etwas nicht in Ordnung war. Sie standen ganz ruhig und still, als ich leise mit ihnen sprach.

Es war eine ganze Stunde vergangen, als ich wieder zurück ins Wohnzimmer kam, doch Sebastian war nicht mehr da. Vorsichtig ging ich nach oben, schaute in sein Schlafzimmer, da sah ich, dass er schlief. Doch am nächsten Morgen, als ich unser Wohnzimmer betrat, war der Frühstückstisch schon gedeckt.

»Setz dich doch«, sagte er zu mir. Ich tat so wie immer, wenn er was von mir wollte, doch eine Unterhaltung gab es jetzt nicht. Ich ging meinen Arbeiten nach, doch was er tat, das brauchte ich nicht zu fragen, ich wollte es auch nicht wissen. Er trank Kaffee und löste Kreuzworträtsel, so wie immer.

Wie sollte das nur weitergehen? Aber es ging weiter, denn als es 18 Uhr war, kam Sebastian fein angezogen, frisch geduscht nach unten ins Wohnzimmer. Er fragte nichts, sagte nichts, ging zu seinem Auto und fuhr weg.

Und am nächsten Morgen – ich war schon früh aufgestanden, weil ich nicht schlafen konnte – kam mein Mann lachend nach Hause, hatte eine Tüte Brötchen in der Hand. »Mach uns doch mal Frühstück, ich habe etwas vom Bäcker mitgebracht.« Mir wären die Brötchen im Hals stecken geblieben. Ich sagte, dass ich schon gefrühstückt hätte. »Dann setz dich doch zu mir, dann brauche ich nicht so alleine zu frühstücken.« Wieder machte ich, was er sagte. Er tat so, als wäre es das Normalste von der Welt, dass er nachts wegblieb und morgens mit frischen Brötchen wieder da war.

Es gab heute nur Gespräche über unsere Pferde und darüber, wie lange denn die Kinder noch wegblieben. Den ganzen Tag waren wir in unserem Haus. Ich machte alle Arbeiten, die ich sonst auch tat, als wäre nichts geschehen. Ich putzte, bügelte seine Wäsche, kochte Mittagessen in der Hoffnung, dass er das alles nur aus Rache gegen mich tat. Ich hatte ja schon so vieles ertragen müssen und hoffte, dass es ein Spiel war, das er gerade mit mir spielte, um seine Langeweile zu vertreiben und mich dabei auch noch zu verletzen. Aber ich litt unter diesem Zustand, weinte mir die Augen aus.

Doch dieses Spiel sollte noch nicht zu Ende sein. Ich machte es mit, um meinen Kindern nicht zu zeigen, was hier gerade passierte, ich wollte ihnen ihr schönes Zuhause erhalten. Abends, frisch geduscht, gut gekleidet, ging er wieder aus dem Haus und kam morgens mit seinen frischen Brötchen zurück.

Nein, ich hielt es einfach nicht mehr aus, ich nahm Tabletten zur Beruhigung, nahm auch mehr davon, als ich vertrug.

Rannte, wenn ich alleine war, wie eine Wahnsinnige um unseren Esstisch herum, bis mir schwindelig wurde, dann schlug ich mit meinem Kopf gegen eine Wand, immer und immer wieder. Das Blut lief mir über mein Gesicht, ich torkelte zum Sofa und schlief dort kraftlos ein.

Doch ich wurde mit der Zeit wütend und wütender. Ich schlich an einem Sonntag, als er gerade mit seinem Auto wegfuhr, hinter ihm her, sprang ebenfalls in mein Auto, wollte wie eine Wahnsinnige sein Auto rammen, ihn von der Straße schieben. Was mir dabei selbst passieren könnte, darüber machte ich mir keine Gedanken, denn meine Tabletten ließen normale Gedanken nicht zu. Doch er war schneller als ich, ich konnte nur noch sehen, wie er sein Auto vor der Haustüre des Mädchens abstellte, mit dem er sich die ganze Zeit vergnügte. Die Wut ließ meinen Verstand aussetzen, ich stieg aus meinem Auto, suchte nach meinem Wagenheber im Kofferraum und zerschlug ihm damit seine Front- und Heckscheibe. Aufgewühlt in meinem Inneren fuhr ich zurück, nahm mir eine Flasche Whisky und trank so viel, bis es mir schlecht wurde. Das wurde es mir im wahrsten Sinne, ich verbrachte die Nacht in der Umarmung meiner Toilette.

Das half aber alles nichts, denn als ich Sebastian nach zwei Tagen wiedersah, lachte er und sagte: »Das wird teuer für dich, was du mit meinem Auto gemacht hast!« Ich verzweifelte über seine Unverschämtheiten immer mehr und betrank mich fast bis zur Bewusstlosigkeit, ließ keine Freunde an mich heran, wurde immer dünner. Ich muss zum Kotzen ausgesehen haben.

Doch nun kam die Zeit, da Aylin wieder nach Hause kommen sollte. Brigitte blieb noch eine Weile bei ihrer Freundin. Ich musste mich zusammennehmen, denn Aylin sollte nicht sehen, wie ihre Mutter litt.

Da fielen mir Harald und seine Frau Hedi plötzlich ein. Sie waren seit vielen Jahren Freunde unserer Familie. Ich wusste mir keinen anderen Rat, ich rief die beiden einfach an. Nach einer kurzen Erzählung am Telefon, als sie hörten in welcher Verfassung ich war, kamen sie sofort.

Ich erklärte ihnen, dass ich es Aylin nicht antun möchte, den Vater zu verlieren, dass ich aus diesem Grund meine Ehe noch einmal neu beginnen wollte, egal was passiert war. Aber ich wollte keine Spielchen mehr haben.

Harald und Hedi sprachen mit Sebastian, schimpften ihn aus, sagten ihm, was er für ein Idiot wäre, er solle diese junge Frau sofort aufgeben. Sie hätten gehört, dass dieses Mädchen mit allen Männern ins Bett ginge und dass sie doch nun wirklich kein Ersatz für seine Frau wäre. Tatsächlich, Sebastian hörte auf unsere Freunde, versprach, diese Frau nicht mehr zu treffen. Ich konnte es nicht glauben, aber er versprach es wirklich. Und ich zog wieder in unser gemeinsames Schlafzimmer ein.

In der Nacht stand ich heimlich auf, deckte schon mal den Frühstückstisch, lief nach draußen, pflückte auf unserer Wildwiese schöne Blumen und dekorierte damit unseren Frühstückstisch. Am Morgen, als die Sonne in unser Schlafzimmerfenster schien, ich in den Armen von Sebastian lag, wollte ich ganz neu beginnen, auch über die geschehenen Dinge nie wieder sprechen. Weil der Tag so harmonisch begann, sagte ich leise: »Weißt du, Sebastian, was für uns jetzt das Wichtigste sein wird? Wir müssen uns als Erstes einmal um unsere Kinder kümmern, denn sie haben lange genug geweint.« Da hörte ich plötzlich ganz nah an meinem Ohr die Worte: »Das habe ich doch gleich gewusst, dass du dir deine Blagen wieder in den Arsch schieben willst.«

Ruhe, Stille. Ganz, ganz langsam stand ich auf, stellte mich nackt vor sein Bett, fühlte auf meinem Rücken die warmen Sonnenstrahlen und sagte ganz ruhig: »Und du, du Scheißkerl, kannst mich am Arsch lecken. Mit dir bin ich endgültig fertig, vögel was und wen du willst, nur hau endlich für immer ab aus unserem Leben!«

Mir tat es leid, dass ich in dieser Zeit so manches hässliche Wort ausgesprochen hatte, doch in diesen Situationen gab es für mich keine schöneren Worte. Das war nicht mein wahres Ich, ich hatte alles ertragen, aus Liebe zu meinen Kindern, und musste jetzt feststellen, dass ich alles falsch gemacht hatte.

Das war nun wirklich das Ende. Ich zog wieder in das Gästezimmer, Sebastian fuhr weiterhin zu seiner Freundin.

Hedi und Harald waren noch eine Weile hiergeblieben, aber sehr entsetzt darüber, was sich am Morgen nach der angeblichen Versöhnung zugetragen hatte. Das Geschehene hatte die beiden so sehr getroffen, dass sie mir eine größere Summe Geld liehen, damit ich mit meinen Kindern ein neues Leben beginnen konnte. Ich war nun auch fest entschlossen, in Münster ein Fingernagelstudio zu eröffnen.

Gut, dass ich Jens noch nicht aufgegeben hatte. Beinahe hätte ich es für meine Ehe getan, denn ich hatte lange nichts von mir hören lassen. Als Jens erfuhr, was passiert war, half er mir und suchte in Münster einen Laden, der mir gefiel.

Wieder ein neuer Anfang

Nun hatte ich viel Zeit, mir diesen Laden schön einzurichten. Auch eine Wohnung hatte ich in Münster gefunden, in die ich mit meinen Töchtern einziehen wollte. Allerdings musste diese erst renoviert werden, sodass die Mädchen und ich weiterhin im Sauerland wohnten.

Es tat sehr weh, unsere Domäne, die ich mit so viel Kraft und Liebe aufgebaut hatte, zu verlassen. Doch bevor es so weit war, musste noch einiges geschehen. Ich musste mich von meinen geliebten Tieren trennen. Die Pferde wurden in gute Hände gegeben. Alles, was Flügel hatte und nicht von selbst wegflog, wurde an einen Nachbarbauern verschenkt. Da war aber noch ein großes Problem: Boris, mein Schweinchen, das wie ein Hund gehalten wurde, das manchmal mit uns neben dem Frühstückstisch saß, auf sein Leberwurstbrot wartete, so wie Bläcky unser Hund.

Ich lernte eine Bauernfamilie kennen, die weit weg von unserer Domäne wohnte. Sie hatten einen schönen Bauernhof, sogar einen Hund in der Größe Bläckys. Der Hof war für Kinder, die dort ihre Schulferien verbrachten. Sie wollten unbedingt Boris haben, versprachen hoch und heilig, ihn nicht zu schlachten, und sagten, dass ich ihn auch besuchen könnte, wenn ich Zeit hätte.

Sebastian half mir, Boris auf den neuen Bauernhof zu bringen. Boris bekam eine gemütliche, helle Box in einem Stall in dem Heu gelagert wurde. Auch der Hund freundete sich sofort mit ihm an. Ich zeigte Boris die neue Familie, die sich sehr über ihn freute. Und Boris zeigte ich sein neues Zuhause. Wir liefen beide wieder über Felder besuchten die Hühner und Gänse, überall wurde er mit Hühner Gackern und Gänse Geschnatter aufgenommen. Dann ging ich noch mit ihm spazieren auf dem

Bauernhof. Als der Abend kam, brachte ich Boris in sein neues Lager und warf mich so wie bei uns zuhause, zu ihm ins Stroh. Nun gab es schmusen und schmusen. Ich erzählte ihm, wie schön es hier sei, dass ich ihn bald besuchen käme. Dann gab ich ihm noch den Apfel, den ich in meiner Jackentasche für ihn mitgenommen hatte. Er schmatzte ihn genüsslich. Nun war es Zeit, ich musste gehen. Boris lag noch immer im Stroh, in dem wir beide zusammen gelegen hatten. Ich streichelte ihn, meine Tränen liefen über seinen Kopf. Er stand nicht auf, als ich ging, als würde er fühlen, dass es ein Abschied für immer war. Auf dem Nachhauseweg konnte ich mich nicht beruhigen, die Tränen nahmen kein Ende.

Aber jetzt lenkte mich erst einmal mein neuer Laden ab, denn der Umbau sollte vier Wochen dauern. Rote, breite Kunststoffbänder mit der Aufschrift »Am 20. eröffnet hier ein Fingernagelstudio« hatte ich über meine Schaufenster kleben lassen.

Doch nun passierte wieder etwas Unerfreuliches. Eine gute Bekannte von Jens, die auch in Münster wohnte, erfahren hatte, dass ich mein Fingernagelstudio bald eröffnen wollte, erzählte Margret, der Frau von Jens: »Stell dir mal vor, tatsächlich zieht bald die Freundin deines Mannes hier nach Münster, sie wird ein Nagelstudio eröffnen.« Endlich schien Frieden bei uns eingekehrt zu sein, nun so etwas. Es gab ein schlimmes Theater, Hetze, Beschimpfungen, das volle Programm, und das alles, bevor ich mein Geschäft eröffnete.

Dann traf mich ein neuer Schock. Das Telefon klingelte, es war die Bäuerin des Hofes, auf dem Boris nun lebte. Ich müsse sofort kommen, meinte sie, Boris hätte sein Strohlager noch nicht verlassen und würde weder fressen noch trinken. Ich ließ alles stehen und liegen und fuhr zu Boris. Die Freude war groß, wir gingen spazieren, er fraß sein Futter und trank die Milch, er tat, als wäre ich nie weg gewesen. Doch am Abend kam wieder der Abschied, wieder Tränen, Liebe und Trauer.

Doch als ich weg war, ging dasselbe von vorne los: Boris fraß nicht, trank nicht und stand nicht mehr auf. Wieder fuhr ich zu ihm, wieder das Gleiche. Auch ein drittes Mal läutete das Telefon. Was sollten wir nun machen? Ich konnte nicht alle drei Tage zu Boris fahren. Die Bäuerin sagte: »Wenn Sie nicht kommen, wird Boris sterben. Was sollen wir tun? Wir können ihn schlachten oder langsam sterben lassen.«

Stille am Telefon, Tränen rannen über mein Gesicht, doch ich fällte das Urteil über einen Freund, der aus Kummer meinetwegen sterben würde. Meine Worte: »Bitte erschießen Sie ihn mit einem Bolzenschussgerät, damit er nicht merkt, was mit ihm geschieht.« Ich wusste genau, dass ich log, denn Boris würde es fühlen, was man ihm antat. »Das werden wir tun, das versprechen wir«, hörte ich noch. Stille war eingekehrt, ich kam mir wie eine Mörderin vor. Aber in meinem Herzen ist dieser Freund ewig geblieben.

In Münster hatte ich alle Hände voll zu tun, der Tag der Eröffnung meines Fingernagelstudios war gekommen. Aber wer stand da plötzlich in der Ladentüre? Sebastian. Leichenblass erzählte er mir, was er bei einem Anruf von Margret der Frau von Jens erfahren hatte. Wie er nun so dastand, konnte ich sehen, dass es ihn getroffen hatte.

Endlich schien er zu leiden. Wie gut mir das tat, ist nicht in Worte zu fassen. Ja, es machte mir Spaß, ihn leiden zu sehen. Er hatte auch erfahren, dass Jens und ich uns oft heimlich getroffen hatten. Diese Nachricht hatte sein Aussehen stark verändert. Er war um mindestens zehn Jahre älter geworden, denn was er da gehört hatte, konnte sein Ego nicht verkraften. Ich hätte diese Liebe zwischen Jens und mir ein Leben lang verschwiegen, auch wenn es irgendwann vorbei gewesen wäre. Leider hatte Jens unsere Liebe eines Tages einem guten Freund aus dem Kegelclub erzählt. In dem Glauben er wäre sein Freund, nur der erzählte es seiner Frau und die konnte nichts anderes tun als es Margret zu erzählen.

Das aber war nun das Ende meiner Leidenschaft zu Jens, oder war es doch Liebe gewesen? Nur eines weiß ich heute genau: Es war damals Balsam für meine Seele, die beste Medizin für meine strapazierten Nerven. Immer wenn ich von einem Treffen mit Jens gekommen war, hatten meine Kinder eine glückliche Mama, die keine bessere sein konnte.

Mein Nagelstudio lief sehr gut, trotz des vorangegangenen Ärgernisses. Meine Kundschaft bestand mittlerweile nicht nur aus Frauen, sondern auch aus Männern die Probleme mit ihren Fingernägeln hatten. Sogar Künstler, Schausteller kamen und ließen sich ihre Nägel machen. Ich arbeitete wie eine Wilde Tag und Nacht, gönnte mir keine Pause. Ein trockenes Brötchen und Kaffee waren meine Begleiter für den ganzen Tag, auch für so manche Nacht.

In meinem Nagelstudio lernte ich Kundinnen aus dem »horizontalen Gewerbe« kennen. Es waren oft Frauen wie du und ich, ohne Glimmer, ohne Schminke, meist sehr hübsch und jung. Wenn sie so vor mir saßen, machte ich mir Gedanken, welches Schicksal wohl hinter diesen Frauen steckte, hatte oft Mitleid mit ihnen und schenkte ihnen ein Lächeln.

Sie erzählten mir, dass ihre Zuhälter nichts davon erfahren durften, dass sie in mein Nagelstudio kommen, weil sie sonst Ärger bekämen. Eines Tages fragten sie mich, ob es vielleicht eine Möglichkeit gäbe, dass ich zu ihnen in das Bordell käme. Da ich viel Geld verdienen musste, für mich, meine Kinder und meinen Noch-Ehemann, auch um die Schulden der Kunststofffirma abzuzahlen, sagte ich, ohne mir lange Gedanken zu machen: »Ja, ich komme.«

Ein Bordell befand sich im Sauerland. Als ich zum ersten Mal dort hinfuhr, war es schon sehr spät, denn ich konnte erst nach Geschäftsschluss kommen, ich hatte einen sehr weiten Weg. Man ließ mich gleich zum Hintereingang rein. Dann stand ich in einer Küche, in der sich die Mädchen aufhielten, wenn sie gerade keinen Kunden hatten. Auf einem großen Tisch sah ich ein furchtbares Durcheinander: Teller, Haarbürsten voller Haare, Stöckelschuhe, Nylonstrümpfe, Kaffeetassen mit altem Kaffee und Unterwäsche. Es sah schrecklich aus. Diese Schlamperei, dachte ich, wie soll ich da noch arbeiten, es ist ja gar kein Platz mehr für den Koffer mit meinen Geräten?

»Wo soll ich nun eure Nägel machen?«, fragte ich etwas missgelaunt. »Ihr wollt doch nicht sagen, auf diesem Tisch?« So meckerte ich weiter, hielt meinen Nagelkoffer noch immer in der Hand. Nach einer kurzen Überlegung sagte ich ganz höflich: »Nein, Mädels, so geht das nicht, nicht mit mir! Wenn ihr hier Ordnung geschaffen habt, komme ich wieder, aber auch nur dann, wenn es einen heißen Kaffee für mich gibt. Denn es wird sicher wieder mitten in der Nacht sein, wenn ich bei euch ankomme. Macht es für heute gut«, sagte ich nur noch, »bis zum nächsten Mal vielleicht«, und weg war ich. Auch war ich sehr müde und hatte noch eine weite Fahrt nach Hause vor mir. Das einzig Gute an dieser Sache war, dass ich an diesem Tag ein bisschen mehr Schlaf bekam.

Mein Laden lief gut, meine Kundinnen liebten mich, doch mein Herz war traurig. Ich hatte Jens verloren, er ließ sich nie wieder bei mir sehen. Durch Zufall hatte ich gehört, dass auch sein Haussegen mächtig schief hing, das tat mir sehr leid. Schließlich hatte er drei Kinder und eine sehr nette Frau. Das war sie wirklich, denn ich hatte mich gut mit Margret verstanden, fast wäre eine Freundschaft daraus geworden. Damals hatte ich mich aber bei jedem Treffen geschämt, dass ich mir ihren Mann für Stunden auslieh. Doch weil sie mir eines Tages erzählt hatte, dass Männer ekelhaft aussähen, wenn sie nackt seien, tröstete ich mich immer damit. Sie hatte auch gesagt, es wäre für sie nicht so wichtig, dass sie mit ihrem Mann ins Bett ginge, aber sie brauchte ihn eben, denn sie hatten ja drei gemeinsame Kinder.

Es tat mir nun aber doch sehr weh, Jens nicht mehr zu sehen. Wir hatten uns über eine lange Zeit heimlich getroffen, es waren Jahre, in denen wir uns für Stunden gehört hatten. Auch wenn ich oft aus dem Fenster meiner Ladentüre schaute, er kam nicht, wir hatten uns für immer verloren.

Musste denn alles im Leben immer zerstört werden? Ach, wie ich sie liebte, diese besonders lieben, netten Menschen …

Nach vielen Jahren traf ich Jens noch einmal an einer Tankstelle. Ich setzte mich zu ihm ins Auto, wir sprachen über belanglose Dinge und ich fühlte, dass da nichts mehr war, was ich noch einmal erleben möchte. Mein Herz war eingefroren. Die Enttäuschung, dass er sich damals nicht mehr gemeldet hatte, nicht einmal gesagt hatte: »Es tut mir leid, meine Kinder brauchen mich«, war zu groß. Da wusste ich: Es war zu Ende.

Plötzlich fielen mir seine Worte ein, die er gesprochen hatte, als ich damals in seinen Armen in unserem heimlichen kleinen Hotel gelegen hatte: »Wenn wir heute erwischt werden, werde ich hier aus dem Fenster springen, denn ich liebe dich unendlich, du bist meine große Liebe.« Damals hätte ich sogar für ihn alles aufgegeben.

Nein, es gab keinen Neuanfang. Wir trennten uns an der Tankstelle wie zwei Fremde, jedenfalls hatte ich das Gefühl, dass es so war. Wenn ich heute manchmal ein Lied aus dem Radio höre, das uns damals gehörte, sind es noch Sekunden, die uns verbinden. Doch nach diesem Treffen war endgültig alles vorbei, wir sahen uns nie wieder.

Ich arbeitete in meinem Fingernagelstudio weiter wie eine Wilde, nahm Kunden zu allen Tages- und Nachtzeiten an. Es wurde oft spät in der Nacht, doch am Morgen war ich wieder früh auf den Beinen, denn meine Kinder mussten in die Schule, keine von beiden durfte die Wohnung ohne Frühstück verlassen. Meine Töchter und ich wohnten noch immer im

Sauerland, doch nach der Schule gingen meine Mädchen zu Freundinnen von mir. Da unsere Wohnung in Münster noch nicht fertig renoviert war. Sie gingen auch im Sauerland zur Schule, ein Internat konnte ich mir jetzt nicht mehr leisten, ich war der Alleinverdiener meiner Familie.

Aber es kam die Zeit, da fuhr ich nicht nur in ein Bordell, um den Frauen die Fingernägel zu machen, sondern ich fuhr auf dem Weg von Münster ins Sauerland auf der gesamten Strecke alle Bordelle an, die ich mittlerweile kannte.

Ich hatte Mitleid mit den Frauen, hörte mir ihre vielen Sorgen an und wurde langsam zum Kummerkasten, denn ich war um einige Jahre älter als sie. Dadurch entstand zwischen uns ein großes Vertrauen, was mir die Nächte bei ihnen auch leichter machte. Es gab immer viel zu erzählen, es wurde auch viel gelacht. Für mich war es immer ein sehr guter Verdienst, wenn ich den Frauen schöne, bunte Nägel mit Strass-Steinchen und vielen anderen Verzierungen machen konnte.

Die Situation in dem ersten Bordell hatte sich sehr positiv verändert. Keine Haarbürsten, Schlüpfer oder Sonstiges, was nicht auf einen Tisch gehört, waren noch zu sehen, wenn ich kam. Ich bekam heißen Kaffee, sogar ein belegtes Brötchen, denn zum Essen kam ich immer noch sehr selten.

Einmal gab es dort ein kleines Problem: Eines der Mädchen hatte mich bestellt, doch konnte ich nicht, so wie sonst, pünktlich dort sein, weil ich vorher noch in einem anderen Bordell Nägel gemacht hatte. Als ich nun die Hände des Mädchens betrachtete, sah ich, dass alle künstlichen Fingernägel abgefummelt oder abgebissen waren. Wenn die Frauen nämlich keine Freier hatten, fiel ihnen vor Langeweile nichts Besseres ein, als ihre schönen Nägel zu beschädigen. So begann ich damit, ihr die neuen Fingernägel aufzukleben, und gerade, als ich damit fertig war, kam eine Nachricht vom Barkeeper: »Dein Freier ist da!« Damit hatte ich nicht gerechnet. So schnell es ging, schnitt ich die neuen Fingernägel kürzer. Kaum hatte ich das getan, war sie auch schon weg.

Ich wartete und wartete, doch sie kam nicht wieder. Wie lange sollte ich denn noch warten? Zu gerne wäre ich nach Hause gefahren. Gerade wollte ich vom Tisch aufstehen, da kam sie doch noch: »Es tut mir leid, es tut mir so leid, das war ein guter Kunde, der braucht immer etwas mehr Zeit als die anderen, aber nun kann ich auch die neuen Nägel bezahlen.« Sie lachte mich bei diesen Worten lieb an. Ich machte ihr die Fingernägel fertig, sie gab mir mehr Geld, als ich verlangte. »Nimm nur«, sagte sie, »dieser Kunde zahlt immer sehr gut, aber das weiß mein Zuhälter nicht.« Doch bevor ich ging, äußerte ich noch eine Bitte: »Wenn ich das nächste Mal komme, bitte nicht nur für eine von euch, sondern es sollten wenigstens zwei Mädchen sein, deren Nägel kaputt sind. Denn ich habe keine Lust, auch keine Zeit, jedes Mal zu warten, bis ihr mit euren Geschäften fertig seid.« Sie versprach es, und alles wurde für mich dann leichter.

Mein Geld stimmte immer, denn die Mädchen waren nachts sehr großzügig. Wenn ich sie dann wieder verließ, umarmten sie mich und freuten sich, wenn ich wieder- kam. Mit dem Geld, das sie für ihre Nägel brauchten, arbeiteten sie an ihren Zuhältern vorbei, und sie hatten Spaß daran, ihn beschissen zu haben. Für diese kurze Zeit fühlten sie sich frei und freuten sich, dass sie etwas für ihre Schönheit getan hatten. Ich mochte diese Mädchen, sie hatten alle ein eigenes Schicksal.

Irgendwann stellte ich fest, was wir alle gemeinsam ertragen mussten: Wir waren Sklavinnen der Männer. Mir ging es nicht besser als den Mädchen, ich lieferte mein verdientes Geld bei Sebastian ab, damit er die Schulden in unserer Kunststofffirma bezahlen konnte und auch davon leben konnte. Er war der Vater meiner kleinen Tochter und ich hatte sogar Mitleid mit ihm. Denn er hatte keine Arbeit mehr, unsere Firma war geschlossen. Er hatte jetzt unendlich viel Zeit für seine Kreuzworträtsel.

Eines Tages, als ich wieder einmal zu einem der Bordelle fuhr, hatte ich etwas mehr Zeit mitgebracht, ich wollte mir das Leben hinter der Bühne ansehen. Das Bordell hatte zwischen der Küche und dem Tresen einen großen Spiegel, in den die Herren an der Bar hineinschauten. Was sie aber nicht wussten, war, dass der Spiegel eine zweite Seite hatte. Von der Küche aus konnte man die Kunden sehen, ohne dass sie es bemerkten.

Ach, wie die Mädchen oft gackerten, wenn sie jemanden sahen, der wieder mit seinen Extrawünschen kam, und wie sie oft knobelten, wer ihn sich heute vornahm. Oft war es spaßig, aber manchmal auch widerlich, was ich zu hören bekam.

Erschreckend für mich war, dass ich auch Männer aus meiner eigenen Verwandtschaft hier sah, zum Beispiel den Mann meiner Schwester. Gerade von ihm hätte ich es nicht erwartet, er hatte zu Hause eine wunderschöne Frau, doch auch er kam hierher. Als ich die Mädchen fragte, was mein Schwager hier machte, ob er nur am Tresen sein Bier trinke, sich ein bisschen die Zeit vertreibe, sagte man mir, dass er hier immer die gleiche Frau besuchen würde, die für ihn wie ein Kummerkasten wäre, denn scheinbar brauchte er jemanden zum Reden.

Aber eines Abends kam es einmal anders als sonst. Kaum war er oben im Zimmer mit dieser Frau verschwunden, hörte ich eine Stimme in der Bar, die mir bekannt war. Es war die Stimme meiner Schwester, die aufgeregt nach ihrem Mann fragte. Nun ging alles sehr schnell. Per Telefon aus der Küche alarmierte man sofort das Zimmer, in dem sich ihr Mann befand, somit konnte er schnell durch den Hinterausgang flüchten. In der Bar hatten sie meine Schwester in Gespräche verwickelt, ihr geschworen, dass ihr Mann noch nie hier gewesen sei, man kenne ihn nicht. Meine Schwester schien beruhigt, denn sie verließ ohne Worte die Bar. Mann, dachte ich, ist das ein Theater in unserer Welt, nur Lug und Trug, es dreht sich meistens nur um das eine: Wie betrüge ich meinen Partner?

Als meine Schwester damals ihren Mann kennengelernt hatte, war sie gerade 18 Jahre jung, noch unschuldig, das wusste ich genau. Denn sie kam damals zu mir, erzählte das dieser Mann sie heiraten möchte und fragte ängstlich, wie sie alles machen solle, sie hätte Angst. Ich versuchte, ihr die Angst zu nehmen, denn ich war der festen Meinung, dass ihr zukünftiger Mann, der zehn Jahre älter war als sie, ihr alles liebevoll beibringen würde.

Und nun sah ich ihn im Bordell wieder. Mir schien, er hatte es nicht geschafft, seiner jungen, hübschen Frau die Liebe zu zeigen. Dieser Trottel, dachte ich. Aber doch wusste ich, dass er auch ein liebenswerter Mann war.

Die Zeit verging, mittlerweile war auch meine neue Wohnung in Münster fertig, aber ich war immer noch mit Sebastian verheiratet. Die Kinder und ich wohnten nun nicht mehr in seiner Nähe. Meine Nerven erholten sich langsam. Doch eines Tages, ich hatte viel Arbeit, stand mein Noch-Ehemann plötzlich in meinem Finger-nagelstudio. Er machte mir Komplimente, wie gut ich arbeitete und aussähe. Das konnte er alles gut sagen, denn ich lieferte mein Geld brav bei ihm ab, damit er seine oder, wie man will, unsere Schulden bezahlen konnte. Ich bezahlte alles und ernährte weiter die ganze Familie.

Nun geschah es, dass Sebastian vor lauter Langeweile, die er anscheinend hatte, bei mir im Geschäft herumsaß. Er plauderte mit meinen Kundinnen, die es aber nicht gerne hatten, dass ein Mann ihnen beim Fingernagel-modellieren zusah. Ich war so verzweifelt darüber, weil er lästig wurde, ohne dass er es bemerkte, und rief vor lauter Verzweiflung einen Freund aus der Möbelbranche in Duisburg an. Ich bat Horst, meinen Mann doch bei sich einzustellen. Nach vielem Betteln und aufgrund unserer alten Freundschaft hatte er eine Stelle im Büro für Sebastian frei.

Nun kam für mich das nächste Problem: Das Möbelgeschäft, in dem Sebastian arbeiten sollte, befand sich in Duisburg, doch der Weg aus dem Sauerland, jeden Morgen und Abend, wäre zu weit für ihn, sagte er. Also zog er wie selbstverständlich bei uns in Münster ein. Das gefiel mir nicht, darum bat ich Horst, unseren Freund: »Besorge ihm doch auch bitte, bitte eine Wohnung in Duisburg.« Auch das tat er für mich, denn er kannte meine Probleme mit Sebastian; auch er war damals ein Opfer seiner Bettgeschichten.

4.000 DM bekam Sebastian monatlich als Gehalt, nach sechs Wochen sollte er 6.000 bekommen. Ach, war ich glücklich. Sollte nun endlich mein Leben mit meinen Töchtern wieder schön werden? Nein, die sechs Wochen hielt mein Mann nicht durch, er stand plötzlich wieder vor unserer Tür.

»Verkauf dein Geschäft, komm doch mit den Kindern wieder nach Hause ins Sauerland«, bettelte er. Nein, dachte ich, das nicht wieder, nicht noch einmal das gleiche Spiel. Er aber ließ sich nicht abwimmeln, er blieb erst mal bei uns. Ich dachte, er würde mir ein bisschen im Haushalt helfen, da hätte ich ihn gut gebrauchen können. Aber nein, warum denn auch? War doch Arbeit nicht seine Stärke, und Geld verdiente ich ja genug, das dachte er sich sicher. Doch ins Bett mit ihm ging ich nie wieder.

Sebastian wollte nicht zu Hause bleiben und sich um das Essen kümmern, so gingen wir jetzt jeden Abend in Restaurants, er hatte schließlich Hunger. In die Bordelle konnte ich auch nicht mehr so oft fahren. Ich verdiente dadurch weniger Geld, aber mein Mann in meinem Haushalt war teuer. Bald hatte ich nicht mehr die Kraft, noch mehr zu arbeiten, es war alles schon anstrengend genug.

Manche meiner Kundinnen hatten Probleme mit ihren

neuen Nägeln, sie konnten damit nicht gut umgehen, weil sie die künstlichen Nägel sehr lang haben wollten, aber nicht auf meine Worte hörten. So brachen öfter welche ab oder gingen bei Ungeschicklichkeiten kaputt.

Eine meiner Kundinnen rief mich eines Tages an und sagte, sie habe einen Fingernagel nur mal so eben im Bett verloren. Bei dem Gespräch fiel mir nichts Besseres ein, als zu sagen: »Das ist ja toll, ich möchte auch mal so heiße Nächte verbringen, dass mir die Fingernägel abbrechen.« Sie bekam natürlich einen neuen Nagel, der war sogar kostenlos.

Meine Schwester ließ sich bei mir auch neue Fingernägel machen, diese konnten, wie bei meinen anderen Kundinnen, natürlich nicht lang genug sein. Eines Abends um elf Uhr klingelte das Telefon. Ich dachte: Wer wagt es, jetzt zu stören? Da hörte ich die Stimme meiner Schwester: »Stell dir vor, Schwesterchen, was gerade passiert ist«, begann sie aufgeregt, »deine Fingernägel brennen, du musst dich dagegen versichern!« »Nun mal langsam«, sagte ich: »Was hast du gemacht?« Hastig sprach sie weiter: »Ich wollte uns einen schönen Abend mit Kerzenlicht machen, und während ich mit meinem Mann sprach, brannte plötzlich ein Fingernagel!« »So, meine Liebe«, sagte ich in ruhigem Ton, »erstens soll man nicht so lange Fingernägel tragen, wenn man nicht damit umgehen kann, zweitens sollte man die Fingernägel nicht anzünden, sondern die Kerze. Drittens: Nimm doch bitte Nagellackentferner und mache den Lack ab, ich werde so lange am Telefon warten.« Sie tat, was ich ihr gesagt hatte. Als sie dann wieder zu hören war, fragte ich: »Na, was ist nun wirklich passiert?« »Nichts, Schwesterchen, es war nur der Lack, der durch die Kerze schwarz geworden war.« »Na, dann können wir ja nun alle beruhigt schlafen gehen.«

Doch ihr nächster Streich folgte ein paar Tage später. Mein Schwesterchen war wieder am Telefon, sie erklärte mir, dass meine Nägel nichts taugen; sie hätte einen Groschen in die

Parkuhr stecken wollen, da wäre der Nagel plötzlich in dem Schlitz stecken geblieben und abgebrochen. Oh weh, dachte ich, ihr ist aber nicht zu helfen. Doch zu ihr sagte ich: »Komm zu mir, ich mache dir deine Nägel kürzer, dann kannst du auch damit umgehen und brauchst sie nicht mehr in Parkuhren zu stecken.« Es gab noch vieles mehr, was sie und meine anderen Kundinnen mit ihren Fingernägeln alles anstellten.

Ein neues Leben

Eines Tages lernte ich in meinem Fingernagelstudio eine Frau kennen. Sie kam immer mit Extrawünschen. Es wurde oft spät, wenn sie bei mir war. Manchmal trank sie ein paar Gläser Sekt, während ich ihr die Fingernägel machte, und wir lästerten über unsere Männer. Wir konnten uns vom ersten Moment an gut leiden. Es dauerte nicht lange, da sagten wir »du« zueinander. Camilla machte natürlich den gleichen Fehler wie die anderen Frauen: Die Fingernägel konnten nicht lang genug sein. Das Ergebnis stellte sich schnell ein: Sie blieben irgendwo stecken oder brachen ab. So kam es dann auch eines Tages bei ihr. Doch nach gut gemeinten Ratschlägen meinerseits, machte ich ihr die Fingernägel nur ein wenig kürzer. Schließlich entstand eine Freundschaft.

Irgendwann erfuhr ich von Camilla, dass sie mit ihrem Mann ein Haus in Spanien habe, es auch tolle Männer in Spanien gäbe. Sie erzählte von gut aussehenden Ärzten, Professoren einem Konsul und so weiter, sie hörte nicht auf zu schwärmen. Ich solle doch meinen Laden hier verkaufen und mit ihr nach Spanien kommen. Dort würden wir gemeinsam ein Geschäft eröffnen, sie in Mode, ich mit meinen Fingernägeln. Wie toll es doch alles wäre, schwärmte sie weiter, was wir dann auch an Geld verdienen könnten. Sie redete und redete, es gefiel mir, wie sie sprach. »Das hört sich alles gut an«, sagte ich, »da gibt es nur ein Problem: Meine beiden Mädchen gehen noch in die Schule, die Ältere will bald ihr Abitur machen. Gibt es denn in Spanien deutsche Schulen?«, fragte ich.

Camilla war so von ihren eigenen Ideen begeistert, dass ich erst mal auf diese Frage keine Antwort bekam. Mich hatte sie nun tatsächlich ein wenig mit ihren Worten begeistert, aber ich sagte zu ihr, dass ich mir das alles überlegen müsse. »Überlege nicht zu lange, ich fahre nächste Woche schon wieder nach Spanien zurück«, war ihre Antwort.

Der arme Mann, dachte ich, der sitzt hier in Deutschland und Madame amüsiert sich mit Professoren und Doktoren in Spanien. Bestätigte ihr Verhalten nicht genau das, was Sebastian mir ewig erzählt hatte: Alle betrügen sich gegenseitig? Hatte er damit womöglich doch recht gehabt?

Ich erzählte auch Sebastian von der Idee, nach Spanien zu ziehen, und stellte fest, dass es ihm gut gefiel. Er meinte, ich könne doch wirklich mein Geschäft verkaufen, mit ihm nach Spanien ziehen und dann ganz neu anfangen: »Oder du verkaufst dein Geschäft und kommst dann zurück ins Sauerland. Dann könntest du wieder mit mir auf deine heißgeliebte Domäne ziehen. Wenn du dann immer noch willst, können wir wirklich alle zusammen nach Spanien gehen.«

Also verkaufte ich mein Studio und gab alles Geld, bis auf einen kleinen Teil, den ich behielt, meinem Mann. Doch wollte ich mich auch noch mit Camillas Mann treffen, das hatte ich mir vorgenommen, denn er konnte mir sicher sagen, welche Schulen es in Spanien für meine Kinder gäbe. So fasste ich einen Entschluss und nahm allen Mut zusammen.

Nach Camillas Erzählungen hatte ich von ihrem Mann keine besondere Meinung, nein, er tat mir eher leid. Er musste ein Trottel sein, wenn er nicht bemerkte, dass ihn seine Frau nur brauchte, damit er ihr das nötige Geld schickte, für angebliche Reparaturen am Haus in Spanien.

Ich hatte mir die Telefonnummer seiner Firma aus dem Telefonbuch gesucht und wurde direkt mit ihm verbunden. Plötzlich erschrak ich, als ich seine Stimme hörte. Vor Schreck hielt ich den Hörer für ein paar Sekunden von meinem Ohr. Er hatte eine tolle dunkle Stimme, er hörte sich wie ein richtiger Mann an. Doch ich sagte schnell, warum ich anrief, dass ich ein paar Fragen über Spanien an ihn hätte. Tatsächlich bekam ich einen Termin, warum auch immer, ich sollte mich bei ihm in der Firma melden.

Kaum hatte ich den Hörer aufgelegt, überlegte ich: Was war denn das gerade? Ein Mann mit einer Stimme, die so männlich klang, dass man als Frau direkt schwach werden könnte. Was hatte mir Camilla denn da nur erzählt?

Ich konnte das alles nicht mehr glauben. Die Worte, die ich von ihm gehört hatte, klangen so verständnisvoll und freundlich. Noch nie in meinem Leben hatte ich eine solche Männerstimme gehört, ich war neugierig geworden auf den Mann, der zu dieser Stimme gehörte. Er hatte mir einen Termin für die kommende Woche gegeben. Mir schien, dass er bei dem Telefongespräch doch ein bisschen neugierig geworden war, weil ich den Namen seiner Frau erwähnt hatte.

Als ich nun in meinem Auto saß, um zu diesem vereinbarten Termin zu fahren, hatte ich viel Zeit, darüber nachzudenken, was ich alles fragen wollte. Es war sehr wichtig für mich und meine Kinder, dass ich womöglich von Camillas Mann eine gute Auskunft bekäme, denn diese könnte unser ganzes Leben verändern.

Die Firma von Camillas Mann fand ich aufgrund der guten Beschreibung, die ich von ihm erhalten hatte, schnell. Es war ein riesiges Gelände, auf dem ich mich jetzt befand. Ich stand vor einer Firma, die mir ein wenig Herzklopfen bereitete, denn so groß hatte ich sie mir nicht vorgestellt. Noch einen Augenblick blieb ich in meinem Auto sitzen, verstohlen ließ ich meine Blicke über das riesige, gepflegte Firmengelände schweifen. »Aber es nützt nichts, Monika«, sagte ich mir, »wegfahren wäre feige.« Und das war ich nicht, also stieg ich aus. »Du hast den Mut, los, geh schon«, sprach ich zu mir selbst. Stolz, mit erhobenem Kopf war ich dann doch ausgestiegen.

Es war ein schöner Sonnentag, es hätte nicht schöner sein können. Ich hatte eine luftige Bluse angezogen, dazu einen weißen Rock, der mir bei jedem Schritt um meine Figur wehte, dazu trug ich passende Sommerschuhe mit hohem Absatz. Ich gefiel mir heute selbst. Nicht, dass ich dem Mann gefallen wollte, den ich gleich treffen sollte, nein, es war nur die Sonne, die mich schön sein ließ.

Als ich das Bürogebäude betrat, traf ich zuerst auf einen Angestellten, der mich nach meinem Wunsch fragte. Schnell sagte ich, dass ich einen Termin mit dem Chef hätte. Erstaunt erklärte er mir nun: »Den Termin muss er wohl vergessen haben, aber nehmen Sie doch hier erst einmal Platz, denn er wollte gleich wieder da sein.«

Es dauerte auch nicht lange, da sah ich einen großen, stattlichen Mann schnellen Schrittes an mir vorbeigehen. Er hatte mich scheinbar nicht am Tisch sitzen sehen, denn er war in seine Post, die er in der Hand hielt, vertieft. Es schien sein Büro zu sein, in dem er so schnell verschwand. Ich saß draußen im Empfangsraum. Da ich nicht gleich hineingerufen wurde, dachte ich: Na, wie lange lässt er mich jetzt hier warten? Man hat ihm doch sicher gesagt, dass jemand vorne auf ihn wartet?

Plötzlich ging seine Bürotür auf, der große Mann mit der tollen Stimme reichte mir eine riesige, aber sehr gepflegte Hand zum Gruß und bat mich einzutreten.

Da saßen wir nun, ich bekam einen Kaffee, doch die Bürotür ging dauernd auf und zu. Jedes Mal brachte oder holte einer der Angestellten irgendetwas. Dadurch wurde unsere Unterhaltung ständig gestört. Für mich waren meine Fragen, die ich an ihn stellen wollte, aber sehr wichtig, schließlich sollten sie mein Leben verändern. Also fragte ich nach einem neuen Termin, oder ob es nicht einen ruhigeren Ort gäbe, um mit ihm zu sprechen.

Überraschend schnell stand er auf. »Bleiben Sie einen Moment hier, das werde ich sofort klären.« Es war wirklich nur ein Moment, schon war er wieder zurück und sagte zu mir: »Ich kann für heute mein Geschäft verlassen, habe mir ausnahmsweise einmal freigenommen.« Bei diesen Worten lächelte er mich an, als ob es etwas Besonderes wäre, das er freibekommen hatte. »Doch eine Bitte habe ich an Sie: In der Nähe unserer Firma«, erklärte er mir, »ist heute Schützenfest, da müsste ich mich für ein Bier kurz sehen lassen. Würden Sie mich dorthin begleiten?« Natürlich wollte ich ihn begleiten, denn wenn dieser Mann sich für mich Zeit nahm, obwohl er mich nicht kannte, müsste ich auch die Zeit haben, mit ihm für ein Bier auf das Schützenfest zu gehen. Ja, Zeit hatte ich wirklich mitgebracht, viel Zeit sogar, denn es war noch früh am Morgen. Wann ich nach Hause musste, bestimmte ich selbst.

Als wir über den Schützenplatz gingen, war es für mich wie ein Spießrutenlauf, denn hier schienen sich alle zu kennen, nur mich kannte keiner. Alles staunte mich an, sodass ich mir wie eine Exotin vorkam, aber die Blicke galten auch dem Mann an meiner Seite: Was mag das für eine fremde Frau an seiner Seite sein, das ist doch nicht Camilla? Nur so konnten die Männer gedacht haben, die alle so freundlich gegrüßt hatten.

Die Sonne schien schön warm an diesem Morgen, auch der Mann an meiner Seite hielt sein Versprechen mit dem einen Bier. Was für ein toller Mann, dachte ich, der noch seine Versprechen einhält. Wir fuhren zurück in seine Firma, weil ich mein Auto holen wollte. Das Restaurant, in das er mich zum Essen einlud, war auch nicht weit von der Autobahn entfernt.

Als wir vor dem Restaurant unsere Autos geparkt hatten, sah ich einen schönen Biergarten. Sofort suchten wir uns einen Tisch mit einem Sonnenschirm aus. Es schien, als würde es heute noch sehr warm werden. Wir redeten und redeten, ich erfuhr sehr viel über Spanien, die dortigen Schulen und dass dort noch nicht alles so gut wie in Deutschland wäre.

Ich erfuhr auch, dass er einen großen Sohn hatte, der schon in seiner Firma arbeitete. Er sprach auch über Camilla, seine Frau, aber er klang dabei ein bisschen traurig.

Die Stunden vergingen. Es war schneller Abend geworden, als mir lieb war. Es hatte mir Freude gemacht, mit ihm zu reden. Ich spürte so was wie Freiheit in mir.

Ich bedankte mich freundlich für den schönen Tag und für die guten Gespräche, die mir doch geholfen hatten. Er nahm meine Hand zum Abschied, hielt sie eine Weile in der seinen und fragte: »Wollen Sie nicht heute hierbleiben? Ich habe in meinem Haus ein Gästezimmer, dort könnten Sie gerne übernachten, dann würden wir in Ruhe noch ein Gläschen Wein zusammen trinken?«

Mir wurde schwindelig bei diesen Worten, hatte ich dieses Thema mit dem Fremdenzimmer nicht schon einmal gehört? War ich nicht schon einmal auf solche Worte reingefallen? »Nein«, sagte ich dankend, »ich muss zu meinen Kindern nach Hause.« Ich sah noch, wie er mir nachschaute.

Als ich im Auto etwas zur Ruhe gekommen war, machte ich mir doch Gedanken darüber, dass ich beim Abschied etwas freundlicher hätte sein können und nicht so eilig hätte weglaufen sollen. Während der Fahrt auf der Autobahn hatte ich viel Zeit, mir all die gemeinsamen Gespräche noch einmal durch den Kopf gehen zu lassen. Als Erstes fiel mir natürlich das mit dem »Ich habe ein Fremdenzimmer für Sie« ein. Was bildete er sich eigentlich ein? Dass ich mit ihm als Dankeschön für seine Auskünfte ins Bett ging?

Nein, auf so etwas fiel ich nicht wieder rein. Ich hatte die Nase nämlich mächtig voll von Männern und fühlte, dass es gut war, direkt nach Hause zu fahren.

Trotzdem war es ein schöner Tag mit ihm, ich hatte wirklich ein bisschen die Freiheit gespürt und dachte mir: Endlich keinen kaffeetrinkenden Mann mehr, der am Tisch sitzt und versucht, Kreuzworträtsel zu lösen, sondern ein richtiger Mann.

Wir lernten uns später besser kennen und sogar lieben, wurden auch nach einiger Zeit von unseren Partnern geschieden.

Sechs Jahre lebten wir mit meinen Kindern gemeinsam in einer Wohnung, besser gesagt: zusammen in mehreren Wohnungen. Es wurde eine wilde, unruhige Zeit.

Wir heirateten schließlich nach vielen unruhigen, schmerzhaften, nervlich angespannten Jahren in einem Krankenhaus. Nun leben wir schon seit 30 Jahren zusammen.

Doch wie dieses Leben, mit den vielen Höhen und Tiefen, sogar einem Mord, weiterging, lesen Sie in meinem nächsten Buch, das mit dem Jahr 1986 beginnen wird.

Bleiben Sie bei mir, liebe Leser, ich werde Sie wieder in meinen Bann ziehen, mit vielen fröhlichen, traurigen und auch bösen Erlebnissen.

Ihre Monika Dahlhoff